Oliver Geisselhart | Helmut Lange

KAPUTT IST DER KOPF

Oliver Geisselhart | Helmut Lange

KAPUTT IST
DER KOPF

Mit Wortbildern hundert und mehr Lateinvokabeln pro Stunde lernen

mvgverlag

Bibliografische Information der Deutschen Nationalbibliothek
Die Deutsche Nationalbibliothek verzeichnet diese Publikation in der Deutschen Nationalbibliografie. Detaillierte bibliografische Daten sind im Internet über http:// dnb.d-nb.de abrufbar.

Für Fragen und Anregungen:
info@mvg-verlag.de

4. Auflage 2018

© 2014 by mvg Verlag, ein Imprint der Münchner Verlagsgruppe GmbH, Nymphenburger Straße 86
D-80636 München
Tel.: 089 651285-0
Fax: 089 652096

Redaktion: Petra Holzmann, München
Umschlaggestaltung: Kristin Hoffmann, München
Umschlagabbildung: Ralph Bittner, München
Innenillustrationen: Braunie
Satz: Georg Stadler, München
Druck: Florjancic Tisk d.o.o., Slowenien
Printed in the EU

ISBN Print 978-3-86882-529-9
ISBN E-Book (PDF) 978-3-86415-690-8
ISBN E-Book (EPUB, Mobi) 978-3-86415-691-5

Weitere Informationen zum Verlag finden Sie unter

www.mvg-verlag.de
Beachten Sie auch unsere weiteren Verlage unter www.m-vg.de

100 oder 200 Vokabeln in nur einer Stunde lernen ...

Was soll ich sagen? Das funktioniert nach bereits vier Vokabelbüchern tatsächlich immer und immer besser ... sogar besser als erwartet. Alle vier bisher erschienenen Bücher »Schieb das Schaf – mit Wortbildern hundert und mehr Englischvokabeln lernen« und »Liebe am O(h)r – mit Wortbildern hundert und mehr Spanischvokabeln lernen«, »Lutsche das Licht – mit Wortbildern hundert und mehr Italienischvokabeln lernen« und »Wasch die Kuh – mit Wortbildern hundert und mehr Französischvokabeln lernen« haben es eindeutig bewiesen. Die Resonanz war unglaublich. Der Erfolg ebenso. »Schieb das Schaf« war bei Amazon sogar auf Platz 1 in der Gesamt-Bücher-Bestseller-Liste. Also war es der bestverkaufte Buchtitel von damals über 10.534.000 verschiedenen lieferbaren Titeln bei Amazon! Es hielt sich wochenlang in den Top 100. »Liebe am O(h)r« schaffte es auf Platz 6. – Was wir ziemlich witzig fanden. Platz 6 für ein Buch mit »Liebe« im Titel! Dazu landete es mehrfach auf Platz 1 in den Fach-Bestseller-Listen. Genauso schafften es »Lutsche das Licht« und »Wasch die Kuh« mehrfach auf Platz 1 der Fach-Bestseller-Listen bei Amazon. Die Mails, Leserrezensionen und Dankesschreiben, die wir erhielten, überstiegen unsere kühnsten Träume: Sie kamen von Eltern, die sich freuten, weil ihre Tochter eine Eins im Vokabeltest geschrieben hatte; von älteren Herrschaften, die ihr Englisch, Italienisch, Spanisch oder Französisch auffrischen wollten; von Businessmenschen, die Englisch oder Spanisch lernen mussten; von Schülern, Studenten, Hausfrauen und -männern, Azubis, Arbeitern, Verkäufern, Ärzten und Vorständen. Schlicht: von Menschen, die lernen müssen oder wollen, oder Leuten, die einfach nur Spaß mit

den lustigen Verbilderungen hatten – aus allen Schichten, in jedem Alter, für etliche Anwendungen.

Schon das erste Buch »Schieb das Schaf« schob bereits viel positives und überwältigendes Feedback in unsere Büros. Wir waren überrascht und bestätigt zugleich. »Liebe am O(h)r« setzte das Ganze fort, und »Lutsche das Licht« toppte es noch. Ein Rezensent bei Amazon wollte dem Buch gerne sechs von fünf möglichen Sternen geben! Und über »Wasch die Kuh« freuten sich Tausende Schüler und Sprachenlernende, die Französischvokabeln nun leichter und mit Spaß behalten. Dass sich solche »Vokabelbücher« gut verkaufen, davon waren wir überzeugt. Der Verlag auch. Dass die Bücher aber gleich so einschlagen würden, damit hatte keiner gerechnet.

Mittlerweile gibt es von uns einen Extravortrag zum Vokabelthema. Firmen buchen uns, um Mitarbeiter zu coachen – denn so effektiv haben die noch nie gelernt. Es ist klar machbar, in nur vier Stunden 400 Englisch-, Spanisch-, Italienisch-, Französisch-, Lateinisch- oder Vokabeln anderer Sprachen (egal, welcher!) dauerhaft im Gedächtnis der Mitarbeiter zu verankern! Schulen und Universitäten laden uns ein. Der Höhepunkt aber war sicher der Deutsche Schulleiter-Kongress im März 2012 in Düsseldorf. Dort durfte ich, Oliver Geisselhart, einen Vortrag vor über 1.000 Schulleitern halten. Wir haben bei einem solchen Publikum doch eher mit etwas Skepsis gerechnet. Aber nein, die Schulleiter haben es mit offenem Geist angenommen. Und: Sie waren begeistert! Der Run auf »Schieb das Schaf« (die weiteren Titel wurden erst danach veröffentlicht) im Anschluss an den Vortrag war gigantisch. Auch wurde dort von den meisten Teilnehmern der Wunsch nach weiteren Büchern dieser Art geäußert. Am meisten nachgefragt wurden Spanisch, Italienisch, Französisch und natürlich Lateinisch! Um den zahlrei-

chen Anfragen nach Vokabellernbüchern zu ebendiesen Sprachen nachzukommen, haben wir im August 2012 »Liebe am O(h)r – mit Wortbildern hundert und mehr Spanischvokabeln lernen« sowie im Mai 2013 »Lutsche das Licht – mit Wortbildern hundert und mehr Italienischvokabeln lernen« auf den Markt gebracht. Im August 2013 erschien dann schon »Wasch die Kuh – mit Wortbildern hundert und mehr Französischvokabeln lernen«. Dann gönnten wir uns eine kleine Vokabelauszeit, um ein Jahr später, im August 2014, »Kaputt ist der Kopf – mit Wortbildern 100 und mehr Lateinvokabeln lernen« zu vollenden. Und das halten Sie gerade in Händen. Wir sind gespannt, wie es mit diesem Buch vorangeht.

Wer »Schieb das Schaf«, »Liebe am O(h)r«, »Lutsche das Licht« oder »Wasch die Kuh« bereits kennt, kann einige Teile dieser Einführung gerne noch einmal wiederholen. Wiederholung schadet ja nicht. Sie muss aber wahrscheinlich gar nicht sein. Schauen Sie einfach mal. Andererseits werden Sie hier in der Einleitung die ersten 100 Lateinvokabeln lernen. So ganz nebenbei. Und mit Spaß. Ein paar Ausführungen kennen die »Schaf-«, »Liebe-«, »Lutsche-« beziehungsweise »Wasch«-Fans schon. Genauso wie die Erklärung der Technik im Allgemeinen. Sie haben nach der Lektüre dieses Buches nicht nur die insgesamt circa 1.500 Lateinvokabeln im Kopf, sondern auch die LaGeiss-Technik. Damit lernen Sie Vokabeln aller Sprachen effizient, schnell und dauerhaft.

Einige Anmerkungen

Wie bei allem, was erfolgreich ist, gibt es auch bei unseren Vokabelbüchern Leute, die nicht zufrieden damit sind. Nicht jeder ist davon begeistert. Und das zu Recht. Wer mit zu hohen Er-

wartungen an die Bücher herangeht, kann enttäuscht werden. So gibt es zu unseren Büchern auch Rezensionen, die leicht negativ sind. Dem einen gefallen die Vokabeln nicht, der anderen sind nicht genug Businessbegriffe dabei. Deswegen der Hinweis: Diese Buchserie hatte noch nie den Anspruch auf Vollständigkeit. Wie könnte das auch sein? Es sind ja »nur« etwa 1.500 Vokabeln enthalten und nicht alle der jeweiligen Sprache. Wie sollen wir genau die treffen, die der eine Leser jetzt gerade lernen möchte? Vielleicht kennt er 500 davon ja schon. Und weitere 500 braucht er gar nicht. Dann hat er ein wenig Pech und kann »nur« mit 500 Vokabeln etwas anfangen.

Meine (Oliver Geisselharts) und auch die Herangehensweise von Helmut Lange ist hier eine andere. Wir sind generell positiv eingestellt. Wir freuen uns über das, was klappt, und über Erfolge. Wir würden uns freuen, 500 Vokabeln in nicht einmal fünf Stunden dauerhaft abgespeichert zu haben. Und wenn dann Vokabeln dabei sind, die wir nie benötigen? Ja und, wahrscheinlich kennen Sie im Deutschen auch Wörter, die Sie nie benutzen. Der eine fängt gerade erst an, eine Sprache zu lernen, der andere spricht schon ziemlich gut. Welche Vokabeln jetzt also nehmen? Der eine will nur eine Hilfe für den Urlaub, unterteilt in »Am Flughafen«, »Im Restaurant« oder »Am Strand« usw. Die andere will möglichst alle Vokabeln der entsprechenden Sprache, und das alphabetisch. Wie soll das gehen? Wir wollen lediglich Anregungen geben, zum Selber-Anwenden ermutigen, Sie darin bestärken, dass Vokabellernen Spaß machen und einfach sein kann.

Und so haben wir unser Bestes gegeben. Herausgekommen ist eine ganze Vokabelbuchserie. Freuen Sie sich vor allem über die Lerntechnik. Mit der lernen Sie in Zukunft nämlich die Vokabeln jeder beliebigen Sprache schnell, sicher und mit Spaß.

Die »LaGeiss-Technik« geht übrigens zurück auf die »Schlüssel-wortmethode«. Diese ist Bestandteil allgemeiner Gedächtnis-techniken, die vom griechischen Dichter Simonides von Keos (557/556 bis 468/467 v. Chr.) erfunden wurde. Wir haben die Schlüsselwortmethode weiterentwickelt um Aussagen und ent-sprechende Fragen dazu, die das Gedächtnis noch mehr anre-gen. Dadurch lernen »LaGeiss-Technik«-Benutzer noch einmal effektiver und schneller. Bei den ersten 100 Vokabeln im Einlei-tungsteil sind Aussagen und Fragen dazu beispielhaft vorgege-ben (siehe Seite 12–37). Bei den restlichen 1.400 Vokabeln des Buches lesen Sie einfach die Aussagen und stellen sich die ent-sprechenden Fragen im Geiste selbst.

Vokabellernen leicht gemacht

Sie wollen VIELE Vokabeln in kurzer Zeit dauerhaft abspeichern? Sie wollen also 100 oder gar 200 oder noch mehr Vokabeln in nur einer Stunde lernen? Sie wollen dabei auch noch Spaß haben und sich amüsieren?

Vergessen Sie es! Das schaffen Sie nie! Das heißt: Das schaffen Sie nie mit den Lerntechniken, die Sie in der Schule beigebracht bekommen haben. Apropos: Lerntechniken – in der Schule? Haben Sie dort denn überhaupt gelernt, WIE Sie lernen sollen? Also, ich nicht. Ich wusste nur, DASS ich lernen sollte. Aber eben nicht, WIE. Und so geht es 99,9 Prozent aller Menschen im deutschsprachigen Raum.

Ein Beispiel: Am Ende eines Gedächtnistrainingvortrags kam ein Teilnehmer an den Signiertisch und wollte mich sprechen. Er sagte, er habe große Probleme damit, Fremdsprachen zu lernen. Wenn er eine neue Vokabel gelernt habe, vergesse er sie schnell wieder. Ich fragte ihn, wann er sie denn nicht mehr wisse: nach zwei Tagen oder nach zwei Wochen? Daraufhin meinte er: »Nach zwei Sekunden!« Da musste ich ein Schmunzeln unterdrücken. Denn dann hatte er die Vokabel wahrscheinlich nicht wirklich gelernt.

Solche Begebenheiten erleben Helmut Lange und ich, Oliver Geisselhart, immer wieder bei Vorträgen oder Seminaren. Die allerwenigsten Menschen können gut, sicher, schnell und dauerhaft Vokabeln lernen. Selbst Schüler, die ja voll im Training sind, lernen zwar bis zu 50 Vokabeln in einer Stunde, aber die behalten sie meist nur bis zur Klausur im Gedächtnis. – Sie haben sie also nicht wirklich effektiv gelernt.

Was also tun?

Ganz klar: mit der richtigen Technik Vokabeln lernen! Und auf einmal geht es, ist es leicht, macht es sogar Spaß! Hört sich komisch an, ist aber so!

Sie sind nicht zu alt!

Nein, auch wenn Sie jenseits der dreißig sind, selbst wenn Sie jenseits der siebzig sind, funktioniert diese Lerntechnik bei Ihnen. Die einzige Voraussetzung ist: Sie sollten geistig normal gesund sein. Ihr Gedächtnis wird im Alter nicht schlechter, zumindest nicht spürbar. Ihr Gedächtnis wird nur schlechter, wenn Sie es nicht mehr benutzen. Wenn Sie allerdings auch im Alter noch geistig rege bleiben und sich etwas fordern, bleibt Ihr Geist sehr leistungsfähig. Gut, gemäß der Wissenschaft werden Sie etwas, aber auch wirklich nur etwas langsamer, ansonsten sind Sie genauso leistungsfähig wie jüngere Menschen. Was noch wichtiger ist: genauso lern- und wachstumsfähig!

Dominic O'Brian (geb. 10. August 1957) wurde achtmal Gedächtnisweltmeister, zuletzt mit 44 Jahren. Würde er heute (2014) mit 57 Jahren bei der Weltmeisterschaft mitmachen, hätte er wohl noch immer gute Chancen. Aber wollen Sie Gedächtnisweltmeister werden? Die meisten Menschen wohl eher nicht. Gedächtnissportler merken sich zum Beispiel 2.280 Zahlen in nur einer Stunde (Wang Feng aus China) oder 1.456 Karten in der richtigen Reihenfolge (Ben Pridmore aus England). Boris-Nikolai Konrad aus Deutschland merkt sich 201 Vor- und Zunamen und Gesichter in nur 15 Minuten! Gut, das braucht eigentlich kein Mensch, aber diese Gedächtniskünstler können es! Und beweisen damit eindrucksvoll, welche Leistungen unser Gedächtnis vollbringen kann. Wenn Sie nur einen Bruchteil davon hinbekommen, reicht es für Sie als Otto Normalverbraucher meist schon. Und einen Bruchteil schaffen Sie locker!

Du bist auch nicht zu jung!

Auch wenn Du gerade erst mit der Schule beginnst, funktioniert diese tolle Lerntechnik bei dir ebenso. Die junge Lara Hick stellte mithilfe dieser Technik im Jahr 2004 in der Gruppe der Acht- bis Zwölfjährigen einen Weltrekord auf: Sie merkte sich in **nur** fünf Minuten 42 Vokabeln! – Das wären nach Adam Riese ganze 504 Vokabeln in nur einer Stunde! Anna Barwinski schaffte 2011 in der Gruppe der 13–17-Jährigen sogar ganze 67 Vokabeln in nur fünf Minuten. Das ergäbe 804 pro Stunde! Gut, wahrscheinlich würden beide das Tempo nicht eine ganze Stunde halten können. Dann schafft Lara eben »nur« 300 und Anna vielleicht »nur« 500. Ich finde das trotzdem cool.

Unglaublich? Natürlich! Aber wer kein Handy kennt, findet es auch unglaublich, dass man damit mit Menschen sprechen kann, die Tausende Kilometer weit weg sind. Du wirst gleich bei der ersten Übung merken, dass es auch bei dir funktioniert: Du merkst dir sofort circa 20 Vokabeln in nur vier bis fünf Minuten!

20 Vokabeln in 5 Minuten

Okay, legen wir los. Just do it!

Lesen Sie den unten stehenden Text aufmerksam durch. Stellen Sie sich jede der zehn Szenen bildhaft vor. Auf der Leinwand Ih-

res Kopfkinos sollten Sie die Situationen so sehen, als hätten Sie sie gerade eben tatsächlich beobachtet. Am besten funktioniert das, wenn Sie direkt nach dem Lesen jeder Szene die Augen schließen. Verweilen Sie pro Szene beziehungsweise Bild circa 5 bis 10 Sekunden. Lassen Sie auch die Gefühle zu, die Sie hätten, wenn Sie die Szene in Wirklichkeit erleben würden. Wenn Sie alle zehn Szenen verbildert haben, werden Ihnen Fragen gestellt, die Sie dann beantworten sollen.

Nun geht es los:

1. In meinen **Ader**n (ater) fließt **schwarz**es Blut.
2. Der **Tod** (Skelett mit Sense) morst mit dem **Mors**egerät (mors).
3. Die **Kuh liegt** auf der **Bahre** (cubare).
4. Beim **Kämpfen zerrt** man sich an den **Haare**n (certare).
5. Ich schlendere **locker** (loca) durch die **Gegend**.
6. Der **Sklave** wäscht mir **sehr** intensiv den **Fuß** (servus).
7. Nach dem Gladiatorenkampf war der **Kopf kaputt** (caput).
8. Nur mit **Licht** wachsen die B**lumen** (lumen).
9. **So viele** sind schon **tot** (tot).
10. Die Fußballlegende **Pelé vertreibt** ein **R**eh (pellere) vom Fußballplatz.

Wenn Sie wirklich jede Szene deutlich im Geiste gesehen haben, beantworten Sie bitte folgende Fragen:

1. Blut welcher Farbe fließt in meinen **Ader**n?

2. Wer morst mit dem **Mors**egerät?

_____

3. Was macht die **Kuh** auf der **Bahre**?

_____

4. Bei welcher Gelegenheit **zerrt** man sich an den **Haare**n?

_____

5. Wo schlendere ich **locker**?

_____

6. Von wem wird **sehr** intensiv mein **Fuß** gewaschen?

_____

7. Was ist beim Gladiatorenkampf **kaputt**gegangen?

_____

8. Was brauchen die **Blumen**, um wachsen zu können?

_____

9. **Tot** sind schon …

_____

10. Was macht **Pele** mit dem **Reh**?

_____

Nun, wie viele Antworten haben Sie richtig? Bei mehr als sieben Richtigen dürfen wir Ihnen gratulieren. Bei weniger als sieben können wir Ihnen Mut zusprechen, denn: Man kann diese Lerntechnik verbessern und optimieren!

Jetzt haben Sie schon die ersten Vokabeln gelernt. Ja, tatsächlich! Denn wenn Sie wissen, was die Kuh auf der Bahre macht (genau: liegen), dann wissen Sie auch, was das lateinische »cubare« auf Deutsch heißt: nämlich »liegen«! Und »lumen« heißt demnach? Genau: »Licht«. Und wenn Sie noch wissen, was beim Gladiatorenkampf »kaputt«gegangen ist, haben Sie auch die Lateinvokabel für »Kopf« gelernt. Denn »Kopf« heißt auf Lateinisch »caput«.

Sollten Sie also alle zehn Antworten gewusst haben, haben Sie zehn Vokabeln gelernt!

Gleich geht's weiter mit noch einmal zehn Kopfszenen. Sehen Sie diese bitte auch wieder so wie eben vor Ihrem geistigen Auge.

1. Jeder im **Publikum** muss über den **Po** einen **Pulli** (populi) ziehen.
2. Von zu viel **Arbeit** bekommt man ein Sch**lappohr** (labor).
3. Der Hirte **treibt** seine Herde mit einer (**a**) **Gitarre** (agitare) **an**.
4. Als ich noch **klein** war, bin ich **barfuß** (parvus) gelaufen.
5. Der **Winzer** hat das **Reh** (vincere) im Weinberg **besiegt**.
6. Auch ohne Brille **erkenne** ich genau, dass an der **Speerspitze** ein **Reh** (perspicere) aufgespießt ist.

7. Ich bin **stolz** auf meinen **Superbus** (superbus).
8. Sie macht mir beim **Abendessen** eine **Szene** (cenae).
9. Der **Post**bote (post) bringt heute den Brief etwas **später**.
10. **Beide** berühren sich **am Po** (ambo) zur Begrüßung.

Und jetzt beantworten Sie bitte diese Fragen:

1. Wer muss über den **Po** einen **Pulli** ziehen?

   _____

2. Wovon bekommt man ein Sch**lappohr**?

   _____

3. Was macht der Hirte mit einer (**a**) **Gitarre**?

   _____

4. Wann bin ich **barfuß** gelaufen?

   _____

5. Was hat der **Winzer** mit dem **Reh** im Weinberg gemacht?

   _____

6. Dass an der S**peerspitze** ein **Re**h aufgespießt ist, … ich

   ohne Brille.

   _____

7. Was halte ich von meinem **Superbus**?

   _____

8. Wann macht sie mir eine **Szene**?

   _____

9. Wann bringt der **Post**bote den Brief?

   _____

10. Wer berührt sich **am Po** zur Begrüßung?

   _____

Na? Wie viele Antworten wussten Sie diesmal? Vielleicht mehr als sieben? Vielleicht weniger? Auf jeden Fall dürften es für's Erste gar nicht so wenige gewesen sein. Wenn Sie Ihr Kopfkino gut im Griff hatten, müsste es geklappt haben.

Auf jeden Fall haben Sie gerade eben wieder Vokabeln gelernt. Und wenn Sie es oben nicht schon gelesen hätten, hätten Sie es wahrscheinlich gar nicht gemerkt. Aber es waren schon wieder zehn neue Lateinvokabeln.

Vergleichen Sie nun Ihre Antworten mit den im Folgenden angegebenen »Möglichen Antworten«. In der Spalte »Latein« sehen Sie die Schreibweise des lateinischen Wortes, daneben – in der Spalte »Aussprache« – eine etwas merkwürdige Lautschrift, die Ihnen aber mehr bringt als die Lautschrift, die in Schulbüchern und Wörterbüchern verwendet wird. Bei »Aussprache« steht die Lateinvokabel so in Deutsch geschrieben, wie sich die-

se anhört. Meist ist die Aussprache bei Latein aber sowieso der Schreibweise sehr ähnlich. Zum Beispiel heißt das lateinische Wort für »siegen«: »vincere«, ausgesprochen wird es »winzere«. Das mögliche Bild »Winzer – Reh« klingt sehr ähnlich wie »vincere« – und deshalb ist es leicht für Ihr Hirn, vom »Winzer – Reh« auf »vincere« zu kommen. Was der Winzer mit dem Reh macht, haben Sie auch in einem Bild gespeichert, deswegen kommen Sie dann auf die deutsche Übersetzung »siegen«.

Unser Gedächtnis findet Bilder spannender als die bloßen Begriffe. Der Trick ist also, die Vokabel als Bild mit der entsprechenden Übersetzung als Bild zu verknüpfen. Verknüpfen bedeutet hier: beide Bilder in ein Bild, in eine Szene oder in einen Film zu integrieren. So wollen Sie beispielsweise wissen, was »certare« auf Deutsch heißt. Weil Sie verknüpft gelernt haben, dass man sich beim »Kämpfen« »zerrt an den Haaren«, haben Sie die Übersetzung für »certare«: nämlich »kämpfen«. Unser »Ähnlichkeitsgedächtnis« – der Gedächtnisforscher Prof. Dr. Hans Joachim Markowitsch hat es entdeckt und nennt es »Priming« – kommt damit gut klar. Denn »zerrt – Haare« ist ähnlich genug, um »certare« (ausgesprochen: zertahre) hervorzurufen. In den meisten Fällen läuft dieser Bilderabruf unbewusst und sehr schnell ab. Sie müssen also in der Praxis nicht erst lange an die Bilder denken und träumen, um auf die gesuchte Vokabel zu kommen. Dies werden Sie schon bald selbst merken.

Ein anderes Beispiel: Die lateinische Vokabel »post« heißt als Adverb »später«. Ausgesprochen wird das lateinische Wort wie die »Post« im Deutschen. Und weil wir beides wieder in ein Bild für unser Gedächtnis integrieren müssen, stellen wir uns einfach einen »Post«-Boten vor, der die »Post« heute »später« ausliefert. Schon haben wir die Übersetzung!

Solche Bilder sind schnell gemacht, leicht zu merken und bleiben im Gedächtnis!

Überprüfen Sie sich nun:

Latein	Aussprache	Mögliches Bild	Deutsch
ater	ahter	Adern	schwarz
mors	mors	Morsegerät	Tod
cubare	kubahre	Kuh auf Bahre	liegen
certare	zertahre	zerrt an Haaren	kämpfen
loca	loka	locker	Gegend
servus	serwus	sehr intensiv den Fuß	Sklave
caput	kaput	kaputt	Kopf
lumen	luhmen	Blumen	Licht
tot	tot	tot	so viele
pellere	pellere	Pelé schlägt ein Reh	vertreiben
populi (Gen. von populus)	populih	Po Pulli	Publikum
labor	labor	Schlappohr	Arbeit
agitare	agitahre	(a) Gitarre	antreiben
parvus	parvus	barfuß	klein
vincere	winzere	Winzer das Reh	siegen, besiegen
perspicere	perspizere	(an der) Speerspitze ein Reh	erkennen
superbus	superbus	Superbus	stolz
cenae	zehna	Szene	Abendessen
post	post	Postbote	später
ambo	amboh	am Po	beide

Unglaublich: Sie haben gerade eben so nebenbei 20 lateinische Vokabeln gelernt und wissen die meisten davon morgen auch noch – ohne sie zu wiederholen!

Testen Sie sich doch gleich einmal! Tragen Sie die entsprechenden Vokabeln in die unten stehende Liste ein und vergleichen Sie Ihre Einträge dann mit den Tabellen weiter vorne.

Latein	Aussprache	Mögliches Bild	Deutsch
ater			
mors			
cubare			
certare			
loca			
servus			
caput			
lumen			
tot			
pellere			
populi (populus)			
labor			
agitare			
parvus			
vincere			
perspicere			
superbus			
cena			
post			
ambo			

Wenn Sie jetzt verwundert sind, dass Sie so viele Vokabeln so einfach behalten haben, dann ist das absolut normal. Fragen Sie sich nun: »Warum hat mir das bis jetzt noch niemand beigebracht?« – Kein Lateinlehrer, kein Pädagoge, auch nicht Ihre Eltern haben Ihnen wahrscheinlich gezeigt, wie man Vokabeln schneller und nachhaltiger lernt. Sie sehen also: Ebenso wie »Schieb das Schaf« für Englisch, »Liebe am O(h)r« für Spanisch, »Lutsche das Licht« für Italienisch und »Wasch die Kuh« für Französisch war »Kaputt ist der Kopf« für Latein überfällig.

Die nächsten 80 Vokabeln

Es geht weiter, und zwar flott. Hier gleich noch einmal zehn kleine Kopfszenen. Am Anfang ist es sinnvoll, in Zehnerschritten vorzugehen. Später, mit mehr Übung, können Sie dann gleich 20 oder gar 50 Vokabeln auf einmal abspeichern. Bis dahin haben Sie aber bitte noch ein wenig Geduld. Sie können am Ende der folgenden achtmal zehn Vokabeln testen, wie viel Sie behalten haben. Und los geht's:

1. Er **duck(s)t** (dux) sich vor dem **Führer** (Adolf Hitler).
2. Ich **übergebe** dir die **Mandar**ine (mandare).
3. **Glas is'** (classis) auf der **Flotte**.
4. Im **Som**mer fällt mir unter einem Nussbaum eine **Nuss** (somnus) auf den Kopf und reißt mich aus dem **Schlaf**.
5. Der Fußballer Franck R**ibéry** (liberi) hat viele liebe **Kinder**.
6. Der **Kastra**t (entmannter Sänger) (castra) singt im Zelt**lager**.
7. Ein (a) **Wärter vertreibt** das R**eh** (avertere) vom Gefängnishof.
8. **Au!** – Jetzt hab ich einen **Riss** (auris) im **Ohr**.

9. Der **Bumer**ang des **Russ**en (umerus) traf ihn am **Ober-arm**.
10. Die **Weste ist** (vestis) ein **Kleidungsstück**.

Hier die Fragen nach der deutschen Übersetzung:

- Vor wem **duck(s)**t er sich?
- Was mache ich mit der **Mandar**ine?
- Das **Glas is'** wo?
- Was musste ich beenden, nachdem mir im **Som**mer eine **Nuss** auf den Kopf gefallen war?
- Was hat Franck R**ibéry**?
- Wo singt der **Kastrat**?
- Was macht der Gefängnis**wärter** mit dem **Reh**?
- **Au!** – Wo hab ich jetzt einen **Riss**?
- Der **Bumer**ang des **Russ**en traf ihn wohin?
- Was **ist** die **West**e?

Die nächsten zehn Vokabeln:

1. Der **Prinz** mit seinem Biz**eps** (princeps) ist der **Herrscher**.
2. Wenn du ein **Brot in** der **Nuss**schale (protinus) findest, musst du das **sofort** melden.
3. **Plötzlich** und **unerwartet** tauchte die gefürchtete **Reeb-Ente** (repente) aus dem Nichts im Weinberg auf und fraß alle Rebstöcke.
4. Ich fahre mit dem Auto **gegen** den **Kontra**bass (contra).
5. Die **Insel der Re**he (incedere) ist von Blattläusen **befallen**.
6. Der Strom**zähler** (celer) dreht sich ziemlich **schnell**.
7. Alle **Touris** (turris) wollen auf den **Turm**.

8. Ich **schätze** mal: Meine **Ex isst im Hare**m (existimare) mit anderen Frauen zusammen und schätzt den Wert des Schatzes.

9. Der **Farmer** (engl. aussprechen!) (famae) hat einen guten **Ruf.**

10. Er hat mir einen (**a**) **Bund** (Bündel) **Haare** (abundare) herausgerissen. Macht aber nix. Ich **hab** ja Haare **im Überfluss.**

Und hier die Fragen dazu:

– Wer ist der **Prinz** mit seinem Bi**zeps**?
– Wann musst du es melden, wenn du ein **Brot in** der **Nuss**schale findest?
– Wie tauchte die gefürchtete **Reeb-Ente** im Weinberg auf?
– Ich fahre mit dem Auto ... den **Kontra**bass.
– Was haben die Blattläuse mit der **Insel der Re**he gemacht?
– Wie dreht sich der Strom**zähler**?
– Wohin wollen alle **Touris**?
– Wie sicher ist es, dass deine **Ex isst im Hare**m?
– Was hat der **Farmer**?
– Warum macht es nichts, dass er dir einen (**a**) **Bund** (Bündel) **Haare** herausgerissen hat?

Latein	Aussprache	Mögliches Bild	Deutsch
dux	duks	duck(s)t	Führer
mandare	mandahre	Mandarine	übergeben
classis	klassis	Glas is'	Flotte
somnus	somnus	Sommer Nuss	Schlaf
liberi	lihberih	(Franck) Ribéry	Kinder
castra	kastra	Kastrat	Lager
avertere	ahwertere	(a) Wärter das Reh	vertreiben
auris	auris	Au! – Riss	Ohr
umerus	umerus	Bumerang des Russen	Oberarm
vestis	westis	Weste ist	Kleidungsstück
princeps	prihnzeps	Prinz mit Bizeps	Herrscher
protinus	prohtinus	Brot (in der) Nuss(schale)	sofort
repente	repente	Reeb-Ente	plötzlich/unerwartet
contra	kontrah	Kontra(bass)	gegen
incedere	inzehdere	Insel der Rehe	befallen
celer	zeler	(Strom)zähler	schnell
turris	turris	Touris	Turm
existimare	eksihstimahre	Ex isst im Harem	schätzen
famae	fahmä	Farmer	Ruf
abundare	abundahre	(a) Bund (Bündel) Haare	im Überfluss haben

Nun dürfen Sie sich wieder testen:

Latein	Aussprache	Mögliches Bild	Deutsch
dux			
mandare			
classis			
somnus			
liberi			
castra			
avertere			
auris			
umerus			
vestis			
princeps			
protinus			
repente			
contra			
incedere			
celer			
turris			
existimare			
famae			
abundare			

Hier nun die nächsten zehn Vokabeln:

1. Wahre **Freundschaft**: Der **Ami zieht sie a**m Arm (amicitia).
2. **Morgen** wird das **Gras** (cras) gemäht.
3. Das Glas mit **Rum** und Erd**beeren** (rumpere) ist leider **zerbrochen**.
4. Die Pralinen von der **Fähre** (fere) schmecken **ungefähr** wie **Ferre**ro-Küsschen.
5. Mit dicken Muskeln an der Wade **schreitet** das **Wade-Reh** (vadere) durch den Wald.
6. Ich **unterwerfe** mich und werfe mich unter die **Back-Karre** (Mehlsäcke auf der Karre) (pacare).
7. Ich **unterbreche** meine Arbeit, um **in der Rum-Beere** (Himbeeren in Rum) (interrumpere) den Wurm zu suchen.
8. Der **Bulle** machte einen **S**chritt auf die **Schönheit** zu und wollte **J**udo (pulchritudo) kämpfen.
9. Der **Vulkan** gibt dem **Volk** manchmal einen **Kuss** (vulgus).
10. Nach dem **Kuss** war sie **tot**, weil die **Wachen** geschlafen haben. Nur der Esel schrie »**iah**« (custodia)

Und wieder die Fragen dazu:

- Der **Ami zieht sie a**m Arm. Wofür ist das ein Zeichen?
- Wann wird das **Gras** gemäht?
- Was ist mit dem Glas mit **Rum** und Erd**beeren** passiert?
- Die Pralinen auf der **Fähre** schmecken ... so wie Ferrero-Küsschen.
- Was macht das **Wade-Reh** mit den dicken Muskeln?
- Warum werfe ich mich unter die **Back-Karre**?

- Was tue ich, um **in der Rum-Beere** einen Wurm zu suchen?
- Auf wen machte der **Bull**e einen **Schritt** zu und wollte **Judo** kämpfen?
- Wem gibt der **Vulk**an manchmal einen Kuss?
- Warum war sie nach dem **Kuss tot** und der Esel machte »**iah**«?

Die nächsten zehn Vokabeln:

1. **Der größte** der Zwerge fragte Schneewittchen: »**Mag sie Mus?**« (maximus)
2. Der **Floh** hüpft nur dann von **Reh** zu **Reh** (florere), wenn die Blumen **blühen**.
3. Alle **Opis** (opis) haben starken **Einfluss** auf die Enkel.
4. Wir **feiern** in der **Zelle** mit **Bra**tenresten (celebrare).
5. Als Belohnung gab es am **Eck Wurst** (equus) für das **Pferd**.
6. Die **Winde** wehen das Fahrrad**venti**l (venti) um.
7. Am **Bug** des Schiffes **kämpfen** die Hof**narren** (pugnare).
8. Als ich in der Hotelanlage **spazieren** ging, entdeckte ich **am Pool Haare** (ambulare).
9. Nie **Hilf**e (nihil) einzufordern bringt gar **nichts**.
10. **Zwischen** uns steht ein **Inder** (inter).

Die Fragen dazu:

- Welcher der Zwerge stellte die Frage an Schneewittchen: »**Mag sie Mus?**«
- Wann hüpft der **Floh** von **Reh** zu **Reh**?
- Was haben alle **Opis** auf die Enkel?
- Was machen wir in der **Zelle** mit **Bra**tenresten?
- Für wen gab es am **Eck Wurst**?
- Wer weht das Fahrrad**venti**l um?

- Was machen am **Bug** des Schiffes die Hof**narre**n?
- Was machte ich, als ich **am Pool Haare** entdeckte?
- Was bringt es, **nie Hil**fe einzufordern?
- Wo steht ein **Inder**?

Latein	Aussprache	Mögliches Bild	Deutsch
amicitia	amihzizia	Ami zieht sie am Arm	Freundschaft
cras	krahs	Gras	morgen
rumpere	rumpere	Rum und Erdbeeren	zerbrechen
fere	fereh	Fähre, Ferrero-Küsschen	ungefähr
vadere	wadere	Wade-Reh	schreiten
pacare	pahkahre	Back-Karre	unterwerfen
interrumpere	interrumpere	in der Rum-Beere	unterbrechen
pulchritudo	pulchrituhdoh	Bulle macht Schritt auf … zu mit Judo	Schönheit
vulgus	wulgus	Vulkan Kuss	Volk
custodia	kustohdia	Kuss – tot – »iah«	Wache
maximus	mahksimus	Mag sie Mus?	(der) größte
florere	flohrehre	Floh … von Reh zu Reh	blühen
opis	opis	(die) Opis	Einfluss
celebrare	zelebrahre	Zelle mit Bratenresten	feiern
equus	ekwuhus	Eck Wurst	Pferd
venti	wentih	(Fahrrad)ventil	Winde
pugnare	puhgnahre	Bug Hofnarren	kämpfen
ambulare	ambulahre	am Pool Haare	spazieren gehen
nihil	nihil	Nie Hilfe	nichts
inter	inter	Inder	zwischen

Nun dürfen Sie sich wieder testen:

Latein	Aussprache	Mögliches Bild	Deutsch
amicitia			
cras			
rumpere			
fere			
vadere			
pacare			
interrumpere			
pulchritudo			
vulgus			
custodia			
maximus			
florere			
opis			
celebrare			
equus			
venti			
pugnare			
ambulare			
nihil			
inter			

Hier nun die nächsten zehn Vokabeln:

1. **Bene**dikts (XVI.) **Vieh zieh**t **um** (beneficium). Eine **Wohl-tat** für die Nachbarn.
2. Man braucht mehrere **Navis** (navis) auf einem **Schiff**.
3. Das **Aqua**rium (aqua) ist voll mit **Wasser**.
4. Wenn der Kampfhund im **Krieg bell**t, fallen alle Solda-ten **um** (bellum).
5. Wenn man an der (Brunnen-)**kress**e **zerre**n tut (crescere), dann fängt sie an zu **wachsen**.
6. Ihre **Tochter** arbeitet in einer **Filia**le (filia).
7. **SSSStreitkräfte** schreibt man mit **vier** »S« (vires).
8. Vor dem **Richter** leerte man eine **Jute**-Tasche voller Ei-d**echs**en aus (iudex).
9. Eine Grape**frui**t (frui) muss man **genießen**.
10. In einem **Krug s**teckt (crux) ein **Kreuz** (Kruzifix).

Die Fragen dazu:

– Wenn **Bene**dikts (XVI.) **Vieh** um**zieh**t, was bedeutet das dann für die Nachbarn?
– Wo braucht man mehrere **Navis**?
– Womit ist das **Aqua**rium gefüllt?
– Wenn der Hund **bell**t und alle fallen **um** – was ist dann?
– Was passiert, wenn man an der **Kress**e **zerre**n tut?
– Wer arbeitet in einer **Filia**le?
– Was schreibt man mit **vier** »**S**«?
– Vor wem lud man eine **Jute**-Tasche voller Eid**echs**en aus?
– Was muss man mit der Grape**frui**t machen?
– Was steckt im **Krug**?

Und die nächsten zehn Vokabeln:

1. Seitdem **der Spitzer** mit Bambi-Reh (despicere) aus seinem Mäppchen geklaut wurde, **blickte** er **auf** seinen Tischnachbarn mit Verachtung **herab**.
2. Die **Ford-Tasse** (fortasse) ist **vielleicht** genauso bekannt wie der Mercedes-Stern.
3. Der Filmhund **Lassie** (laesi) hat sich die Pfoten **verletzt**.
4. Der Gefängnis**wärter** (vertere) **dreht** sich im Kreis, um alles besser beobachten zu können.
5. Ich habe die **Hoffnung aufgegeben: Der Speer** bleibt immer beim Werfen im Hof in den **Haare**n (desperare) hängen.
6. Alle **Gottheit**en haben **Nummern** (numen) auf ihre Körper tätowiert.
7. Zum **Gebet** muss man eine **Brezel ess**en (preces).
8. Ich dreh dir die **Zeh'n um** (caelum), dann kommst du in den **Himmel**.
9. Das **Auge** eines Rehs (augere) mit einer Lupe **vergrößern**.
10. Es besteht **Einsturz**gefahr (ruina) bei der **Ruine**.

Die Fragen auch dazu:

- Was machte er mit seinem Tischnachbarn, seitdem **der Spitzer** mit Bambi-Reh aus seinem Mäppchen geklaut wurde?
- Ist die **Ford-Tasse** genauso bekannt wie der Mercedes-Stern?
- Was ist mit dem Filmhund **Lassie** passiert?
- Was macht der Gefängnis**wärter**, um alles besser beobachten zu können?
- Wenn **der Speer** immer beim Werfen im Hof in den **Haare**n hängen bleibt, dann …?

- Wer hat **Nummern** auf den Körper tätowiert?
- In welcher Situation muss man eine **Brezel es**sen?
- Ich dreh dir die **Zeh'n um**, dann kommst du in den ...?
- Was macht man mit dem **Auge** eines **Re**hs?
- Welche Gefahr besteht bei der **Ruine**?

Latein	Aussprache	Mögliches Bild	Deutsch
beneficium	benefizium	Benedikts Vieh zieht um	Wohltat
navis	nahvis	Navis	Schiff
aqua	akwa	Aquarium	Wasser
bellum	bellum	wenn Hund bellt, fallen Soldaten um	Krieg
crescere	krehszere	Kresse zerren	wachsen
filia	fihlia	Filiale	Tochter
vires	wihres	vier »S«	Streitkräfte
iudex	iuhdeks	Jute-Tasche Eidechsen	Richter
frui	fruih	Grapefruit	genießen
crux	kruks	Krug steckt	Kreuz
despicere	dehspizere	der Spitzer mit Reh	herabblicken
fortasse	fohrtasse	Ford-Tasse	vielleicht
laesi	läsih	(Filmhund) Lassie	verletzt
vertere	wertere	(Gefängnis)wärter	drehen
desperare	dehspehrahre	Der Speer in den Haaren	Hoffnung aufgeben
numen	nuhmen	Nummern	Gottheit
preces	prezehs	Brezel essen	Gebet
caelum	kälum	Zehn'um	Himmel
augere	augehre	Auge des Rehs	vergrößern
ruina	ruihna	Ruine	Einsturz

Nun können Sie sich wieder prüfen:

Latein	Aussprache	Mögliches Bild	Deutsch
beneficium			
navis			
aqua			
bellum			
crescere			
filia			
vires			
iudex			
frui			
crux			
despicere			
fortasse			
laesi			
vertere			
desperare			
numen			
preces			
caelum			
augere			
ruina			

Und noch mal zehn Vokabeln:

1. Der **Kater** (cadere) **fällt** immer wieder auf seine Pfoten.
2. Bei der **Jagd** werden die H**aare** (iactare) (Perücke) in die Luft **geschleudert**. Vielleicht um die Hirsche anzulocken.

3. Ich wollte schon immer mal Tom **Cruise** (crus) ans **Schienbein** treten.
4. Im **Zinn**becher is' (cinis) die **Asche**.
5. **Weshalb** halbierst du mit der Schub**karre** (quare) die Wespe?
6. Man **soll** auf der **Fähre** (solvere) immer den Fährmann **bezahlen**.
7. Wenn der **Fisch** dir einen **Kuss** (fiscus) gibt, dann kannst du ihn auch in den **Korb** legen.
8. Alle **drei Kinder** (triginta) sind über schon **dreißig** Jahre alt.
9. Die zwei **Erker** (erga) liegen direkt **gegenüber**. Man könnte den Nachbarn mit Handschlag begrüßen.
10. Während einer **Chor**probe (cor) bekam sie einen **Herz**infarkt.

Die Fragen hierzu:

- Was macht der **Kater**?
- Was wird bei der **Jagd** mit den H**aaren** gemacht, um Hirsche anzulocken?
- Wohin wollte ich schon immer mal Tom **Cruise** treten?
- Im **Zinn**becher **is'** was?
- ... halbierst du mit der Schub**karre** die Wespe?
- Was **soll** man auf der **Fähre** immer tun?
- Wenn der **Fisch** dir einen **Kuss** gibt, dann kannst du ihn wohin legen?
- Wie alt sind alle **drei Kinder**?
- Wie stehen die zwei **Erker** zueinander?
- Was passierte während der **Chor**probe?

Und hier die letzten zehn Vokabeln:

1. Bei einem **Pferderennen** (perdere) **verlieren** alle Pferde.
2. Das **Karus**sell (carus) und die **Kara**mellbonbons (cara) sind allen Rummelplatzbesuchern **lieb** und **teuer**.
3. Mit einem **Habicht** ohne **Haare** (habitare) **bewohne** ich eine kleine Dachwohnung.
4. Zur **Jahrhundert**wende wurden auf der ganzen Welt **Säcke** voller **Kulis** (saeculi) verschenkt.
5. Die Römer legten immer eine **Walnuss** (vulnus) auf die **Wunde**.
6. Ganz aufgeregt sagte der **alte Mann** zu sich selbst: »Ich **seh nix** (senex) mehr!«
7. Ein **paar Ritter** (pariter) reiten **gemeinsam** zu den Römern.
8. **Alle** fahren mit dem **Omnibus** (omnis).
9. Im **Frühling** macht die Feuer**wehr** (ver) eine Übung (schon ganz früh).
10. Ich **mal um** (malum) den **Unglück**sort einen Kreidekreis.

Und nun noch die letzten zehn Fragen:

- Was machen bei einem **Pferderennen** alle Pferde?
- **Karus**sell und **Kara**mellbonbons sind allen Rummelplatzbesuchern ...?
- Was mache ich mit einem **Habicht** ohne **Haare**?
- Wann wurden auf der ganzen Welt **Säcke** voller **Kulis** verschenkt?
- Wohin legten die Römer immer eine **Walnuss**?
- Wer sagte ganz aufgeregt zu sich selbst: »Ich **seh nix** mehr«?
- Wie reiten die **paar Ritter** zu den Römern?
- Wer fährt alles mit dem **Omnibus**?

- Wann macht die Feuer**wehr** eine Übung?
- Wo **mal** ich einen Kreidekreis rum?

Latein	Aussprache	Mögliches Bild	Deutsch
cadere	kadere	Kater	fallen
iactare	i'aktahre	Jagd Haare	schleudern
crus	kruhs	Tom Cruise	Schienbein
cinis	zinis	Zinn(becher) is'	Asche
quare	kwahreh	(Schub)Karre	weshalb
solvere	solwere	sollte (auf der) Fähre	bezahlen
fiscus	fiskus	Fisch (dir einen) Kuss (gibt)	Korb
triginta	trihgintah	drei Kinder	dreißig
erga	ergah	Erker	gegenüber
cor	kor	Chor(probe)	Herz
perdere	perdere	Pferde(rennen)	verlieren
carus, cara	kahrus, kahra	Karu(ssell), Kara(mellbonbons)	lieb, teuer
habitare	habitahre	Habi(cht ohne) Haare	bewohnen
saeculi	säkulih	Säcke (voller) Kulis	Jahrhundert
vulnus	wulnus	Walnuss	Wunde
senex	seneks	seh nix	alter Mann
pariter	pariter	paar Ritter	gemeinsam
omnis	omnis	Omnibus	alle
ver	wehr	(Feuer)wehr	Frühling
malum	malum	(ich) mal um	Unglück

Und nun überprüfen Sie sich:

Latein	Aussprache	Mögliches Bild	Deutsch
cadere			
iactare			
crus			
cinis			
quare			
solvere			
fiscus			
triginta			
erga			
cor			
perdere			
carus			
habitare			
saeculi			
vulnus			
senex			
pariter			
omnis			
ver			
malum			

Lassen Sie sich überraschen

Hier können Sie nun noch einmal checken, ob Sie sich wirklich alle Vokabeln beziehungsweise wie viele Sie sich von den 100 Vokabeln gemerkt haben. Mit Sicherheit sind es deutlich mehr als über das herkömmliche Wiederholungslernen. Also seien Sie ruhig ein bisschen stolz auf sich.

Warum gehen wir so vor? Nun, als Sie zu sprechen begonnen haben – es also gelernt haben –, haben Sie da schon alles richtig schreiben können? Nein, natürlich nicht. Als Sie mit sechs oder sieben Jahren eingeschult wurden, konnten Sie schon sehr gut sprechen, aber Sie konnten nicht schreiben! Doch nie haben Sie besser und schneller gelernt als damals! Deswegen machen wir es nun so wie zu der Zeit, als Sie noch ein Kind waren und Lernen für Sie ganz normal war. Außerdem müssen Sie, bevor Sie ein Wort schreiben wollen, erst einmal wissen, WELCHES Wort Sie schreiben wollen. Sie müssen es also erst denken beziehungsweise sprechen können. Die Rechtschreibung können Sie später lernen.

Aber nun folgt die große Prüfung. Sie werden überrascht sein.

Latein	Deutsch
ater	
mors	
cubare	
certare	
loca	
servus	
caput	
lumen	
tot	
pellere	
populi	
labor	
agitare	
parvus	

vincere	
perspicere	
superbus	
cenae	
post	
ambo	
dux	
mandare	
classis	
somnus	
liberi	
castra	
avertere	
auris	
umerus	
vestis	
princeps	
protinus	
repente	
contra	
incedere	
celer	
turris	
existimare	
famae	
abundare	
amicitia	
cras	
rumpere	

fere	
vadere	
pacare	
interrumpere	
pulchritudo	
vulgus	
custodia	
maximus	
florere	
opis	
celebrare	
equus	
venti	
pugnare	
ambulare	
nihil	
inter	
beneficium	
navis	
aqua	
bellum	
crescere	
filia	
vires	
iudex	
frui	
crux	
despicere	
fortasse	

laesi	
vertere	
desperare	
numen	
preces	
caelum	
augere	
ruina	
cadere	
iactare	
crus	
cinis	
quare	
solvere	
fiscus	
triginta	
erga	
cor	
perdere	
cara	
habitare	
saeculi	
vulnus	
senex	
pariter	
omnis	
ver	
malum	

Nun, wie viele Vokabeln haben Sie geschafft? Waren es mehr, als Sie ohne diese skurrile Technik – also früher – geschafft hätten? Bestimmt. Vielleicht haben Sie ja sogar 70 bis 80 Richtige. Vielleicht sogar noch mehr. Das ist toll! Manche Seminarteilnehmer allerdings finden das nicht so toll. Sie hätten gerne ALLE richtig. Das ist falscher Ehrgeiz. Warum? Nun, weil Sie sich damit unnötig unter Druck setzen. Und unter diesem Druck können Sie nicht Ihre volle Leistung abrufen. Ihr Hirn schüttet dann nämlich die Stresshormone Adrenalin, Kortisol und Noradrenalin aus. Und meist in Mengen, die nicht förderlich sind, denn dann wird der Abrufvorgang im Gedächtnis blockiert. Dadurch wissen Sie deutlich weniger als ohne die schädlichen Stresshormone. Noch schlimmer wird das Ganze, wenn Sie schon während des Lernens einen solchen Druck auf sich ausüben. Denn dann werden die Hormone schon beim Einüben frei. Beim Abrufen fällt Ihr Hirn wiederum in genau denselben Status und Sie erinnern sich noch schlechter. Deshalb: Perfektion weckt Aggression. Immer locker bleiben. Damit lernen Sie effektiver. Und die Vokabeln, die Sie nicht auf Anhieb wissen, lernen Sie einfach nach. Schauen Sie sich die Bilder, Szenen beziehungsweise Aussagen noch einmal an. Stellen Sie sich diese noch einmal so deutlich wie möglich vor Ihrem geistigen Auge vor. Lassen Sie Gefühle zu, diese sind so etwas wie ein »Merkturbo«. Und dann prüfen Sie sich erneut. Sie werden sehen, dann haben Sie sich wirklich ALLE gemerkt.

Sprachen lernen wie ein Profi

In Zukunft lernen Sie also selbst schwierige Sprachen leicht, schnell, effizient und dauerhaft. Wichtig hierbei ist – wie Sie wahrscheinlich schon gemerkt haben – eine gute Kreativität. Die sollten Sie durch Anwendung trainieren. Das heißt auch: Je mehr Vokabeln Sie lernen, desto kreativer werden Sie! Vertrauen Sie sich selbst. Nach den ersten 100 SELBSTverbilderten Vokabeln merken Sie eine drastische Verbesserung Ihrer Bilder. Sie sind dann auch schon deutlich schneller und finden für mehr Vokabeln passende Bilder.

Wie das Ganze nun genau funktioniert, die besten Tipps und Tricks und wie es auch mit schwierigen Vokabeln klappt, lesen Sie im folgenden Kapitel »Vokabellernen leicht gemacht – die wichtigsten Tipps auf einen Blick«.

Sehr gut geübte Gedächtnisfans schaffen übrigens – und das ist kein Witz – zwischen 200 und 500 Vokabeln einer neuen Sprache in nur einer Stunde. Wie? Richtig, genauso wie oben: mit der LaGeiss-Technik. Ob Sie nämlich Französischvokabeln, Italienischvokabeln, Spanischvokabeln, Englischvokabeln, Lateinvokabeln oder die Vokabeln einer beliebigen anderen Sprache lernen wollen, macht keinen Unterschied. Wenden Sie einfach die Ihnen bereits bekannte Technik an, um zum Beispiel finnische, russische, chinesische oder arabische Vokabeln abzuspeichern.

Das Wort »cubare« eignet sich perfekt, um die genaue Vorgehensweise zu erläutern. Nehmen wir deshalb als Erklärungsbeispiel einmal an, Sie wollten sich die Lateinvokabel »cubare« (gesprochen: kubare) und deren deutsche Bedeutung merken.

Dann gehen Sie genauso vor, wie Sie es schon die ganze Zeit gelernt haben: Verbildern Sie die Vokabel. Die Bilder, die Sie bei »cubare« hören, könnten sein: Kuh, Bar, Bahre, Kuba, Reh usw. Das heißt, achten Sie nicht auf die Schreibweise, sondern nur auf die Aussprache. Sprechen Sie die zu lernende Vokabel am besten laut aus und achten Sie auf die Bilder, die Ihnen spontan in den Sinn kommen, wenn Sie die Vokabel hören. Was hört sich ähnlich an? Gibt es ein deutsches Wort, das annähernd so klingt? Kennen Sie bereits eine andere Vokabel, die sich wie diese anhört? Zerhacken Sie die neue, unbekannte Vokabel in Silben und machen Sie Wörter beziehungsweise Bilder aus den einzelnen Silben. Oder nehmen Sie einzelne Wortteile, die keine Silben sind. Dabei kommen manchmal sehr komische, aber einprägsame Geschichten heraus.

In unserem Beispiel »cubare« nehmen wir nun das Bild »Kuh und Bahre«. Dann sieht dies so aus:

Die **Kuh** *liegt* auf der **Bahre**.

Die Bedeutung der Vokabel »cubare« ist »liegen, ruhen«. Und genau aus diesem Grund »liegt« die Kuh auf der Bahre! Wir verknüpfen also zwei Bilder. Nämlich das Bild der Vokabel mit

dem Bild der Bedeutung dieser Vokabel. So haben wir »Kuh und Bahre« als erstes Bild und die Bedeutung »liegen« als zweites Bild. Beide Bilder, also Vokabelbild und Bedeutungsbild, miteinander verknüpft, ergibt: »Die Kuh liegt auf der Bahre.«

Würde »cubare« zum Beispiel »tragen« heißen, wäre das Bild: »Die Kuh trägt die Bahre.«

Vokabellernen leicht gemacht – die wichtigsten Tipps auf einen Blick

1. Die Vokabel verbildern

- **Welches andere Wort hört sich ähnlich an?**

»bolso« (span. Tasche) hört sich ähnlich an wie »bolzen« (Fußball spielen).
Diese Ähnlichkeit reicht dem Priming, dem Ähnlichkeitsgedächtnis, schon. Es muss also keineswegs perfekt sein, ähnlich reicht. Roland Geisselhart (Oliver Geisselharts Onkel) hat deshalb schon in den späten Sechzigerjahren die »Egal-Regel« kreiert: Egal, wenn es nicht hundertprozentig passt, Hauptsache, es ist im Klang einigermaßen ähnlich; es reicht auch, wenn nur die erste Silbe passt.

- **Vokabel in Silben zerhacken und für jede einzelne Silbe oder für zusammengefasste Silben nach ähnlichen Wörtern suchen:**

»cubare« wird so zu »cu«, »ba«, »re«. Aus »cu« wird »Kuh«, »ba« und »re« zusammengefasst ergibt »Bahre«.

- **Aus den Silben neue Wörter kreieren**

»helios« (griech. Sonne) wird zu »he«, »li«, »os«. Daraus entstehen die Wörter »**H**elikopter«, »**Lie**ge«, »**Os**tern«. Bild: Im Helikopter steht eine Liege mit Ostereiern darauf.

- **Vokabel nicht in Silben, sondern entsprechend passend zerhacken**

Bei »vendredi« (frz. Freitag, ausgesprochen »woandredie«) wären die Silben »ven«, »dre«, »di«. Besser passt: »vend«, »red«, »i«. Also: »Wand«, »rede«, »ich«.

- **Einzelne Buchstaben der Vokabel doppelt benutzen**

Bei »hostigar« (span. bedrängen, ausgesprochen »ostigar«) könnte man das T doppelt benutzen: einmal für »Ost« und das zweite Mal für »**T**iger«.

- **Dialekte und andere Sprachen mit einbeziehen**

»L'embouchure« (frz. die Flussmündung, ausgesprochen »loambuschür«) klingt ähnlich wie »Lampenschirm« auf Schwäbisch ausgesprochen: »Loambeschürm«.

2. Die Bedeutung der Vokabel verbildern

- Oft ist die Bedeutung schon ein Bild.

Zum Beispiel ist die Bedeutung von »cubare« »liegen«. Und »liegen« ist ein Bild.

- Sollte die Bedeutung kein Bild sein, benutzen Sie das erste, spontane Bild (wie bei den Vokabeln selbst), das Ihnen beim Aussprechen der Bedeutung in den Sinn kommt.

Zum Beispiel ist die Bedeutung von »but« (englisch für »aber«, gesprochen »batt«) kein Bild. »Aber« ist nun mal kein Bild. Die erste spontane Assoziation könnte vielleicht die Band »Abba« sein. »Abba« hört sich ähnlich an wie »aber«.

3. Beide Bilder verknüpfen

- Die Verknüpfung sollte möglichst skurril sein. – Eine liegende Kuh auf einer Bahre ist skurril.

- Denken Sie nicht lange nach, die erste Verknüpfungsidee ist meist die beste.

- Konzentrieren Sie sich auf den Kern und lassen Sie Unnötiges weg.

- Sehen und erleben Sie das Verknüpfungsbild beziehungsweise den Verknüpfungsfilm deutlich in Ihrem Kopfkino.

- Die Verknüpfung sollte alle Sinnesorgane ansprechen.

- Beziehen Sie Gefühle mit ein.

Testen Sie sich

Und nun testen Sie selbst, wie gut Sie im »Verbildern« von Vokabeln bereits sind. Sollten Sie die ersten hundert Lateinvokabeln durchgearbeitet haben, haben Sie ja genug Anregungen erhalten. Halten Sie sich bitte an die obigen Regeln und achten Sie nicht so sehr auf die Zeit, die Sie benötigen. Schnelligkeit kommt von ganz alleine.

Lassen Sie Ihrer Fantasie freien Lauf und nehmen Sie die ersten Bilder, die in Ihrem Kopf Gestalt annehmen. In der eckigen Klammer hinter den folgenden Vokabeln finden Sie die korrekte Aussprache, falls diese von der Schreibweise abweicht. Das ist wichtig, denn Ihre Bilder sollten auf der Aussprache basieren! Hören Sie sich also die folgenden Vokabeln sprechen und erfinden Sie dazu Ihre individuellen Bilder. Unsere Vorschläge folgen später. Los geht's:

- **verser [wersee]**

Mein Bild:_____

- **l'amas [lama]**

Mein Bild:_____

- **nascere [nascherre]**

Mein Bild:_____

- **fuscus [fuskus]**

Mein Bild:_____

- **bracchium [brachium]**

Mein Bild:_____

Nun folgen die Verknüpfungen. Das erste Bild haben Sie ja gerade entwickelt. Das zweite Bild ist die Bedeutung der jeweiligen Vokabel. Dieses wird mit dem ersten Bild verknüpft. (Wie oben bei »cubare«.) In der runden Klammer hinter den Vokabeln steht die Sprache.

Verknüpfen Sie also jetzt das Vokabelbild mit dem Bedeutungsbild.

- **verser [wersee] (frz.) – schenken**

Meine Verknüpfung:_____

- **l'amas [lama] (frz.) – die Menge**

Meine Verknüpfung:_____

- **nascere [nascherre] (ital.) – geboren werden**

Meine Verknüpfung:_____

- **fuscus [fuskus] (lat.) – dunkel**

Meine Verknüpfung:_____

- **bracchium [brachium] (lat.) – Arm**

Meine Verknüpfung:_____

Ob Ihre Verknüpfungen erfolgreich waren, erfahren Sie im folgenden Test.

»Schenken« heißt auf Französisch: _____

»Die Menge« heißt auf Französisch: _____

»Geboren werden« heißt auf Französisch: _____

»Dunkel« heißt auf Lateinisch: _____

»Arm« heißt auf Lateinisch: _____

Das Ganze funktioniert natürlich auch andersherum, also aus der Fremdsprache ins Deutsche. Verknüpfen Sie jetzt das Vokabelbild mit dem Bedeutungsbild.

»verser« [wersee] (frz.) heißt auf Deutsch: _____

»l'amas« [lama] (frz.) heißt auf Deutsch: _____

»nascere« [nascherre] (ital.) heißt auf Deutsch: _____

»fuscus« [fuskus] (lat.) heißt auf Deutsch: _____

»bracchium« [brachium] (lat.) heißt auf Deutsch: _____

Sollten Sie hierbei noch Probleme gehabt haben, so können wir Sie hoffentlich beruhigen: Sie sollten erst einmal circa 100 Vokabeln selbstständig verbildert und verknüpft haben, dann erst klappt es richtig. Aber: Es muss ja nicht bei jeder Vokabel gelingen! Zu Beginn wenden Sie die LaGeiss-Technik eben nur bei den Vokabeln an, bei denen sich Ihnen das Bild praktisch auf-

drängt. Mit der Zeit wird dies immer häufiger passieren. Und dann klappt es relativ zügig bei den meisten Vokabeln. Und ganz wichtig: Perfektion weckt auch hier Aggression. Es muss nicht bei jeder Vokabel gelingen! Freuen Sie sich über die, bei denen es klappt. Und ärgern Sie sich nicht über die, bei denen es NOCH nicht klappt.

Ob Sie jemals so viel trainieren beziehungsweise anwenden, dass Sie, wie oben erwähnt, in nur einer Stunde 200 bis 500 Vokabeln schaffen, ist gar nicht so wichtig. Wenn Sie nur halb so gut werden, schaffen Sie bereits 100 Vokabeln in nur einer Stunde oder 50 in einer halben. Und das ist doch auch ein toller Wert! Der ist übrigens für jeden gesunden Normalsterblichen zu erreichen. Wenn Sie täglich circa eine halbe Stunde Vokabeln lernen, sollten Sie diese Zahl nach ungefähr zwei bis drei Wochen, spätestens nach zwei Monaten erreicht haben.

Dann sind Sie auch in der Lage, eine neue Sprache, zumindest vom nötigen Wortschatz her, in nur einem Monat zu erlernen! Welche Zeitersparnis! Überlegen Sie: Sie lernen täglich 50 Wörter. Diese sollten natürlich die richtigen sein, also genau die, die Sie später tatsächlich brauchen. Schauen Sie sich einmal in einer guten Buchhandlung um. Dort gibt es Vokabelbücher mit häufig gebrauchten umgangssprachlichen Vokabeln. Bei 50 Vokabeln täglich schaffen Sie 250 in fünf Tagen. Am Wochenende wiederholen Sie diese noch einmal. Dies machen Sie drei Wochen lang, dann haben Sie 750 Vokabeln gelernt. Damit sind Sie schon ziemlich fit und können alles sagen, was Sie wollen. Natürlich ist Ihre Synonymauswahl begrenzt, aber was soll's? Die vierte Woche gehört allein der Wiederholung aller 750 Vokabeln. Wer dann zwischendurch noch die wichtigsten Gram-

matikregeln lernt, kommt im Ausland prächtig klar. Und das nach nur einem Monat!

Also, worauf warten Sie noch? Gehen Sie in die nächste Buchhandlung und fangen Sie an! Erfolg buchstabiert man T-U-N! Das ist bei Gedächtnistechniken genauso wie beim Fremdsprachenlernen oder in jedem anderen Bereich. Für den Anfang starten Sie einfach mit weiteren Lateinvokabeln.

Ach ja, fast hätten wir es vergessen – und das darf uns ja nicht passieren –, hier noch unsere Verknüpfungsvorschläge für obige Vokabeln:

- **verser [wersee] (frz.) – schenken**

Vokabel verbildern: »verser« wird »wersee« ausgesprochen. Dies klingt dann ähnlich wie die »Ferse« hinten am Fuß. Ein Bild für *verser* könnte also *Ferse* sein.

Übersetzung verbildern: »schenken« als Bild. Jemand »schenkt« einem anderen etwas.

Beide Bilder miteinander verknüpfen: Eine Person, eventuell Sie, bekommt von einer anderen Person (nehmen Sie am besten jemanden, den Sie kennen) eine *Ferse geschenkt* – schön mit roter Schleife drum herum. Tolles *Geschenk*!

- **l'amas [lama] (frz.) – die Menge**

Vokabel verbildern: Lama (das Tier)

Übersetzung verbildern: Menschenmenge

Beide Bilder miteinander verknüpfen: Ein *Lama* rennt in die *Menge* und spuckt alle an.

- **nascere [nascherre] (ital.) – geboren werden**

Vokabel verbildern: nass und Schere

Übersetzung verbildern: Ein Kind wird geboren.

Verknüpfen: Das Kind will nicht von selbst heraus, dann nehmen wir eben die *nasse (Geburts)schere.*

- **fuscus [fuskus] (lat.) – dunkel**

Vokabel verbildern: Fuß und Kuss

Übersetzung verbildern: dunkel, kein Licht

Verknüpfen: Ich gebe jemandem einen *Fußkuss*, da wird mir *dunkel* vor Augen.

- **bracchium (brachium) (lat.) – Arm**

Vokabel verbildern: brach ich um

Übersetzung verbildern: Arm ist schon ein Bild.

Verknüpfen: Meinen *Arm brach* ich *um.*

(Zum Großteil aus: Geisselhart, Oliver: Kopf oder Zettel? Offenbach, Gabal, 5. Aufl. 2013)

Die Handhabung des Wörterbuches

Einzige Voraussetzung: Seien Sie offen für ALLES!

Sie müssen weder schlau, allwissend noch besonders intelligent oder talentiert sein. Aber Sie sollten offen für Neues sein – für alles Neue. Die Bilder, mit denen die einzelnen Vokabeln gelernt werden, sollten einigermaßen passen. Wenn sie dann noch absurd, lustig, brutal, bescheuert, übertrieben oder versaut sind, haftet die Vokabel richtig gut. Es ist in mehreren, groß angelegten wissenschaftlichen Studien sogar bewiesen worden, dass gerade Bilder bzw. Bildverknüpfungen mit sexuellem Inhalt extrem gut behalten werden. Also: Lassen Sie ALLE Bilder zu. Stehen Sie sich bitte nicht durch Zensur selbst im Weg. Ihr Ziel ist es, Vokabeln zu lernen, viele Vokabeln. Und das in kurzer Zeit. Dann gehen Sie den Weg, der dafür nötig ist: Just be open minded!

Die folgenden Verbilderungen zu den Lateinvokabeln sind lediglich Vorschläge. Sie können diese für sich übernehmen oder jederzeit verändern oder durch andere Verbilderungen ersetzen.

Wenn Sie möchten, mailen Sie uns Ihre eigenen Verbilderungsvorschläge doch einfach zu. Tragen Sie dazu bei, dass auch andere an Ihren originellen, lustigen und skurrilen Verbilderungen teilhaben können. Wir freuen uns auch auf Beispiele aus anderen Sprachen. Hier unsere E-Mail-Adresse: info@kaputtistderkopf.de.

Sie können bei jeder Gelegenheit üben: im Wartezimmer, auf der Toilette, in der Schule, im Flugzeug (vorausgesetzt, Sie sind kein Pilot). Doch Achtung! Bitte lernen Sie nicht im Auto, wenn Sie selbst fahren. Die Ablenkung wäre einfach zu groß.

Ob Sie jetzt das Wörterbuch alphabetisch oder von hinten nach vorne lesen oder zufällig eine Seite aufschlagen, spielt überhaupt keine Rolle. Am besten suchen Sie sich Vokabeln aus, die Sie brauchen, lustig finden oder weitererzählen wollen. Markieren Sie die Vokabeln, wenn Sie sich abfragen lassen oder selbst abfragen wollen.

Das Abspeichern gelingt Ihnen in der Regel am besten, wenn Sie die Augen dabei schließen. Wenn Sie die Übungen zu Beginn des Buches gemacht haben, dann wissen Sie bereits, worauf es ankommt.

Und nehmen Sie die Verbilderungsvorschläge im Buch nicht allzu ernst. Sollten diese zum Teil nicht nach Ihrem Geschmack sein, können Sie gerne, wie oben schon erwähnt, eigene Vorschläge anwenden. In erster Linie soll das Arbeiten mit dem Buch und den darin enthaltenen Verbilderungen Spaß machen und Sie dazu animieren, mit dieser Technik weiterzuarbeiten.

Sie dürfen das Buch mitgestalten und natürlich auch verschenken und weiterempfehlen (gerne auch an Lehrer).

Erklärung

Lateinisches
Wort
(und Formen)

Offizielle Laut-
schrift, die nicht
alle kennen.

Lautschrift mit dem uns
bekannten Alphabet.
So lesen, als wäre es
Deutsch.

pax, pacis *f* [pāx, pācis] *[pahks, pahzis]*
Frieden; Bild: Ohropax (Ohrenstöp-
sel) in die Ohren, dann hast du deinen
Frieden.

Beschrei-
bung des
Bildes
bzw. der
Szene

deutsche
Übersetzung

Ist deutsch (oder zumindest
im Deutschen bekannt),
hört sich aber so ähnlich an
wie das lateinische Wort.
Damit man die beiden auf
einen Blick erkennt, sind sie
farblich hervorgehoben.

A

a/ab [ā/ab] *[ah/ab]* **von (… her), von … weg, seit;** Bild: **Von** »*A*- (Atom) Strom« **weg** zu »*B*- (Bio-)Strom«.

abducere, abduco, abduxi [abdūcere, abdūcō, abdūxī] *[abduhzere, abduhkoh, abduksi]* **wegführen, wegbringen, verschleppen;** Bild: *Abdu*l (z.B.: Paula Abdul – Sängerin) kletterte eine *Zeder* hoch, weil man sie **verschleppen** wollte.

abesse, absum, afui [abesse, absum, āfuī] *[abesse, absum, ahfuih]* **abwesend sein, fehlen, entfernt sein;** Bild: Beim *Ab*end*esse*n **fehlen** alle, weil es *ah*-p*fui* schmeckt.

abire, abeo, abii [abīre, abeō, abiī] *[abihre, abeoh, abi'ih]* **gehen (weg-);** Bild: Ich **gehe weg**, um ein (*a*) paar *Biere* zu holen. Bild: Nach dem *Abi geh* i*ch* **weg** für immer.

abstinere, abstineo, abstinui [abstinēre, abstineō, abstinuī] *[abstinehre, abstineoh, abstinuih]* **enthalten (sich);** Bild: Wenn man **sich** nicht **enthalten** kann, ist der *Abstie*g *n*icht aufzuhalten.

abundare (m. Abl.) [abundāre] *[abundahre]* **im Überfluss haben (etw.);** Bild: Er hat mir einen (*a*) *Bund* (Bündel) H*aare* herausgerissen. Macht aber nix. Ich **hab** ja Haare **im Überfluss**.

accedere, accedo, accessi [accēdere, accēdō, accessī] *[akzehdere, akzehdoh, akzessih]* **herantreten, hingehen;** Bild: Man muss schon auf leisen Sohlen **herantreten**, um den Akt zu malen mit Reh hinter einer CD (*Akt CD Reh*).

accendere, accendo, accendi, accensum [accendere, accendō, accendī, accēnsum] *[akzendere, akzendoh, akzendih, akzehnsum]* **entflammen, in Brand setzen, aufregen;** Bild: Die *Akt*e mit den Fuß*zeh'n* **in Brand setzen** (weil man gefesselt ist).

accidere, accidit, accidit [accidere, accidit, accidit] *[akzidere, akzidit, akzidit]* **ereignen (sich), zustoßen;** Bild: Aus dem *Akt*enordner *zieht* er eine Ähre. Doch plötzlich ist ihm was **zugestoßen**. (Man hat ihn vor den Zug gestoßen.)

accipere, accipio, accepi [accipere, accipiō, accēpī] *[akzipere, akzipioh, accehpih]* **annehmen, empfangen, aufnehmen;** Bild: Im *AK* (Arbeitskreis) »*Zipper*l*e*in« lernen alle, ihre Krankheiten **anzunehmen**.

accurrere, accurro, accurri [accurrere, accurrō, accurrī] *[akurrere, akurroh, akkurrih]* **herbeilaufen, angelaufen kommen;** Bild: *Akku Reh Reh*: Zwei Rehe mit Akkubetrieb kommen **herbeigelaufen**.

accusare [accūsāre] *[akuhsahre]* **anklagen, beschuldigen;** Bild: Man **beschuldigt** ihn, weil er mit zwei *Akkus* H*aare* angezündet hat.

acer, acris, acre [ācer, ācris, ācre] *[ahzer, ahkris, ahkre]* **heftig, hitzig, hart, scharf;** Bild: Auf dem *Acker* wird nur **scharf**er Chili angepflanzt.

acies, aciei *f* [aciēs, aciēī] *[azi'ehs, azi'ehih]* **Heer, Trupp, Schlachtordnung;** Bild: Das **Heer** besteht nur aus *Assis* (Assozialen).

ad [ad] *[ad]* **zu, zu … hin, an, bei;** Bild: **Zu** 5 kann man 4 **hin ad**dieren.

addere, addo, addidi [addere, addō, addidī] *[addere, addoh, addidih]* **hinzufügen;** Bild: Die Halsschlag*ader* vom *Re*h wurde zur Sammlung **hinzugefügt** (Körperwelten).

adducere, adduco, adduxi, adductum [addūcere, addūcō, addūxī, adductum] *[adduhzere, adduhkoh, adduhksih, adduktum]* **veranlassen, heranführen;** Bild: Es wurde **veranlasst,** dass ich *Ed* (z. B. Sheeran) *duze*n durfte.

adeo (Adv.) [adeō] *[adeoh]* **so sehr;** Bild: Ich brauche **so sehr** ein (*a*) *Deo.*

adesse, adsum, adfui/affui [adesse, adsum, adfuī/affuī] *[adesse, adsum, adfuih/affuih]* **anwesend sein, da sein, helfen;** Bild: Die *Ad*resse ist richtig, aber es **war** keiner **anwesend.**

adhibere, adhibeo, adhibui [adhibēre, adhibeō, adhibuī] *[adhibehre, adhibeo, adhibuih]* **anwenden, hinzuziehen;**

Bild: *Adi* (Adi Dassler; Adidas-Gründer) *Beere* **zieht** seine Berater mit **hinzu.**

adhuc [adhūc] *[adhuhk]* **noch (immer), bis jetzt, bis dahin;** Bild: Captain Hook hat **immer noch** die gleiche E-Mail-Adresse: Captain*@hook*.at.

adire, adeo, adii, aditum [adīre, adeō, adiī, aditum] *[adihre, adeoh, adi'ih, aditum]* **hingehen, herantreten, ansprechen;** Bild: Ich **spreche** auf der Straße **jemanden an** und frage, ob er *addiere*n oder mir ein (*a*) *Deo* ausleihen kann.

aditus, aditus *m* [aditus, aditūs] *[aditus, adituhs]* **Zugang, Zutritt;** Bild: *Adi* (Adi Dassler; *Adid*as-Gründer) wird der **Zutritt** verweigert.

adiungere, adiungo, adiunxi, adiunctum [adiungere, adiungō, adiūnxī, adiūnctum] *[adiungere, adiungoh, adiuhnksih, adiuhnctum]* **hinzufügen, anschließen;** Bild: Sie h*at jünger*e Mitarbeiter ins Team **hinzugefügt.**

administrare [administrāre] *[administrahre]* **verwalten;** Bild: Ein *a. D.* (außer Dienst) *Minist*er macht sich *rare*r und überlässt das **Verwalten** den anderen.

admirari, admiror, admiratus sum [admīrārī, admīror, admīrātus sum] *[admihrahrih, admihror, admihrahtus sum]* **bewundern;** Bild: Alle **bewundern** den *Admira*l.

admiratio, admirationis *f* [admīrātiō, admīrātiōnis] *[admihrazioh, admihrahziohnis]* **Bewunderung, Begeisterung;** Bild: Der *Admira*l (Marinegeneral/ Schmetterling) hört mit **Begeisterung** *Radio*.

admodum [admodum] *[admodum]* **sehr, überaus;** Bild: Außerhalb der Erd-*atmo*sphäre wird man **sehr** *dumm*, weil man Sauerstoff zum Denken braucht.

adulescens, adulescentis, adulescentium (Gen. Pl.) *m* [adulēscēns, adulēscentis, adulēscentium] *[adulehszens, adulehszentis, adulehszenzium]* **Mann (junger);** Bild: In der *A.T.U.* Kfz-Werkstatt (Marke) *les* ich etwas über *Zentis*-Marmelade (Marke). Da fragt mich ein *junger Mann*, ob ich etwas kaufen möchte.

advenire, advenio, adveni, adventum [advenīre, adveniō, advēnī, adventum] *[advenihre, advenioh, adwehnih, adwentum]* **ankommen;** Bild: Wenn ich am vierten *Advent* zu Hause **ankomme,** gibt es immer Kalbs*niere*.

adventus, adventus *m* [adventus, adventūs] *[adwentus, adwentuhs]* **Ankunft;** Bild: Abreise zu Ostern, **Ankunft** am vierten *Advent*.

adversarius, adversarii *m* [adversārius, adversāriī] *[adwersahrius, adwersahri'ih]* **Gegner, Feind;** Bild: Der **Gegner** h*at* sich an der *Fers*e verletzt und H*arry* hilft.

adversus (m. Akk.) [adversus] *[adwersus]* **gegen, gegenüber;** Bild: Zur *Adv*entszeit steht man sich **gegenüber** und tritt sich gegenseitig auf die *Fers*en.

adversus, adversa, adversum [adversus, adversa, adversum] *[adwersus, adwersa, adwersum]* **ungünstig, widrig, feindlich;** Bild: Die H*ardware* ist wirklich **widrig** und funktioniert einfach nicht.

aedificare [aedificāre] *[ädifikahre]* **bauen;** Bild: *Eddy* (z. B. Murphy) *findet* die (Schub-)*Karre* beim Haus**bauen**.

aedificium, aedificii *n* [aedificium, aedificiī] *[ädifizium, ädifizi'ih]* **Gebäude, Bauwerk;** Bild: *Eddy Wi*tz (Edgar, der Witzige) *zieh*t *um* in das Neben**gebäude**.

aedis, aedis, aedium (Gen. Pl.) *f* [aedis, aedis, aedium] *[ädis, ädis, ädium]* **Tempel, Haus;** Bild: *Eddis Haus* ist so groß wie ein **Tempel.**

aequor, aequoris *n* [aequor, aequoris] *[äkwor, äkworis]* **Meer, Ebene, Fläche;** Bild: Der *Äqu*a*tor* teilt die **Fläche** der Erdkugel in zwei Hälften.

aequus, aequa, aequum [aequus, aequa, aequum] *[äkwu'us, äkwa, äkwu'um]* **gleich, angemessen, gerecht;** Bild: Sind am *Äqu*ator nicht alle Tage **gleich** lang?

aer, aeris *m* [āēr, āeris] *[ahehr, aheris]* **Luft;** Bild: Es ist eine (*a*) *Ehr*e, saubere **Luft** zu atmen.

aestas, aestatis *f* [aestās, aestātis] *[ästahs, ästahtis]* **Sommer, Hitze;** Bild: Sie zeigte mit ihrem Finger auf eine Melone und sagte: »*Esst das*, das ist gut im **Sommer** bei dieser **Hitze**!«

aestimare [aestimāre] *[ästimahre]* **schätzen (ein-);** Ich **schätze**, der Schatz besteht nur aus Marmelade. Also: *Esst die Mar*melad*e.*

aetas, aetatis *f* [aetās, aetātis] *[ätahs, ätahtis]* **Alter, Zeitalter;** Bild: Der *Etat* in meinem **Alter** könnte etwas höher sein.

aeternus, aeterna, aeternum [aeternus, aeterna, aeternum] *[äternus, äterna, äternum]* **ewig;** Bild: Im *Äther* überdauert eine *Nuss* **ewig.**

affere, affero, attuli, allatum [affere, afferō, attulī, allātum] *[affere, afferoh, attulih, allahtum]* **melden, bringen (herbei-);** Bild: *Affe* **meldet** *Reh*: »Alles o.k.«

afficere, afficio, affeci, affectum [afficere, afficiō, affēcī, affectum] *[affizere, affizioh, affehzih, affektum]* **versehen (mit etw.);** Bild: Der *Aff*e z*ieh*t und *zerr*t an dem **mit** Perlen **versehen**en Hochzeitskleid.

affirmare [affirmāre] *[affirmahre]* **behaupten, versichern;** Bild: Alle **behaupten**, dass der S*afir* in einem *Maar* (Vulkanmulde) gefunden wurde.

ager, agri *m* [ager, agrī] *[ager, agrih]* **Acker, Feld, Gebiet;** Bild: *Ager* und **Acker** hören sich ähnlich an.

agere, ago, egi, actum [agere, agō, ēgī, āctum] *[agere, agoh, egih, aktum]* **tun, handeln;** Bild: Ich **handle** nicht, ich *ackere* gleich.

aggredi, aggredior, aggressus sum [aggredī, aggredior, aggressus sum] *[aggredih, aggredior, aggressus sum]* **angreifen, (an jmdn.) herantreten, überfallen;** Bild: Wer gleich **angreift** (beim Fußball), verhält sich *aggre*ssiv.

agitare [agitāre] *[agitahre]* **treiben (an-);** Bild: Der Hirte **treibt** seine Herde mit einer (*a*) *Gitarre* **an.**

agmen, agminis *n* [agmen, agminis] *[agmen, agmenis]* **Heereszug, Schar;** Bild: Das Fr*agmen*t vom Schlachtplan

zeigt heute noch, wie der ***Heereszug*** zurückgedrängt wurde.

aio/ait [āiō, ait] *[ahioh, ait] **(ich, er/sie) sage/t, behaupte/t;*** Bild: Hajo ***behauptet***, dass Majo gesund sei.

alacritas, alacritatis *f* [alacritās, alacritātis] *[alakritahs, alakritahtis] **Fröhlichkeit, Eifer;*** Bild: *Alle* Einwohner *Kretas* bestechen durch ihre ***Fröhlichkeit***.

alere, alo, alui, altum [alere, alō, aluī, altum] *[alere, aloh, aluih, altum] **ernähren; großziehen;*** Bild: Die Sträflinge auf der G*aleere* ***ernähren*** sich sehr gut.

alienus, aliena, alienum [aliēnus, aliēna, aliēnum] *[ali'ehnus, ali'ehna, ali'ehnum] **fremd;*** Bild: Ein ***fremd***es *Alien* (Außerirdischer) kommt auf die Erde, um eine *Nuss* zu essen.

aliquando [aliquandō] *[alikandoh] **irgendwann (einmal), einst;*** Bild: ***Irgendwann*** kommt der *Alli*gator, zieht sein *G'wand o*n (Gewand an) und frisst dann alle auf.

aliquis, aliquid [aliquis, aliquid] *[alikwis, alikwid] **irgendjemand, irgendetwas;*** Bild: Ali (Boxer) macht mit ***irgendjemand*** ein *Quiz*.

aliter [aliter] *[aliter] **sonst, anders;*** Bild: »Was nimmst du mit?« »Ein (*a*) *Liter* Bier, ***sonst*** gar nix.«

alius, alia, aliud [alius, alia, aliud] *[alius, alia, aliud] **ein anderer;*** Bild: Muhammad *Ali* (Boxer) ist eigentlich ***ein anderer*** und heißt Cassius Clay.

alter, altera, alterum, alterius (Gen.), alteri (Dat.) [alter, altera, alterum, alterīus, alterī] *[alter, altera, alterum, alterihus, alterih] **andere (der) (von zwei Personen);*** Bild: Den ***anderen*** erkennt man am *Alter.*

altus, alta, altum [altus, alta, altum] *[altus, alta, altum] **hoch, tief;*** Bild: Wenn die Stimme zwischen **hoch** und **tief** schwankt, dann ist man *alt*.

amare [amāre] *[amahre] **lieben, verliebt sein;*** Bild: Sie **liebt** es, *am* H*aare* gezogen zu werden. Bild: Wenn man ***verliebt ist***, läuft man (nicht) *Amo*k.

ambo [ambō] *[amboh] **beide;*** Bild: ***Beide*** berühren sich *am Po* (oder am *Amboss*) zur Begrüßung. Bild: ***Beide*** tanzen M*ambo*.

ambulare [ambulāre, ambulō] *[ambulahre, ambuloh] **gehen (spazieren);*** Bild: Als ich in der Hotelanlage ***spazieren*** ging, entdeckte ich *am Pool Haare*.

amica amicae *f* [amīca, amīcae] *[amica, amizäh] **Freundin;*** Bild: Ich hole mit der *Ami-Ka*rre die ***Freundin*** ab.

amicitia, amicitiae *f* [amīcitia, amīcitiae] *[amihzizia, amihziziä]* **Freundschaft;** Bild: Wahre **Freundschaft**: Der Ami zieht sie am Arm.

amicus, amici *m* [amīcus, amīcī] *[amihkus, amizih]* **Freund;** Bild: Mein **Freund** ist ein *Ami* (Amerikaner) und gibt mir einen *Kuss*.

amittere, amitto, amisi, amissum [āmittere, āmittō, āmīsī, āmissum] *[ahmittere, ahmittoh, ahmihsih, ahmissum]* **verlieren;** Bild: Ein *Ami* **verliert** gegen den Mie*ter.*

amor, amoris *m* [amor, amōris] *[amor, amohris]* **Liebe**; Bild: *Am Ohr is*t die **Liebe**. Bild: **Liebe am Ohr.**

amplus, ampla, amplum [amplus, ampla, amplum] *[amplus, ampla, amplum]* **groß(artig), bedeutend, angesehen;** Bild: *Am Plus* hängen **bedeutende** Persönlichkeiten (sie deuten mit den Fingern auf sich). Bild: **Bedeutende** Persönlichkeiten (deuten auf die Ampel und) fahren die *Ampel um.*

an [an] *[an]* **oder (etwa);** Bild: Ist das Licht *an* **oder etwa** aus?

angustus, angusta, angustum [angustus, angusta, angustum] *[angustus, angusta, angustum]* **eng, schwierig;** Bild: *Angus* Jung (Lead-Gitarrist von AC/DC) spielt **schwierig**e Soli.

animadvertere, animadverto, animadverti, animadversum (m. Akk.) [animadvertere, animadvertō, animadvertī, animadversum] *[animadwertere, animadwertoh, animadwertih, animadwersum]* **bemerken, entdecken, vorgehen (gegen jmdn.);** Bild: Weil der *Anima-t*eur ständig die Häftlinge animiert, möchte ein Gefängnis*wärter* **gegen ihn vorgehen.**

animus, animi *m* [animus, animī] *[animus, animih]* **Herz, Sinn, Mut, Geist;** Bild: *Anni*s (z.B. Lennox) Apfel*mus* macht **Mut.**

annus, anni *m* [annus, annī] *[annus, annih]* **Jahr;** Bild: Einmal im **Jahr** bekommt man eine (*a*) *Nuss* geschenkt.

ante [ante] *[ante]* **vor;** Bild: Ich stehe **vor** meiner T*ante.*

ante [ante] *[ante]* **vorher;** Bild: Wir gehen ins Schwimmbad, aber **vorher** müssen wir noch die T*ante* besuchen.

antiquus, antiqua, antiquum [antīquus, antīqua, antīquum] *[antihkwus, antihkwa, antihkwum]* **alt, ehrwürdig;** Bild: Im *Antiqua*riat gibt es nur **alte** Bücher.

aperire, aperio, aperui [aperīre, aperiō, aperuī] *[aperihre, aperioh, aperuih]* **öffnen, aufdecken;** Bild: *Aber Irre* **öffnen** die Flasche mit den Zähnen.

apparere, appareo, apparui [appārēre, appāreō, appāruī] *[appahrehre, appahreho, appahruhi]* **erscheinen, sich zeigen, offensichtlich sein;** Bild: Plötzlich *erscheinen* wie aus dem Nichts ein (a) *paar Re*he.

appellare, appello, appellavi [appellāre, appellō, appellāvī] *[appellahre, appelloh, appellahwih]* **anreden (jmdn.), sich wenden (an), nennen;** Bild: Weil ich auf dem *Ap*fel H*aare* gefunden habe, *wende ich mich an* den Küchenchef direkt. Bild: Weil an dem *Ap*fel ein *Oh*r war, *wende ich mich an* den Küchenchef direkt.

appellere, appello, appuli, appulsum [appellere, appelloh, appulī, appulsum] *[appellere, appelloh, appulih, appulsum]* **herantreiben, heranbringen, (Pass.) landen;** Bild: Der Wind *treibt* beim *Ap*fel*baum-A*bleere*n Blüten *heran*.

apportare [apportāre] *[apportahre]* **herbeitragen, mitbringen;** Bild: **Bringt** mir die *Abort-Haare* **mit** (die Haare auf der Toilette).

appropinquare [appropinquāre] *[appropinkwahre]* **nähern (sich), näher kommen;** Bild: Er *nähert* sich der Karre: *a Prob*efahrt *in* der *Karre*.

apud [apud] *[apud]* **bei, in der Nähe;** Bild: Ich habe immer ein (a) *Puder* **bei** mir.

aqua, aquae *f* [aqua, aquae] *[akwa, akwä]* **Wasser;** Bild: Das *Aqua*rium ist voll mit **Wasser.**

ara, arae *f* [āra, ārae] *[ahra, ahrä]* **Altar;** Bild: Der *Ara* (Papagei) sitzt auf einem **Altar** in der Kirche.

arbitrari, arbitror, arbitratus sum [arbitrārī, arbitror, arbitrātus sum] *[arbitrahrih, arbitror, arbitrahtus sum]* **glauben, meinen;** Bild: Ich *glaube*, dass die *Arb*eit am *Rohr*/ im *Rad*ius von zwei Metern noch Spaß macht.

arcere, arceo, arcui [arcēre, arceō, arcuī] *[arzehre, arzeoh, arkuih]* **abwehren, fernhalten;** Bild: Ich muss mir H*artz* 4 *fernhalten*, mir zur *Ehre*.

arcessere, arcesso, arcessivi [arcessere, arcessō, arcessīvī] *[arzessere, arzessoh, arzessihwih]* **herbeirufen, holen;** Bild: Noah musste die *Arche* auf dem *See* mit dem *Re*h *herbeirufen*, da noch andere Tiere an Bord sollten. Bild: Auf der *Arche* arbeitet ein *Zivi*, der die Tiere *herbeiruft*.

ardere, ardeo, arsi, arsurum [ārdēre, ārdeō, ārsī, ārsurum] *[ahrdehre, ahrdeho, ahrsih, ahrsuhrum]* **brennen, verbrennen, entbrannt sein;** Bild: Es ist eine Art Ehre, sich *verbrennen* zu lassen. Bild: Meine Arterien *verbrennen*.

ardor, ardoris *m* [ārdor, ārdōris] *[ahrdor, ahrdohris]* **Hitze, Begeisterung, Temperament;** Bild: Vor lauter *Begeisterung* blieb sie mit ihrem Haar am Tor hängen. Bild: In der *Hitze* klebte ein Haar von Doris an meiner Wange.

argentum, argenti *n* [argentum, argentī] *[argentum, argentih]* **Silber, Geld;** Bild: Argentinien hat wegen des hohen *Silber*vorkommens seinen Namen erhalten.

arma, armōrum *n* [arma, armōrum] *[arma, armohrum]* **Waffen;** Bild: Ich tauschte die *Waffen* gegen Armani-(Marke) Uhren. Bild: Die *Waffen* sind so laut, dass ich den Arm um das Ohr rum lege, um nichts mehr hören zu müssen.

armatus, armata, armatum [armātus, armāta, armātum] *[armahtus, armahta, armahtum]* **bewaffnet;** Bild: Am Arm von König Artus konnte man sehen, wie er *bewaffnet* war (Tätowierungen).

ars, artis, artium (Gen. Pl.) *f* [ars, artis, artium] *[ars, artis, arzium]* **Kunst, Geschicklichkeit, Handwerk;** Bild: Die *Kunst*, jemanden zu vergiften, ohne dass man es nachweisen kann, gelingt nur mit Arsen. Bild: Die *Geschicklichkeit* des Artisten ist bemerkenswert.

arx, arcis, arcium (Gen. Pl.) *f* [arx, arcis, arcium] *[arks, arzis, arzium]* **Burg;** Bild: Bei dieser *Burg* liegt noch vieles im Argen. Bild: Auf der *Burg* wachsen Narzissen.

ascendere, ascendo, ascendi, ascensum [ascendere, ascendō, ascendī, ascēnsum] *[aszendere, aszendoh, aszendih, aszehnsum]* **hinaufsteigen, -klettern;** Bild: Zum Astende muss man *hinaufklettern* und das Reh retten.

asinus, asini *m* [asinus, asinī] *[asinus, asinih]* **Esel;** Bild: Der Assi bekommt vom *Esel* eine auf die Nuss.

asper, aspera, asperum [asper, aspera, asperum] *[asper, aspera, asperum]* **hart, grob, beleidigend, rau;** Bild: Der Kasper ist *beleidigend* »Seid ihr alle da? – Aber nicht mehr lange!« (im Seniorenheim)

aspicere, aspicio, aspexi [aspicere, aspiciō, aspexī] *[aspizere, aspizioh, aspeksih]* **anblicken, ansehen;** Bild: Eine (A) noch spitzigere Nase als meine eigene kann man im Museum *ansehen*.

at [at] *[at]* **aber, jedoch, dagegen;** Bild: Er *dagegen* hat einen Austria-Pass (AT).

ater, atra, atrum [āter, ātra, ātrum] *[ahter, ahtra, ahtrum]* **schwarz, düster;** Bild: In meinen Adern fließt *schwarz*es Blut. Es ist aber nur ein (a) Traum.

atque/ac [atque/ak] *[atkwe/ak]* **und, und auch;** Bild: *Und auch* ich als Mann habe einen Anspruch auf *artge*-rechte Haltung.

atrox, atrocis (Gen.) [atrōx, atrōcis] *[atrohks, atrohzis]* **schrecklich, wütend;** Bild: H*ard*rock ist **schrecklich**e, **wüten**-*d*e Musik.

auctor, auctoris *m* [auctor, auctōris] *[auktor, auktohris]* **Gründer, Anstifter, Veranlasser, Verfasser;** Bild: Der Firmen**gründer** schlug ein *Aug*' ans Gara*gentor* (das *Aug*' von *Doris*).

auctoritas, auctoritatis *f* [auctōritās, auctōritātis] *[auktohritahs, auktohritahtis]* **Ansehen, Einfluss;** Bild: Das **Ansehen** stieg dadurch, dass man ein *Aug*' ins *Tor* von *Idas* Bruder schoss.

audacia, audaciae *f* [audācia, audāciae] *[audahzia, audahziä]* **Frechheit, Kühnheit;** Bild: Eine **Frechheit** ist es, im *Aut*o *Ziehh*armonika zu spielen.

audax, audacis (Gen.) [audāx, audācis] *[audahks, audahzis]* **kühn, unver-schämt, skrupellos;** Bild: »*Au*«, der *Dachs,* war **unverschämt** und hat mich ins Bein gebissen.

audere, audeo, ausus sum [audēre, audeō, ausus sum] *[audehre, audeoh, ausus sum]* **wagen;** Bild: Z*audere* nicht und **wage** was!

audire, audio [audīre, audiō] *[audihre, audioh]* **(an-, er-, zu-)hören;** Bild: Du **hörst** die »*Au Tiere*« schreien.

augere, augeo, auxi, auctum [augēre, augeō, auxī, auctum] *[augehre, augeoh, auksih, auktum]* **vergrößern, vermeh-ren;** Bild: Das *Auge* eines *Re*hs mit einer Lupe **vergrößern**.

aureus, aurea, aureum [aureus, aurea, aureum] *[aure'us, aurea, aure'um]* **gol-den, aus Gold;** Bild: Der M*aure*r baut ein Haus a*us* **Gold**.

auris, auris, aurium (Gen. Pl.) *f* [auris, auris, aurium] *[auris, auris, aurium]* **Ohr;** Bild: »*Au*! – Jetzt hab ich einen *Riss* im **Ohr**.«

aurum, auri *n* [aurum, aurī] *[aurum, aurih]* **Gold;** Bild: Beim Ringen: »H*au* ihn *rum* – dann gewinnst du **Gold**.«

aut [aut] *[aut]* **oder;** Bild: »*Out*« **oder** »In«? – das ist die Frage.

aut … aut [aut … aut] *[aut … aut]* **entweder … oder;** Bild: **Entweder** ist etwas »*out*« **oder** »in«.

autem (nachgestellt) [autem] *[autem]* **aber, jedoch;** Bild: **Aber** sein *Atem* verriet ihn.

auxilium, auxilii *n* [auxilium, auxiliī] *[auksilium, auksili'ih]* **Hilfe;** Bild: Das eine *Aug'* sieh*t* *l*inks r*um*, das andere rechts rum. Da brauch ich **Hilfe**!

avaritia, avaritiae *f* [avāritia, avāritiae] *[awahrizia, awahriziä]* **Gier, Geiz, Habsucht;** Bild: Während der S*afari* hat er aus **Geiz** keinen einzigen Ton auf seiner *Ziehha*rmonika gespielt.

ave [avē] *[aveh]* **sei gegrüßt!;** Bild: **Sei gegrüßt**, du *Affe.*

avertere, averto, averti, aversum [āvertere, āvertō, āvertī, āversum] *[ahwertere, ahwertoh, ahwertih, ahwersum]* **vertreiben, abwenden;** Bild: Ein (*a*) *Wärter* **vertreibt** das *Re*h vom Gefängnishof.

avis, avis, avium (Gen. Pl.) *f* [avis, avis, avium] *[awis, awis, awium]* **Vogel;** Bild: Der **Vogel** macht einen (*a*) *Wiss* (uriniert).

avus, avi *m* [avus, avī] *[awus, awih]* **Großvater;** Bild: Der **Großvater** hat nur noch einen (*a*) *Fuß*.

B

barbarus, barbari [bárbarus, bárbari] *[barbarus, barbari]* **Barbar;** Bild: *Barbar*ossa (oder *Barba*papa) war ein **Barbar.**

barbarus, barbara, barbarum [bárbarus, bárbara, bábarum] *[barbarus, barbara, barbarum]* **barbarisch, wild;** Bild: *Barbara* (z.B. Schöneberger) ist ganz schön **wild.**

beatus, beata, beatum [beātus, beāta, beātum] *[beahtus, beahta, beahtum]* **glücklich, reich;** Bild: *Beat*e ist nicht nur **glücklich**, sondern auch noch **reich.**

bellum, belli *n* [bellum, bellī] *[bellum, bellih]* **Krieg;** Bild: Wenn der Kampfhund im **Krieg** *bell*t, fallen alle Soldaten *um*.

bellus, bella, bellum [bellus, bella, bellum] *[bellus, bella, bellum]* **schön, hübsch;** Bild: Der **schöne** Hund Bello *bell*t in ganz *U.S.* (of America) her*um*.

bene [bene] *[bene]* **gut;** Bild: Ich schlafe (*penne*) immer **gut.** Bild: Meinen Beinen (mene *bene*) geht's **gut.**

beneficium, beneficii *n* [beneficium, beneficiī] *[benefizium, benefizi'ih]* **Wohltat;** Bild: *Bene*dikts (XVI.) *Vieh zieh*t *um.* Eine **Wohltat** für die Nachbarn.

benevolentia, benevolentiae *f* [benevolentia, benevolentiae] *[benewolenzia, benewolenziä]* **Wohlwollen;** Bild: Der Apotheker (ganz in Wolle) zeigte sein **Wohlwollen:** »Die *Be*ine fühlen sich *wohl* mit *Enzia*nsalbe.«

bibere, bibo, bibi [bibere, bibō, bibī] *[bibere, biboh, bibih]* **trinken;** Bild: Der *Biber* und das *Re*h **trinken** zusammen eine Cola.

blandus, blanda, blandum [blandus, blanda, blandum] *[blandus, blanda, blandum]* **schmeichlerisch;** Bild: James *Blunt* (brit. Sänger) ist **schmeichlerisch** und schwenkt die *US*-Flagge. Bild: Auf der Bananen*planta*ge war er sehr **schmeichlerisch** zu ihr.

bonum, boni *n* [bonum, bonī] *[bonum, bonih]* **Gute (das), Hab und Gut (Pl.);** Bild: Mein *Pony* ist mein einzig **Hab und Gut.**

bonus, bona, bonum [bonus, bona, bonum] *[bonus, bona, bonum]* **gut, tüchtig, gütig;** Bild: *Bohn*e und *Nuss* sind **gut** für die Gesundheit.

brac(c)hium *n* [bracchium] *[brachium]* **Arm;** Bild: Meinen **Arm** *brach ich.*

brevi (Adv.) [brevī] *[brewih]* **bald darauf, nach kurzer Zeit;** Bild: *Bre* (Käse) vom Rind*vieh* zu essen hat fatale Folgen: **Bald darauf** bekommt man Durchfall.

brevis, brevis, breve [brevis, brevis, breve] *[brewis, brewis, brewe]* **kurz;** Bild: Nach dem Rasenmähen *bre*nnt die *Wies*' nur **kurz.**

C

cadere, cado, cecidi [cadere, cadō, cécidī] *[kadere, kadoh, zezidih]* **fallen, sinken;** Bild: Der *Kater* (nicht nur die Katze) **fällt** immer wieder auf seine Pfoten.

caedere, caedo, cecidi, caesum [caedere, caedō, cecīdī, caesum] *[zädere, zaedoh, zezihdih, zäsum]* **töten, nieder-**

schlagen; Bild: Obwohl *zäh* wie *der Elefant,* konnte man ihn **töten**.

caelum, caeli *n* [caelum, caelī] *[zälum, zälih]* **Himmel, Klima;** Bild: Ich dreh dir die *Zeh'n um* (Hals um), dann kommst du in den **Himmel.**

calamitas, calamitatis *f* [calamitās, calamitātis] *[kalamitahs, kalamitahtis]* **Unglück, Verlust, Niederlage;** Bild: *Carla* Bruni (Frau von Nikolas Sarkozy) *mit Ass* in der Hand verkündet ihre **Niederlage.**

campus, campi [campus, campī] *[kampus, kampih]* **Feld, freier Platz;** Bild: Der *Camp*ingplatz befindet sich inmitten eines Mais*feld*es. Der *Bus* darf dort parken.

canere, cano, cecini, cantatum [canere, canō, cecinī, cantātum] *[kanere, kanoh, zezinih, kantahtum]* **singen (be-);** Bild: Folgenden Text kann man auch **singen:** Die *Kanne* mit *Reh* wurde mit einer *Kanone* beschossen. Mein *Sehsinn* fragt sich: »*Kann dat um*fallen?«

canis, canis *m* [canis, canis] *[kanis, kanis]* **Hund;** Bild: Der **Hund** sitzt auf einem Benzin*kanis*ter. Bild: Der **Hund** mag *ka* (kein) *Anis.*

capere, capio, cepi [capere, capiō, cēpī] *[kapere, kapioh, zehpih]* **erobern, einnehmen, erfassen, ergreifen;** Bild: Bevor wir das Schiff **erobern,** gibt es noch *Reh* mit *Kapern.* Bild: *Camp*i*no* (Sän-

ger bei den Toten Hosen) **erobert** die Herzen der Fans.

captivus, captiva, captivum [captīvus, captīva, captīvum] *[kaptihwus, kaptihwa, kaptihwum]* **gefangen, Kriegsgefangener;** Bild: Oberst zu den **Kriegsgefangenen:** »*Kapp*e auf *die Fuß*!«

caput, capitis *n* [caput, capitis] *[kaput, kapitis]* **Kopf, Hauptstadt;** Bild: Der **Kopf** ist *kaputt.*

carere, careo, carui [carēre, careō, caruī] *[carehre, careoh, caruhi]* **frei sein (von etwas), nicht haben;** Bild: Mit einer *Carrera*-R*ennbahn* kann man so richtig **frei sein.**

carmen, carminis *n* [carmen, carminis] *[karmen, karminis]* **Gedicht, Lied;** Bild: *Carmen* (z. B. Nebel) singt ein **Lied.**

carus, cara, carum [cārus, cāra, cārum] *[kahrus, kahra, kahrum]* **lieb, teuer;** Bild: Das *Karus*sell, die *Kara*mellbonbons und die (Schub)*karr*e mit *Rum*(fass) sind allen Rummelplatzbesuchern **lieb** und **teuer.**

castra, castrorum (Pluralwort) *n* [castra, castrōrum] *[kastra, kastrohrum]* **Lager;** Bild: Der *Kastra*t (entmannter Sänger) singt im Zelt*lager.* Bild: Im Zelt*lager* gibt es einen *Kast*en St*rohrum.*

casus, casus *m* [cāsus, cāsūs] *[kahsus, kahsuhs]* **Fall, Zufall, Unglück, Schicksalsschlag;** Bild: Der Leber*kas* fällt auf den Boden. Das ist kein **Zufall**.

causa (m. Gen; nachgestellt) *m* [causā] *[kausah]* **wegen, um … zu;** Bild: **Um** ein Labs*kaus* (Fleischgericht aus Norddeutschland) **zu** essen, lass ich alles liegen und stehen.

causa, causae *f* [causa, causae] *[kausa, kausā]* **Grund, Prozess, Streitfall;** Bild: Das La*bskaus* wurde zum **Streitfall**: mit Fischbeilage oder ohne Fischbeilage.

cavere, caveo, cavi, cautum [cavēre, caveō, cāvī, cautum] *[kawehre, kaweoh, kahwih, kautum]* **hüten (sich … vor), achtgeben;** Bild: **Hüte dich vor** dem *Kaffee*, den das *Re*h zubereitet hat. Bild: **Hüte dich vor** dem *Café au* Lait. Der ist vergiftet.

cedere, cedo, cessi, cessum [cēdere, cēdō, cessī, cessum] *[zehdere, zehdoh, zessih, zessum]* **weggehen, nachgeben, überlassen;** Bild: Die *Zeder*n (Bäume) **gehen** einfach **weg**.

celebrare [celebrāre] *[zelebrahre]* **rühmen, feiern, verherrlichen;** Bild: Wir **feiern** in der *Zelle* mit *Bra*ten*re*sten.

celer, celeris, celere [celer, celeris, celere] *[zeler, zeleris, zelere]* **schnell;** Bild: Der Strom*zähler* dreht sich ziemlich **schnell**.

cena, cenae *f* [cēna, cēnae] *[zehna, zehnä]* **Essen, Abendessen, Mahlzeit;** Bild: Sie macht mir beim **Abendessen** eine *Szene*.

cenare [cenāre] *[zenahre]* **essen;** Bild: *Zehn Haare* habe ich geg**essen** und hab's nicht einmal gemerkt. Bild: Wenn man in *Seeno*t gerät, gibt es kaum etwas zu **essen**.

censere, censeo, censui [cēnsēre, cēnseō, cēnsuī] *[zehnsehre, zehnseoh, zehnsuih]* **schätzen (ein-), der Ansicht sein, halten für;** Bild: Ich **halte** es **für** sinnvoll, mindestens *zehn Sär*ge vorzubestellen.

cernere, cerno, crevi, cretus [cernere, cernō, crēvī, crētus] *[zernere, zernoh, krevih, krehtus]* **erkennen, sehen;** Bild: Johannes B. *Kerner* **erkenne** ich auf der Straße.

certare [certāre] *[zertahre]* **streiten, wetteifern, kämpfen;** Bild: Beim **Kämpfen** *zerrt* man sich an den *Haare*n.

certe [certē] *[zerteh]* **sicher, bestimmt;** Bild: Um **sicher** zu sein, dass es keine Perücke ist, *zerrte* sie an seinen Haaren.

certus, certa, certum [certus, certa, certum] *[zertus, zerta, zertum]* **sicher, gewiss, bestimmt, zuverlässig;** Bild: Es ist **sicher**, dass er sich mit einer Sicherheitsnadel sticht. Er ist ja auch *sehr dumm*.

cessare [cessāre] *[zessahre]* **zögern, sich Zeit lassen**; Bild: Mehrere Julius Cäsare **lassen sich Zeit.**

ceteri, ceterae, cetera [cēterī, cēterae, cētera] *[zehterih, zehterä, zehtera]* **Übrigen (die);** Bild: Wir aßen fast alle Plätzchen. *Die Übrigen* hängten wir an eine *Zether* (Baum).

cibus, cibi *m* [cibus, cibī] *[zibus, zibih]* **Speise, Nahrung;** Bild: *Zieh* den *Bus*. Da ist die ganze **Nahrung** für acht Wochen drin. Bild: Auf der *CeBI*T (Messe) gibt es auch immer leckere **Speisen.**

cinis, cineris *m* [cinis, cineris] *[zinis, zineris]* **Asche;** Bild: Im *Zinn*becher *is'* die **Asche.**

circum (m. Akk.) [circum] *[zirkum];* **um ... herum, ringsum;** Bild: Im *Zirku*s sitzen alle **um** die Manege **herum.**

circumdare, circumdo, circumdedi, circumdatum [circumdare, circumdō, circumdedī, circumdatum] *[zirkumdare, zirkumdoh, zirkumdedih, zirkumdatum]* **umgeben, umzingeln;** Bild: Ich bin **umzingelt** (von Zuschauern) und habe den ganzen *Zirku*s *um* meine H*aare* herum (weil ich mich drehe).

circumstare, circumsto, circumste-ti [circumstāre, circumstō, circumstetī] *[zirkumstahre, zirkumstoh, zirkumstetih]* **um ... herumstehen;** Bild: Im *Zirku*s **stehen** alle **um** die *Stare* (Stars oder Vögel) **herum.**

circumvenire, circumvenio, circumveni, circumventum [circumvenīre, circumveniō, circumvēnī, circumventum] *[zirkumwenihre, zirkumwenioh, zirkumwehnih, zirkumwentum]* **umzin-**

geln, umringen; Bild: Es wird *Zirku*s gemacht, *wenn* die *Niere* **umzingelt** ist.

cito [citō] *[zitoh]* **schnell, rasch;** Bild: **Schnell,** *zieh* am *O* (Osterei mit Faden), bevor er es aufhebt.

civis, civis *m/f* [cīvis, cīvis] *[zihwis, zihwis]* **Bürger, Bürgerin;** Bild: Die *Zivis* (Zivildienstleistenden) waren keine Wehrpflichtigen, sondern ganz normale **Bürger.**

civitas, civitatis *f* [cīvitās, cīvitātis] *[zihwitahs, zihwitahtis]* **Staat, Stamm, Gemeinschaft der Bürger;** Bild: Sie (die Königin) will, dass die **Gemeinschaft der Bürger** in Frieden leben kann.

civis, civis, civium (Gen. Pl.) *m/f* [cīvis, cīvis, cīvium] *[zihwis, zihwis, zihwium]* **Mitbürger, Mitbürgerin;** Bild: Wenn der *Zivil*dienst *um* ist, dann bist du wieder ein ganz normaler **Mitbürger.**

clades, cladis, cladium (Gen. Pl.) *f* [clādēs, clādis, clādium] *[klahdehs, klahdis, klahdium]* **Niederlage, Verlust;** Bild: Es gibt immer eine **Niederlage** im Eishockey, wenn's *glatt is*!

clamare [clāmāre] *[clahmahre]* **schreien, rufen;** Bild: Sie musste **schreien,** als sie die *Klamm*er in ihren *Haare*n entdeckte.

clamor, clamoris *m* [clāmor, clāmōris] *[klahmor, klahmohris]* **Schrei, Ruf, Geschrei;** Bild: Jeder hatte eine *Klamm*er am *Ohr* – das war ein **Geschrei.** Bild: Der **Ruf** nach *Glamour* war laut, nachdem alle hatten, was sie brauchten.

clarus, clara, clarum [clārus, clāra, clārum] *[klahrus, klahra, klahrum]* **hell, klar, berühmt;** Bild: Der *klar*e *Russ*e (Wodka) ist weltweit **berühmt.** Bild: *Clara* Schumann (Pianistin und Frau von Robert Schumann) war so **berühmt,** dass man sie auf dem 100-DM-Schein abgedruckt hatte.

classis, classis, classium (Gen. Pl.) *f* [classis, classis, classium] *[klassis, klassis, klassium]* **Flotte;** Bild: *Glas is'* auf der **Flotte.**

claudere, claudo, clausi, clausum [claudere, claudō, clausī, clausum] *[klaudere, klaudoh, klausih, klausum]* **schließen (ab-, ein-);** Bild: Der kleine *Klausi* (z. B. Klaus Kinski) hat ge*klaut* und wird ins Zimmer **eingeschlossen.**

clemens, clementis (Gen.) [clēmēns, clēmēntis] *[klehmehns, klehmehntis]* **sanft(mütig), mild;** Bild: *Clemens* isst nur **milde** Speisen.

cogere, cogo, coegi, coactum [cōgere, cōgō, coēgī, coāctum] *[kohgere, kohgoh, ko'ehgih, koahktum]* **sammeln, zwingen;** Bild: Joe *Cocker* (oder ein *Cocker*-Spaniel) **sammelt** *Reh*briefmarken. Bild: *Coco*ns kann man auch **sammeln.**

cogitare [cōgitāre] *[kohgitahre]* **denken, nachdenken;** Bild: Wenn ich auf meiner *Ko*nzert*gitarre* spiele, kann ich am besten **nachdenken.**

cognoscere, cognosco, cognovi [cognōscere, cognōscō, cognōvī] *[kognohszere, kognohskoh, kognohwih]* **erfahren, erkennen, kennenlernen;** Bild: Während ich die *Kok*osnuss ver*zehre*n musste, **erkannte** ich dich.

colere, colo, colui [colere, colō, coluī] *[kolere, koloh, kolu'ih]* **pflegen, verehren, bebauen;** Bild: Den *Kohl* muss man **pflegen** und *ver*ehre*n*.

collocare, colloco, collocavi [collocāre, collocō, collocāvī] *[kollokahre, kollokoh, kollokahwih]* **stellen (auf-, hin-), setzen (hin-), legen;** Bild: Sich auf die *Kohl*en-*Karre* zu **legen/setzen** macht die Kleidung schwarz.

collum, colli *n* [collum, collī] *[kollum, kollih]* **Hals;** Bild: Man hat *Gollum* (Figur aus »Herr der Ringe«) den **Hals** umgedreht.

comes, comitis *m/f* [comes, comitis] *[komes, komitis]* **Begleiter(in);** Bild: »Ich *komm*e m*it*!«, sagt der **Begleiter.**

commercium, commercii *n* [commercium, commersiī] *[kommerzium, kommerzi'ih]* **Handel, Verkehr;** Bild: *Komm, März*! – Dann beginnt der Blumen**handel.**

committere, committo, commisi, commissum [committere, committō, commīsī, commissum] *[kommittere, kommitoh, kommihsih, kommissum]* **veranstalten, zustande bringen, anvertrauen;** Bild: *Komm mit*, ich muss dir was **anvertrauen.**

commovere, commoveo, commovi, commotum [commovēre, commoveō, commōvī, commōtum] *[kommowehre, kommoweoh, kommohwih, kommohtum]* **erregen, bewegen, veranlassen;** Bild: Wir **veranlassen,** dass die *Kommo*de auf die *Fähre* kommt.

communicare [commūnicāre] *[kommuhnikahre]* **gemeinsam haben, teilen;** Bild: Ein echter *Kommuni*st **teilt** sogar seine Schub*karre* mit den Nachbarn.

communis, communis, commune [commūnis, commūnis, commūne] *[kommuhnis, kommuhnis, kommuhne]* **gemeinsam, allgemein;** Bild: Es ist **allgemein** bekannt: Die *Ku*h *mu*ht u*nd* macht M*ist*.

comperire, comperio, comperi [comperīre, comperiō, comperī] *[komperihre, komperioh, komperih]* **erfahren, in Erfahrung bringen;** *Komm, Pee*r (z.B. Steinbrück), zu den *Irre*n. Dort kannst du **erfahren,** wie Politik geht.

complecti, complector, complexus sum [complectī, complector, complexus sum] *[komplektih, komplektor, kom-*

pleksus sum] **umarmen, umfassen, erfassen;** Bild: Ich bekomme einen Minderwertigkeits*komplex*. Alle werden **umarmt** – nur ich nicht.

complere, compleo, complevi, completum [complēre, compleō, complēvī, complētum] *[komplehre, kompleoh, komplehwih, komplehtum]* **anfüllen, erfüllen, vollenden;** Bild: Erst genügend **anfüllen** und dann wieder *komple*tt aus*leere*n.

complures, complures, complura, complurium (Gen.) [complūrēs, complūrēs, complūra, complūrium] *[kompluhrehs, kompluhrehs, kompluhra, kompluhrium]* **einige, ziemlich viele;** Bild: *Kompl*ette *Uhre*n haben **ziemlich viele** Einzelteile.

componere, compono, composui, compositum [compōnere, compōnō, composuī, compositum] *[komponehre, kompohnoh, komposuih, kompositum]* **zusammenstellen, ordnen;** Bild: Der *Kompon*ist **stellt** Töne **zusammen.**

comprehendere, comprehendo, comprehendi, comprehensum [comprehendere, comprehendō, comprehendī, comprehēnsum] *[komprehendere, komprehendoh, komprehendih, komprehehnsum]* **ergreifen, festnehmen, begreifen;** Bild: Ich bekam *Kompre*ssen auf beide *Hände,* weil das *Re*h mich gebissen hatte. Das Reh wurde von der Polizei **festgenommen.**

conari, conor, conatus sum [cōnārī, cōnor, cōnātus sum] *[kohnahrih, kohnor, kohnahtus sum]* **versuchen;** Bild: Der *Ko*nditor wird *narri*sch, wenn er ständig die Süßteile **versuchen** muss.

concedere, concedo, concessi, concessum [concēdere, concēdō, concessī, concessum] *[konzehdere, konzehdoh, konzessi, konzessum]* **erlauben, zugestehen, einräumen;** Bild: Ich muss **zugestehen,** dass ein *Konzer*t zu geben eine *Ehre* ist.

conciliare [conciliāre] *[konziliahre]* **gewinnen, vermitteln;** Bild: *Kann Silly* nach all den *Jahre*n noch im Lotto **gewinnen**?

concordia, concordiae *f* [concordia, concordiae] *[konkordia, konkordiä]* **Eintracht;** Bild: Als Symbol der **Eintracht** helfen alle zusammen, um das Unglück der »Costa *Concordia*« aufzuklären.

concurrere, concurro, concurri, concursum [concurrere, concurrō, concurrī, concursum] *[konkurrere, konkurroh, konkurrih, konkurssum]* **zusammenlaufen, zusammentreffen, zusammenstoßen;** Bild: Wenn zwei Sprinter miteinander *konkurriere*n, dann **laufen** sie **zusammen** um die Wette.

condere, condo, condidi, conditum [condere, condō, condidī, conditum] *[kondere, kondoh, kondidih, konditum]* **gründen, aufbewahren, bestatten;** Bild: Ich *konnte* das *Re*h **bestatten.**

Bild: Das *Condo*m an einem sicheren Ort **aufbewahren**.

condicio, condicionis *f* [conditiō, condiciōnis] *[kondizioh, kondiziohnis]* **Bedingung, Lage;** hört sich im Deutschen ähnlich an.

conferre (se), confero, contuli, collatum [cōnferre (sē), cōnferō, contulī, collātum] *[kohnferre (seh), kohnferoh, kontulih, kollahtum]* **zusammentragen, -bringen, -fassen;** Bild: Ich *seh* die *Konfere*nzteilnehmer, wie sie alle Holz **zusammentragen**.

conficere, conficio, confeci, confectum [cōnficere, cōnficiō, cōnfēcī, cōnfectum] *[kohnfizere, kohnfizioh, kohnfehzih, kohnfektum]* **beenden, erledigen;** Bild: Mit *Konf*ekt auf den *Vice*-König. Damit wollte man ihn politisch **erledigen**.

confidere, confido, confisus sum [cōnfīdere, cōnfīdō, cōnfīsus sum] *[kohnfihdere, kohnfihdoh, kohnfihsus sum]* **vertrauen;** Bild: Als Zeichen des **Vertrauen**s schenkt man sich bei Trauungen immer *Konfit*üre.

confirmare [cōnfirmāre] *[kohnfirmahre]* **bekräftigen, stärken, ermutigen;** Bild: Bei einer *Konfirma*tion soll der Glaube **bekräftigt** werden.

coniugium, coniugii *n* [coniugium, coniugiī] *[koniugium, koniugi'ih]* **Ehe;** *Conny u*nd *Gum*p (Forrest) gehen den Bund der **Ehe** ein.

coniungere, coniungo, coniunxi, coniunctum [coniungere, coniungō, coniūnxī, coniūnctum] *[koniungere, koniungoh, koniuhnksih, koniuhnktum]* **vereinigen, verbinden;** Bild: (Cornelia) *Conny u*nd Richard *Gere* (Schauspieler) haben sich **vereinigt** in den **Vereinigt**en Staaten.

coniunx, coniugis *f/m* [coniūnx, coniugis] *[koniuhnx, koniugis]* **Ehefrau, Ehemann;** Bild: *Conny* mag die *Jungs*, auch wenn sie **Ehefrau** ist.

coniuratio, coniurationis *f* [coniūrātiō, coniūrātiōnis] *[koniuhrazioh, koniuhrahziohnis]* **Verschwörung;** Bild: *Conny u*nd *Ratio*pharm (Marke) sind Opfer einer **Verschwörung**.

consentiere, consentio, consensi, consensum [cōnsentīre, cōsentiō, cōnsēnsī, cōnsēnsum] *[kohnsentihre, kohnsenzioh, kohnsehnsih, kohnsehnsum]* **übereinstimmen;** Bild: Ich *konn* (kann) den *Cent* den *Tiere*n spenden. Damit **stimmen** die Tiere mit Sicherheit **überein**.

consequi, consequor, consecutus sum [cōnsequī, cōnsequor, cōnsecūtus sum] *[kohnsekwih, kohnsekwor, kohnsekuhtus sum]* **erreichen, nachfolgen;** Bild: Durch das Schlüsselloch *konn* (kann) man *se*hen, *wi*e sie ihr Ziel **erreichen**.

conservare [cōnservāre] *[kohnserwahre]* **retten, erhalten, einhalten;** Bild: In einer *Konserv*endose werden auch H*aare* über einen längeren Zeitraum **erhalten**.

considere, consido, consedi [cōnsīdere, cōnsīdō, cōnsēdī] *[kohnsihdere, kohn-sihdoh, kohnsehdih]* **setzen (sich), niederlassen (sich);** Bild: Erst wenn *sich* alle *gesetzt* haben, *kann* der Apfel*cidre* getrunken werden. Bild: Alle *setzen sich* beim *Kon*zert mit *Sido* (deutscher Rapper).

consilium, consilii *n* [cōnsilium, cōnsiliī] *[cohnsilium, kohnsili'ih]* **Rat(schlag), Plan, Entschluss, Absicht;** Bild: Ich befolgte leider den *Ratschlag* meines Freundes und ließ mir (Elektro)*Kon*takte mit *Sili*kon einpflanzen.

conspectus, conspectus *m* [cōnspectus, cōnspectūs] *[kohnspektus, kohnspektuhs]* **Anblick;** Bild: *Kann Speck-Tus*sis *Anblick* mich blind machen?

conspicere, conspicio, conspexi [cōnspicere, cōnspiciō, cōnspexī] *[kohnspizere, kohnspizioh, kohnspexih]* **erblicken;** Bild: Kurz nachdem er das Licht der Welt *erblickt* hatte, verlangte er nach einer *Ko*r*nspitze* (Gebäck).

constat [cōnstat] *[kohnstat]* **es steht fest, es ist bekannt;** Bild: **Es ist bekannt,** dass *Kon*stanz eine Stadt ist.

constituere, constituto, constituti, constitutum [cōnstitutere, cōnstitutō, cōnstituī, cōnstitūtum] *[kohnstitu'ere, konstitutoh, kohnstituih, kohnstituhtum]* **beschließen, festsetzen;** Bild: Du

kannst die Tuere zuschließen oder *beschließen,* sie zuzuschließen.

consul, consulis *m* [cōnsul, cōnsulis] *[cohnsul, cohnsulis]* **Konsul;** hört sich im Deutschen ähnlich an.

consulere, consulo, consului, consultum [cōnsulere, cōnsulō, cōnsuluī, cōnsultum] *[kohnsulere, kohnsuloh, kohnsuluih, kohnsultum]* **befragen (m. Akk.), um Rat fragen, sorgen für (m. Dat.);** Bild: Ich *frage* den *Lehre*r auf der *Konsol*e *um Rat.*

consultum, consulti *n* [cōnsultum, cōnsultī] *[kohnsultum, cohnsultih]* **Beschluss;** Bild: Es wurde der **Beschluss** gefasst, Spielkonsolen zu verbieten, da Spiel*konsol*en *dumm* machen.

consumere, consumo, consumpsi, consumptum [cōnsūmere, cōnsūmō, cōnsūmpsī, cōnsūmptum] *[kohnsuhmere, kohnsuhmoh, kohnsuhmpsih, kohnsuhmptum]* **verbrauchen, verwenden, zubringen;** Bild: Der *Konsu*ment **verbraucht** immer *mehr.*

contemnere, contemno, contempsi, contemptum [contemnere, contemnō, contempsī, contemptum] *[kontemnere, kontemnoh, kontempsih, kontemptum]* **verachten;** Bild: Er *konnte* de*m Ner*o nicht verzeihen, da er ihn so **verachtete**.

contemplari, contemplor, contemplatus sum [contemplārī, contemplor, contemplātus sum] *[kontemplahrih,*

kontemplor, kontemplatus sum] **betrachten (aus der Nähe genau);** Bild: Man **betrachtete** das *Kon*zert im *Tempel* **aus der Nähe genau.**

contendere, contendo, contendi, contentum [contendere, contendō, contendī, contentum] *[kontendere, kontendo, kontendih, kontentum]* **anstrengen (sich), eilen, kämpfen, behaupten;** Bild: Wenn man **sich anstrengt** und schwitzt, kann man die *Konten der Re*he einsehen.

contentus, contenta, contentum [contentus, contenta, contentum] *[kontentus, kontenta, kontentum]* **zufrieden;** Bild: Wenn meine *Konten* voll sind, dann bin ich **zufrieden.**

continere, contineo, continui, – (se) [continēre, contineō, continuī, – (sē)] *[kontinehre, kontineoh, kontinuih, – (seh)]* **halten, festhalten, enthalten;** Bild: Man muss die *Kontine*nte auf dem Globus **festhalten,** sonst driften sie auseinander.

contra [contrā] *[kontrah]* **dagegen, andererseits, gegenüber;** Bild: **Gegenüber** vom *Kontra*bass sitzen drei Chinesen.

contra (m. Akk.) [contrā] *[konrah]* **gegen;** Bild: Ich fahre mit dem Auto **gegen** den *Kontra*bass.

convenire, convenio, conveni, conventum [convenīre, conveniō, convēnī, conventum] *[konwenihre, konwenioh,*

konwehnih, konwentum] **zusammenkommen, zusammenpassen;** Bild: Er *kann, wenn* (seine) *Niere* wieder funktioniert, mit ihr **zusammenkommen.**

convocare [convocāre] *[konwokahre]* **zusammenrufen, versammeln;** Bild: Alle **versammeln** sich um die *Konv*y-*Karre* (die ist nämlich umgefallen).

copia, copiae *f* [cōpia, cōpiae] *[kohpia, kohpiä]* **Vorrat, Menge, Truppen;** Bild: Von dem *Kopie*rpapier hab ich immer viel auf **Vorrat.**

cor, cordis *n* [cor, cordis] *[kor, kordis]* **Herz;** Bild: Während einer *Chor*probe bekam sie einen **Herz**infarkt.

corpus, corporis *n* [corpus, corporis] *[korpus, korporis]* **Körper, Leib;** Bild: Der *Chor* im *Bus* schreit sich die Seele aus dem **Leib.**

corripere, corripio, corripui, correptum [corripere, corripiō, corripuī, correptum] *[korripere, korripioh, korripuih, korreptum]* **packen (an), an sich reißen;** Bild: Den *Kor*b mit dem Ge*rippe* **an sich reißen.**

corrumpere, corrumpo, corrupi, corruptum [corrumpere, corrumpō, corrūpī, corruptum] *[korrumpere, korrumpoh, korruhpih, korruptum]* **bestechen, verderben;** Bild: Man kann den Kirchen*chor* mit *Rum* und Erd*beere*n **bestechen.**

cottidie [cottīdiē] *[kottihdi'eh]* **täglich, Tag für Tag;** Bild: S*cotty* (Raumschiff Enterprise) sehe ich **täglich** auf meinem Tageskalender.

cras [crās] *[krahs]* **morgen;** Bild: **Morgen** wird das *Gras* gemäht.

credere, credo, credidi [crēdere, crēdō, crēdidī] *[crehdere, crehdoh, crehdidih]* **glauben, vertrauen (an-);** Bild: Der Hahn *kräht eher*, weil er **glaubt**, die Nacht ist schon zu Ende.

crescere, cresco, crevi [crēscere, crēscō, crēvī] *[krehszere, krehskoh, krehwih]* **wachsen, zunehmen;** Bild: Wenn man an der (Brunnen-)*kress*e *zerre*n tut, dann fängt sie an zu **wachsen**.

crimen, criminis *n* [crīmen, crīminis] *[krihmen, krihminis]* **Vorwurf, Verbrechen;** Bild: *Grimmen* (Ortschaft in Mecklenburg-Vorpommern) ist bekannt durch viele **Verbrechen.** Bild: Im *Krimi* gibt's immer **Verbrechen**.

crudelis, crudelis, crudele [crūdēlis, crūdēlis, crūdēle] *[kruhdehlis, kruhdehlis, kruhdehle]* **grausam;** Bild: Die *Crew* trinkt *Tee* (Earl Grey) mit *Liz* (z. B. Taylor), doch der Tee war vergiftet. – Wie **grausam**.

crus, cruris *n* [crūs, crūris] *[kruhs, kruhris]* **Schienbein, Bein, Unterschenkel;** Bild: Ich wollte schon immer mal Tom *Cruise* (Schauspieler) ans **Schienbein** treten.

crux, crucis *f* [crux, crucis] *[kruks, kruzis]* **Kreuz;** Bild: In einem *Krug s*teckt ein **Kreuz** (*Kruzi*fix).

cubare [cubare] *[kubare]* **liegen, ruhen;** *Bild:Die* Kuh **liegt** *auf der* Bahre.

culpa, culpae *f* [culpa, culpae] *[kulpa, kulpä]* **Schuld, Verschulden;** Bild: Der *coole Pa*pa hat wie immer mal wieder **Schuld** an allem.

cum (m. Abl.) [cum] *[kum]* **mit (zusammen);** Bild: **Zusammen mit** *Kum*quats (Zitrusfrucht) schmeckt die Nachspeise sehr lecker.

cum (m. Ind.) [cum] *[kum]* **als, als plötzlich, sobald, immer wenn;** Bild: **Als plötzlich** der *Kum*mer wieder da war, begann mein Herz zu rasen. Bild: **Sobald** ich *Kum*quats (Zitrusfrucht) esse, bekomme ich Liebes*kum*mer.

cum (m. Konj.) [cum] *[kum]* **als, nachdem, weil, obwohl;** Bild: **Weil** *Kum*quats so teuer sind, kaufe ich keine mehr.

cunctari, cunctor, cunctatus sum [cūnctārī, cūnctor, cūnctātus sum] *[kuhnktahrih, kuhnktor, kuhnktahtus sum]* **zögern;** Bild: Der S*kunk* am *Tor* mit

Streifen*tatoo*s **zögert** noch, sein streng riechendes Sekret abzustoßen.

cuncti, cunctae, cuncta [cūncti, cūnctae, cūncta] *[kuhnkti, kuhnktä, kuhnkta]* **alle;** Bild: **Alle** S*kunk*s sind Stink*ti*ere.

cupere, cupio, cupivi [cupere, cupiō, cupīvī] *[kupere, kupioh, kupihwih]* **wünschen, begehren, verlangen;** Bild: Auf der Berg*kuppe* steht ein *Re*h mit Wunschzettel und **wünscht** sich eine *Bifi*-Salami.

cupiditas, cupiditatis *f* [cupiditās, cupiditātis] *[kupiditahs, kupiditahtis]* **Wunsch, Verlangen;** Bild: Eine *Ku*h und Brad *Pitt* (Schauspieler) sind *das* **Wunsch**paar des Publikums.

cupidus, cupida, cupidum (m. Gen.) [cupidus, cupida, cupidum] *[kupidus, kupida, kupidum]* **bestrebt, (be)gierig;** Bild: Die *Kuh* ist **bestrebt**, mit Brad *Pitt* zu *dus*chen (oder andersherum).

cur [cūr] *[kuhr]* **warum?;** Bild: **Warum** muss ich eine (Schlankheits-)*Kur* machen?

cura, curae f [cūra, cūrae] *[kuhra, kuhrä]* **Sorge, Sorgfalt;** Bild: Weil ich Sorgenfalten habe, muss ich zur *Kur*. Dort werde ich mit **Sorgfalt** behandelt.

curare [cūrāre] *[kuhrahre]* **sorgen (für), sich kümmern (um);** Bild: Ich **kümmere** mich **um** die *Kur* für die H*aare*.

curia, curiae f [cūria, cūriae] *[kuhria, kuhriä]* **Kurie;** hört sich im Deutschen ähnlich an.

currere, curro, cucurri, cursum [currere, currō, cucurrī, cursum] *[kurere, kuroh, kuhkuhrri, kursum]* **laufen, eilen;** Bild: Ein *gurre*ndes *Re*h **läuft** davon.

custodia, custodiae f [custōdia, custōdiae] *[kustohdia, kustodiä]* **Bewachung, Wachen;** Bild: Nach dem *Kuss* war sie *tot*, weil die **Wachen** geschlafen haben. Nur der Esel schrie: »*ia*h.«

custodire [custōdīre] *[kustohdihre]* **bewachen;** Bild: Jacques-Yves *Cousteau*s (Meeresforscher) *Tiere* werden streng **bewacht**.

custos, custodis m/f [custōs, custōdis] *[kustohs, kustohdis]* **Wächter(in), Wache;** Bild: Die Nacht**wache** gab ihr einen *Kuss* des *Tod*es.

D

damnare [damnāre] *[damnahre]* **verurteilen;** Bild: Auf dem *Damm* werden die *Narre*n **verurteilt**.

damnum, damni n [damnum, damnī] *[damnum, damnih]* **Schaden, Verlust;** Bild: Weil eine *Dam*e die *Num*mer im Boxring falsch herum zeigte (6–9), war der **Schaden** für den Veranstalter groß.

dare, do, dedi, datum [dare, dō, dedī, datum] *[dare, doh, dehdi, dahtum]* **geben (von sich), gestatten;** Bild: Wölfe können ein »*Da,* ein *Reh*!« *von sich geben*.

de [dē] *[deh]* **von, von herab, über, in Bezug auf;** Bild: *In Bezug auf* den *Tee* konnte er nicht viel sagen.

dea, deae *f* [dea, deae] *[de'a, de'ä]* **Göttin;** Bild: *Teer* – die **Göttin** des Straßenbelags. Bild: Eine **Göttin** tritt im *Thea*ter auf.

debere, debeo, debui, debitum [dēbēre, dēbeō, dēbuī, debitum] *[dehbehre, dehbeoh, dehbuih, dehbitum]* **müssen, verdanken, schulden;** Bild: Wir **müssen** den *Tee* mit *Beere*n trinken.

decedere, decedo, decessi, decessum [dēcēdere, dēcēdō, dēcessī, dēcessum] *[dehzehdre, dehzehdoh, dehzessi, dehzessum]* **wegnehmen, gehen (aus);** Bild: An *der Zeder* steht ein *Reh*. Soll ich's **wegnehmen**?

decem [decem] *[dezem]* **zehn;** Bild: *Dezem*ber war bei den Römern der **zehn**te Monat.

decere/decet, decuit (m. Akk.) [decēre/decet, decuit] *[dezehre/dezet, dekuit]* **angemessen (etw. ist für), passt (zu);** Bild: *TZ* (Technisches Zeichnen – Schulfach) **passt zu** mir.

decimus, decima, decimum [decimus, decima, decimum] *[dezimus, dezima, dezimum]* **zehnte (der);** Bild: *De*r *Zim*mermann (mit Schlaghose) verspeist schon die **zehnte** Portion Apfel*mus*.

decipere, decipio, decepi, deceptum [dēcipere, decipiō, dēcēpī, dēceptum] *[dehzipere, dezipioh, dehzehphi, dehzeptum]* **täuschen;** Bild: Der *Tee* mit *Zi*tronen-Him*beere*-Geschmack *täuscht* uns optische Täuschungen vor. Bild: Der König hat uns *getäuscht*. *De*r *Zept*er fällt *um*.

dedere, dedo, dedidi, deditum [dēdere, dēdō, dēdidī, dēditum] *[dehdere, dehdoh, dehdidih, dehditum]* **ausliefern, übergeben;** Bild: *Det*lef **liefert** *Ähre*n *aus* und **übergibt** ein Paket.

deditio, deditionis *f* [dēditiō, dēditiōnis] *[dehdizioh, dehdiziohnis]* **Übergabe, Kapitulation;** Bild: Beim Tauziehen: *De*r *Di*eter (z. B. Thomas Heck) *zi*eht *o* (an). Keine Chance – **Kapitulation**.

deducere, deduco, deduxi, deductum [dēdūcere, dēdūcō, dēdūxī, dēductum] *[dehduhzere, dehduhkoh, dehduhksih, dehduktum]* **abbringen, wegführen;** Bild: *De*r Mann *duz*t sie und **führt** sie **weg**.

deesse, desum, defui [dēesse, dēsum, dēfuī] *[deh'esse, dehsum, dehfuih]* **fehlen;** Bild: Um *Tee esse*n zu können, **fehlt** mir das Besteck.

defendere, defendo, defendi, defensum [dēfendere, dēfendō, dēfendī, dēfensum] *[dehfendere, dehfendoh,*

dehfendih, dehfensum] *verteidigen, abwehren;* Bild: *De*r *Fan der Re*gensburger Domspatzen *verteidigt* sein Hobby immer wieder aufs Neue.

deficere, deficio, defeci [dēficere, dēficiō, dēfēcī] *[dehfizere, dehfizioh, dehfehzih] verlassen, ausgehen;* Bild: *De*r *Vice*-König *verlässt* das Land.

deinte [deinte] *[de'inte] dann, darauf; von da an;* Bild: *Von da an* saß ich nie mehr auf *de*m H*inte*rn.

delectare [dēlectāre] *[dehlektahre] erfreuen, Freude machen;* Bild: *De*r *leckt* H*aare* aus einem Eis. Das *erfreut* ihn sehr. Bild: *De*r *Lekto*r *erfreut* sich an dem Text.

delere, deleo, delevi, deletum [dēlēre, dēleō, dēlēvī, dēlētum] *[dehlehre, dehleoh, dehlehwih, dehlehtum] zerstören, vernichten;* Bild: *De*r *Lehre*r *vernichtet* die Hefte. Bild: *De*r *Leo* (Löwe) *vernichtet* den Lehrer.

deliberare [dēlīberāre] *[dehlihberahre] überlegen;* Bild: Ich *überlege*, ob ich *Tee lieber* mit H*aare*n trinken soll.

demonstrare [dēmōnstrāre] *[dehmohnstrahre] darlegen, beweisen, zeigen;* Bild: *De*r *Monst*erjäger muss *beweisen*, dass er das Monster wirklich besiegt hat.

denique [dēnique] *[dehnique] schließlich, zuletzt;* Bild: *Zuletzt* kann man alle mit *Tenni*s *quä*len.

densus, densa, densum [dēnsus, dēnsa, dēnsum] *[dehnsus, dehnsa, dehnsum] dicht (gedrängt);* Bild: Beim *Dehn*er (Blumen- und Pflanzenfachgeschäft) stehen alle *dicht gedrängt* aneinander.

deponere, depono, deposui, depositum [dēpōnere, dēpōnō, dēposuī, dēpositum] *[dehpohnere, dehpohnoh, dehposuih, dehpositum] niederlegen, aufgeben;* Bild: Mit dem *Tee*(-beutel) *bohnere* ich die Treppe, dann *gebe* ich *auf* und winke mit einem weißen Tuch. Bild: *De*r *Boss sieht* sich *um*, wer *aufgegeben* hat.

deprehendere, deprehendo, deprehendi, deprehensum [dēprehendere, dēprehendō, dēprehendī, dēprehēnsum] *[dehprehendere, dehprehendoh, dehprehendih, dehpre'hehnsum] entdecken, ergreifen, überraschen;* Bild: Die *depre*ssiven *Hände* des *Re*hs *ergreifen*. Das Reh ist dann sehr *überrascht*.

descendere, descendo, descendi [dēscendere, dēscendō, dēscendi] *[dehszendere, dehszendoh, dehszendi] herabsteigen, hinuntersteigen, herabkommen;* Bild: Es wird sogar *Tee* beim Radio*sender* für das *Re*h bereitgestellt – in der Hoffnung, dass es vom Berg *herabsteigt*.

deserere, desero, deserui, desertum [dēserere, dēserō, dēseruī, dēsertum] *[dehserere, dehseroh, dehseruih, dehsertum] verlassen, im Stich lassen;*

Bild: Wegen eines *Teeser*vices hat er mich *im Stich gelassen*.

desinere, desino, desii [dēsinere, dēsinō, dēsiī] *[dehsinere, dehsinoh, dehsi'ih]* **aufhören;** Bild: *Tee* mit Apfel*sine*ngeschmack ist nichts für das *Reh*. Nachdem es ein wenig probiert hatte, **hörte** es plötzlich **auf**.

desperare [dēspērāre] *[dehspehrahre]* **verzweifeln, die Hoffnung aufgeben;** Bild: Ich habe die **Hoffnung aufgegeben**: *De*r *Speer* bleibt immer beim Werfen in den *Haare*n hängen.

despicere, despicio, despexi, despectum [dēspicere, dēspicio, dēspexī, dēspectum] *[dehspizere, dehspicio, dehspeksih, dehspektum]* **herabblicken (auf etw.), verachten;** Bild: Seitdem *de*r *Spitzer* mit Bambi-*Reh* aus seinem Mäppchen geklaut wurde, **blickte** er **auf** seinen Tischnachbarn mit Verachtung **herab**.

destinare [dēstināre] *[dehstinahre]* **bestimmen, ausersehen;** Bild: *Test die Narre*n, dann kannst du damit auch den Besten **bestimmen**.

deus, dei *m* [deus, deī] *[de'us, de'ih]* **Gott;** Bild: Ama*deus – Gott* der Musik.

dexter, dextra, dextrum [dexter, dextra, dextrum] *[dexter, dextra, dextrum]* **rechts, die rechte Hand, die rechte Seite;** Bild: Mit dem *Tester* kann man nur **die rechte Hand** testen.

dicere, dico, dixi, dictum [dīcere, dīcō, dīxī, dictum] *[dihzere, dihkoh, diksih, diktum]* **sagen, sprechen;** Bild: *Die* HNO-Ärzte *zerre*n beim **Sprechen** an meinen Stimmbänder herum.

dicitur/dicuntur (m. Inf.) [dīcitur, dīcuntur] *[dihzitur, dihkundur]* **man sagt, dass (er, sie) … (etw. tut/tun); er, sie soll/sie sollen (etw. tun);** Bild: **Man sagt, dass er** *Tizi*ans *Uhr* geklaut hat.

dies, diei *m* [diēs, diēī] *[diehs, diehih]* **Tag;** Bild: *Dies* ist ein schöner **Tag**.

differre, differo, distuli, dilatum [differre, differō, distulī, dīlātum] *[differe, differoh, distulih, dihlahtum]* **aufschieben, verschieben, sich unterscheiden;** Bild: *Die Ferre*s (Veronika) **unterscheidet sich** von anderen Schauspielerinnen.

difficilis, difficilis, difficile [difficilis, difficilis, difficile] *[diffizilis, diffizilis, diffizile]* **schwierig;** Bild: *Tiffy*s (aus der Sesamstraße) *Ziel is*t **schwierig** zu erklären. Bild: *Tiffy*s (aus der Sesamstraße) *Ziele* sind alle **schwierig**.

dignitas, dignitatis *f* [dīgnitās, dīgnitātis] *[dihgnitahs, dihgnitahtis]* **Würde, Ansehen;** Bild: Die *Dick*(e) sieht man *nie da*, weil das ihr **Ansehen** schädigen würde.

dignus, digna, dignum [dīgnus, dīgna, dīgnum] *[dihgnus, dihgna, dihgnum]* **würdig, angemessen;** Bild: *Die Gnus* werden im Zoo **würdig** behandelt.

diligens, diligentis (Gen.) [dīligēns, dīligentis] *[dihligehns, dihligentis]* **gewissenhaft, sorgfältig;** Bild: Ob In*telligenz* vorhanden ist, muss erst **sorgfältig** überprüft werden.

diligentia, diligentiae *f* [dīligentia, dīligentiae] *[dihligenzia, dihligenziä]* **Gewissenhaftigkeit, Sorgfalt;** Bild: Ein In*telligenz*test sollte mit **Sorgfalt** durchgeführt werden.

diligere, diligo, dilexi, dilectum [dīligere, dīligō, dīlēxī, dīlēctum] *[dihligere, dihligoh, dihlehksih, dihlektum]* **schätzen, lieben;** Bild: Ich **liebe** *die Liege* mit *Re*h.

dimittere, dimitto, dimisi [dīmittere, dīmittō, dīmīsī] *[dihmittere, dihmittoh, dihmihsih]* **entlassen, wegschicken, freilassen;** Bild: *Die mitt*lere Frau (*die mit Ehre*) kann man aus dem Gefängnis **freilassen.** Bild: *Die Mitt*wochsfrau kann man **wegschicken.**

discedere, discedo, discessi [discēdere, discēdō, discessī] *[diszehdere, diszehdoh, diszessih]* **weggehen, verschwinden;** Bild: Der Zauberer lässt *diese Zeder* und das *Reh* einfach **verschwinden.** Bild: *Dies Z* wird *d*ann nach *o*ben **verschwinden.**

discere, disco, didici [discere, discō, didicī] *[diszere, diskoh, didizih]* **lernen, in Erfahrung bringen;** Bild: *Die Sche*r*e* im Mund. Damit **lernt** man am besten. Bild: In der *Disco* sollte man nicht **lernen,** da es dort zu laut und zu dunkel ist.

disciplina, disciplinae *f* [disciplīna, disciplīnae] *[disziplihna, disziplihnä]* **Lehre, Wissenschaft;** Bild: Um sich mit der **Wissenschaft** intensiv auseinanderzusetzen, braucht man *Disziplin.*

disserere, dissero, disserui [disserere, disserō, disseruī] *[disserere, disseroh, disseruih]* **sprechen über, erörtern;** Bild: *Dieser Ehre*nkodex (Hells Angels) ist so unglaublich, dass man dar**über sprechen** muss.

diu [diū] *[diuh]* **lange, lange Zeit;** Bild: Ich habe **lange Zeit** auf *die Uh*r gestarrt.

diutius [diūtius] *[diuhzius]* **länger;** Bild: *Die Uhr zieh*t mit a*us!* – und zwar für **länger**.

dives, divitis (Gen.), divite (Abl. Sg.), divita (Nom. Pl.), divitum (Gen. Pl.) [dīves, dīvitis, dīvite, dīvita, dīvitum] *[dihwes, dihwitis, dihwite, dihwita, dihwitum]* **reich;** Bild: *Die West*e des *reich*en Mannes ist weiß. Bild: *Die Witt* (Katharina, Eiskunstläuferin) *is* **reich.**

divinus, divina, divinum [dīvīnus, dīvīna, dīvīnum] *[dihwihnus, dihwihna, dihwihnum]* **göttlich;** Bild: *Die Wien* (Fluss durch Wien) ist **göttlich**, weil dort schon Jupiter (seine *Nuss*) gebadet hat.

divitiae, divitiarum (Pluralwort) *f* [dīvitiae, dīvitiārum] *[dihwiziä, dih-wihziahrum] Reichtum;* Bild: *Die Witzige* hat ihren **Reichtum** lediglich geerbt.

docere, doceo, docui, doctum [docēre, doceō, docuī, doctum] *[dozehre, doze-oh, dokuih, doktum] unterrichten, lehren;* Bild: Der *Dokt*or *Doze*nt **unterrichtet** heute in Latein.

dolere, doleo, dolui, – [dolēre, doleō, doluī, –] *[dolehre, doleoh, doluih, –] schmerzen, bedauern;* Bild: Die Beine von *Dolores* **schmerzen.**

dolor, doloris *m* [dolor, dolōris] *[dolor, dolohris] Schmerz, Trauer;* Bild: Es sind zwar *toll*e *Ohr*ringe, aber den **Schmerz** beim Stechen musst du in Kauf nehmen.

dolus, doli [dolus, dolī] *[dolus, dolih] List;* Bild: Franz Liszt (Komponist) fängt mit **List** eine *Dohl*e (Vogel). Bild: *Dolly* Buster (Schauspielerin) fängt mit **List** Mäuse.

domi [domī] *[domih] zu Hause;* Bild: *Domi*nik bleibt heute **zu Hause.**

domina, dominae *f* [domina, dominae] *[domina, dominä] Herrin, Hausherrin;* Bild: Die **Herrin** im *Dom* heißt *Ina* (z. B. Müller).

dominus, domini *m* [dominus, dominī] *[dominus, dominih] Herr, Hausherr;* Bild: Der **Herr** im *Dom* isst eine *Mi*ni-*Nuss.*

domum [domum] *[domum] nach Hause;* Bild: Bevor wir **nach Hause** gehen, laufen wir noch einmal um den *Dom* r*um.*

domus, domus *f* [domus, domūs] *[domus, domuhs] Haus (in der Stadt);* Bild: Vom *Dom* aus wird das *Mus* in die **Häuser** gebracht.

donare [dōnāre] *[dohnahre] schenken (be-);* Bild: Während es kräftig *donner*t, wird das *Re*h **beschenkt.**

donum, doni *n* [dōnum, dōnī] *[dohnum, dohnih] Geschenk, Gabe;* Bild: Er bekam ein Tongefäß als **Geschenk.** Er drehte den *Ton um,* um zu sehen, ob noch etwas drin ist.

dormire, dormio, dormivi [dormīre, dormiō, dormīvi] *[dormihre, dormioh, dormihwih] schlafen;* Bild: Vor dem *Tor* liegt *Myrrhe* (Baumharz). Wenn man daran riecht, kann man sehr gut **schlafen.**

dubitare [dubitāre] *[dubitahre] zögern, zweifeln;* Bild: »*Du bi*st der ohne H*aa*re. Warum **zögerst** du, eine Perücke aufzusetzen?«

ducere, duco, duxi [dūcere, dūcō, dūxī] *[duhzere, duhkoh, duhksih]* **führen, ziehen;** Bild: Ich *duze* das *Re*h, erst dann darf ich es an der Leine *führen*.

dux, ducis *m/f* [dux, ducis] *[duks, duzis]* **Führer(in);** Bild: Er *duck*t *si*ch vor dem **Führer** (Adolf Hitler). Bild: *Du ziehs*t dem **Führer** die Stiefel an.

dulcis, dulcis, dulce [dulcis, dulcis, dulce] *[dulzis, dulzis, dulze]* **süß, angenehm, lieblich;** Bild: *Dul*det *sie's*, wenn der Kaffee zu **süß** ist (Zuckerwürfel)?

dum [dum] *[dum]* **während;** Bild: **Während** du *dumm* rumsitzt, kann ich ja die Wohnung sauber machen.

dum [dum] *[dum]* **so lange, so lange bis;** Bild: Ich bleibe **so lange** *dumm*, bis es gescheit regnet.

duo, duae, duo [duo, duae, duo] *[duo, duä, duo]* **zwei;** Bild: *Du O*chse mit **zwei** Hörnern.

durus, dura, durum [dūrus, dūra, dūrum] *[duhrus, duhra, duhrum]* **hart, hartherzig;** Bild: Wenn jemand **hartherzig** ist, sagt man manchmal: »*Du Russ'* (du Russe).«

E

e, ex [ē, ex] *[eh, ex]* **aus, heraus, entsprechend;** Bild: Mein/e *Ex* (Freund/in) geht **aus** dem Haus.

ecce! [ecce] *[eckze]* **schau!/schaut!, sieh da!, seht;** Bild: **Schaut**! Wie spitz die *Eckzä*hne sind.

edere, edo, edidi [ēdere, ēdō, ēdidī] *[ehdere, ehdoh, ehdidih]* **verkünden, herausgeben;** Bild: Meister *Eder* hat eine Pumuckl-Biografie **herausgegeben**.

efferre, effero, extuli, elatum [efferre, efferō, extulī, ēlātum] *[efferre, efferoh, ekstulih, ehlahtum]* **heraustragen, herausheben, hervorbringen;** Bild: *Effe* (Stefan Effenberg – Fußballer) **trägt** ein *Re*h aus der Umkleidekabine **heraus**.

efficere, efficio, effeci, effectum [efficere, efficiō, effēcī, effectum] *[effizere, effizioh, effehzih, effektum]* **bewirken, erreichen;** Bild: *Evi* oder *Effe* (Fußballer Effenberg) *zerr*t am Trikot eines Spielers und **bewirkt** nur eine Gelbe Karte.

effodere, effodio, effodi, effosum [effodere, effodiō, effōdī, effossum] *[effodere, effodioh, effohdih, effossum]* **aus-**

stechen, ausgraben; Bild: In *Erfurt* hat man ein Fort (Befestigungsanlage) aus der Römerzeit *aus*ge*graben*.

effugere, effugio, effugi, – [effugere, effugiō, effūgī, –] *[effugere, effugioh, effuhgih, –] entfliehen, vermeiden;* Bild: Die Fliese mit der Aufschrift »*F*« ist locker. Wenn man sie in der *Fuge* fasst und herausnimmt, dann kann das *Re*h aus der Gefangenschaft *entfliehen*.

ego, me [ego, mē] *[ego, meh] ich, mich;* Bild: *Ego*n und *ich* – wir beide gehören zusammen.

egredi, egredior, egressus sum [ēgredī, ēgredior, ēgressus sum] *[ehgredih, ehgredior, ehgressus sum] hinausgehen, verlassen;* Bild: Ich hab *eh* schon drüber *g'red'* (geredet), dass sie ihn *verlassen* hat.

egregius, egregia, egregium [ēgregius, ēgregia, ēgregium] *[ehgregius, ehgregia, ehgregium] hervorragend, ausgezeichnet;* Bild: Im *Eck* steht ein *Reck*, an dem *Jus*tus *ausgezeichnet* turnt.

eiusmodi (indekl.) [ēiusmodī] *[ehiusmodih] derartig;* Bild: Die *Eh*e von *Jus*tus mit der *modi*schen Frau ist *derartig* außergewöhnlich, dass jeder darüber spricht.

emere, emo, emi, emptum [emere, emō, ēmī, ēmptum] *[ehmere, ehmoh, ehmih, emptum] kaufen;* Die *EM-Ehre* (Europameisterschaftsehre) kann man sich nicht *kaufen.* Bild: Sie *kauft* einen *Em*u (V*o*gel).

enim (nachgestellt) [enim] *[enim] denn, nämlich;* Bild: E*r nimm*t das »h« aus *nämlich* raus.

eo (Adv.) [eō] *[eoh] dorthin;* Bild: »Wohin wechselst du?« »*Dorthin* zu *EO*N.«

epistula, epistulae f [epistula, epistulae] *[epistula, epistulä] Brief;* Bild: Im *Brief* stand nur: »*Eh, bist* du *Ulla*?« und: »*Eh, bist du lee*r, dann mach dich voll!«

eques, equitis m [eques, equitis] *[ekwes, ekwihtis] Reiter, Ritter;* Bild: Bevor der *Reiter* aufs Pferd steigt, trinkt er noch einen *Eckes*-Edelkirsch-(Marke) Likör. Bild: Der *Ritter* küsste die Fernsehmoderatorin Nazan *Eckes.*

equus, equi m [equus, equī] *[ekwuhus, ekwhih] Pferd;* Bild: Als Belohnung gab es am *Eck Wu*rst für das *Pferd.*

erga (m. Akk.) [ergā] *[ergah]* **gegen, gegenüber;** Bild: Die zwei *Erker* liegen direkt **gegenüber.** Man könnte den Nachbarn mit Handschlag begrüßen.

ergo [ergō] *[ergoh]* **also;** Bild: ... **also** *ärg*ere ich mich.

eripere, eripio, eripui, ereptum [ēripere, ēripiō, ēripuī, ēreptum] *[ehripere, ehripioh, ehripuih, ehreptum]* **entreißen;** Bild: Dem G*erippe* des *Re*hs Knochen **entreißen.**

errare [errāre] *[errahre]* **irren (umher), irren (sich);** Bild: Errate, aber du wirst dich **irren!**

erumpere, erumpo, erupi, eruptum [ērumpere, ērumpō, ērūpī, ēruptum] *[ehrumpere, ehrumpoh, ehruhpih, ehruptum]* **ausbrechen, hervorbrechen;** Bild: Wie bei einem Vulkan **brechen** die E*rdbeer-Rum-Beere*n **aus** dem Glas/ Rumfass.

esse, sum, fui [esse, sum fuī] *[esse, summ, fuhi]* **sein;** Bild: Da, wo ich *esse,* darf ich **sein.**

et [et] *[et]* **und, auch;** Bild: *Ed* (Kurzform von Edgar oder Eduard) oder *E.T.* (Außerirdischer) **und** ich.

et ... et [et ... et] *[et ... et]* **sowohl ... als auch, einerseits ... andererseits;** Bild: **Sowohl** *E.T.* (Außerirdischer) **als auch** das @-Zeichen waren damals noch unbekannt.

etiam [etiam] *[eziam]* **auch, sogar;** Bild: **Sogar** E*nzian* darf man pflücken.

etsi [etsī] *[etsih]* **auch wenn, obwohl;** Bild: **Obwohl** der *Ötzi* (Steinzeitmumie) so alt ist, ist er sehr gut erhalten.

evadere, evado, evasi (m. Akk./ex) [ēvādere, ēvādō, ēvāsī] *[ehwahdere, ehwahdoh, ehwahsih]* **entkommen, entgehen;** Bild: *Eva* (z. B. die Frau von Adam), *teere* die Straße. Erst dann kannst du **entkommen;** Bild: *Eva,* bleib *do* (= da). Du kannst sowieso nicht **entkommen.**

excedere, excedo, excessi, excessum [excēdere, excēdō, excessī, excessum] *[ekszehdere, ekszehdoh, ekszessih, ekszessum]* **hinausgehen, weggehen;** Bild: Die/der *Ex* **geht** zur Tür **hinaus** und klettert auf die *Zeder.*

excipere, excipio, excepi, exceptum [excipere, excipiō, excēpī, exceptum] *[ekszipere, ekszipioh, ekszehpih, ekszeptum]* **aufnehmen, auffangen, eine Ausnahme machen;** Bild: Die/der *Ex* zieht immer an meiner *Ehre.* Na gut, bei ihr/ihm will ich 'ne *Außnahme machen.*

excitare [excitāre] *[exzitahre]* **wecken (auf-), erregen, ermuntern;** Bild: Die *Ex*(-freundin) mit der Gitarre/*Sitar* (indische Gitarre) *aufwecken/aufmuntern.*

exemplum, exempli *n* [exemplum, exemplī] *[eksemplum, eksemplih]* **Beispiel;** Bild: Eine *Echse* lebt zum **Beispiel** i*m Plum*psklo.

exercere, exerceo, exercui [exercēre, exerceō, exercuī] *[ekserzehre, ekserzeoh, ekserkuih] (aus)üben, ausbilden;* Bild: So *bildet* man Hexen *aus*: Die Hexer zerren an den Haaren. Daher sehen die Hexen auch so ungekämmt aus.

exercitus, exercitus m [exercitus, exercitūs] *[ekserzitus, ekserzihtuhs] Heer;* Bild: Ein Hexer zieht allen Soldaten im *Heer* am Fuß (Wellnessprogramm).

exigere, exigo, exegi, exactum [exigere, exigō, exēgī, exāctum] *[eksigere, eksigoh, eksehgih, eksahktum] fordern (ein-), verlangen, vollenden;* Bild: Mein *Ex*(partner) war *Sieger* in Mexiko und *verlangt* Revanche *exakt um* 0:00 Uhr.

exire, exeo, exii [exīre, exeō, exiī] *[eksihre, ekseoh, eksi'ih] hinausgehen;* Bild: Die *Ex*(-freundin) war total *irre.* Sie *ging* immer *hinaus*, wenn jemand hereinkam.

existimare [exīstimāre] *[eksihstimahre] meinen, schätzen;* Bild: Ich *schätze* mal: Meine Ex *isst im Hare*m.

exitus, exitus m [exitus, exitūs] *[eksitus, eksituhs] Ausgang, Ende, Tod;* Bild: Der Typ am *Eck sieht a*us wie der *Tod.*

experiri, experior, expertus sum [experīrī, experior, expertus sum] *[eksperihrih, eksperior, ekspertus sum] versuchen, erproben, erfahren;* Bild:

Bei einem *Experi*ment werden *Versuche* gemacht.

explanare [explānāre] *[eksplahnahre] erklären;* Bild: Ich *erkläre* meiner *Ex*, wie ich nach *Plan* ihre *Haare* schneide.

explere, expleo, explevi, expletum [explēre, expleō, explēvī, explētum] *[eksplehre, ekspleoh, eksplehwih, eksplehtum] füllen (an-, aus-, er-), wiedergutmachen;* Bild: Meine *Ex plärr*t mich an und will alles *wiedergutmachen.*

exponere, expono, exposui, expositum [expōnere, expōnō, exposuī, expositum] *[ekspohnere, ekspohnoh, ekspohsuih, ekspositum] ausstellen, aussetzen, darlegen;* Bild: Eine Skulptur, die *ausgestellt* wird: »Die *Ex bohner*t ein *Reh.«* Bild: Die *Ex* von *Bono* (Sänger von U2) *stellt* jetzt Bilder *aus.*

expugnare [expūgnāre] *[ekspuhgnahre] erobern, erstürmen;* Bild: In jedes *Eck spuck*t der *Narr* – erst dann wird die Burg *erobert.*

exspectare [exspectāre] *[ekspektahre] warten (auf), erwarten;* Bild: Ich *warte auf* meine Ex mit Speck (verspeckt) in den Haaren.

exstinguere, exstinguo, exstinxi, exstinctum [exstinguere, exstinguō, exstīnxī, exstīnctum] *[eks'stingu'ere, eks'stinguoh, eks'stihnksih, eks'stihnktum] auslöschen, vernichten;*

Bild: Der *Ex stinkt*, daher muss ich ihn **vernichten**.

exstruere, exstruo, exstruxi [exstruere, exstruō, exstrūxī] *[eksstru'ere, eksstruoh, ekstruhksih]* **errichten, erbauen;** Bild: Nachdem der Turm **erbaut** worden war, gab mein *Ex*-Freund einen selbst gebackenen Apfel*stru*del aus.

extra (m. Akk.) [extrā] *[ekstrah]* **außerhalb, über … hinaus;** Bild: Die *Extra*-wurst schaut **über** den Tellerrand **hinaus**.

F

fabula, fabulae *f* [fābula, fābulae] *[fahbula, fahbuläh]* **Geschichte, Erzählung, Theaterstück;** Bild: In einer *Fabel*-**Geschichte** kommen nur Tiere vor.

facere, facio, feci, factum [facere, faciō, fēcī, factum] *[fazere, fazioh, fehzih, faktum]* **machen;** Bild: Weichspüler *machen Faser*n weich.

facilis, facilis, facile [facilis, facilis, facile] *[facilis, facilis, facile]* **leicht, mühelos, umgänglich;** Bild: Sie sitzt auf einem Wein*fass* und *sie lies*t ein Buch und trotzdem kann man das Fass *mühelos* umstoßen.

facinius, facinoris *n* [facinius, facinoris] *[fazinius, fazinoris]* **Tat, Untat;** Bild: In der **Tat**, das *Fa*hr*zi*el ist *nie* eine N*uss*.

facultas, facultatis *f* [facultās, facultātis] *[fakultahs, fakultahtis]* **Möglichkeit, Gelegenheit;** Bild: Im *Va*kuum steht die *Kulttass*e. Gibt es eine **Möglichkeit**, damit die Tasse wieder Luft atmen kann?

fallere, fallo, fefelli [fallere, fallō, fefellī] *[fallere, falloh, fefellih]* **täuschen, betrügen;** Bild: Das Reh wurde **getäuscht** und fiel in die Falle (*Falle Re*h). Bild: Wir wurden **betrogen**, denn das vermeintlich frische Obst war nur *Fallo*bst.

falsus, falsa, falsum (Adv. falso) [falsus, falsa, falsum] *[falsus, falsa, falsum]* **falsch;** Bild: Bei diesem Brief ist die *Falz*kante leider an der **falsch**en Stelle.

fama, famae *f* [fāma, fāmae] *[fahma, fahmä]* **Gerücht, Ruf;** Bild: Der *Farmer* (engl. aussprechen!) hat einen guten **Ruf**.

familia, familiae *f* [familia] *[familia]* **Familie;** hört sich im Deutschen ähnlich an.

familiaris, familiaris, familiare [familiāris, familiāris, familiāre] *[familiahris, familiahris, familiahre]* **vertraut, freundschaftlich;** Bild: *Family Jahr is*' ein **vertraut**es Jahr.

fateri, fateor, fassus sum [fatērī, fateor, fassus sum] *[fatehrih, fateor, fassus sum]* **gestehen, bekennen;** Bild: Er *gestand* seinem *Vater* ins *Ohr*, dass er das *Fass* ausgetrunken hat.

fatum, fati *n* [fātum, fātī] *[fahtum, fahtih]* **Schicksal;** Bild: Die *Fahr*t *um* das **Schicksal.** Bild: *Vati is*t mein **Schicksal.**

favere, faveo, favi, fautum (m. Dat.) [favēre, faveō, fāvī, fautum] *[fawehre, faweoh, fahwih, fauhtum]* **gewogen sein, begünstigen (jmdn.);** Bild: *Fahr* mit der *Fähre*, dann können wir dich **begünstigen.**

felix, felicis (Gen.) [fēlīx, fēlīcis] *[fehlihkx, fehlihzis]* **glücklich, vom Glück begünstigt;** Bild: *Felix* (z.B. Neureuther) ist **vom Glück begünstigt.**

femina, feminae *f* [fēmina, fēminae] *[fehmina, fehminä]* **Frau;** Bild: Eine *Fee* ruft auf dem *Mina*rett (Turm einer Moschee) zum Gebet für **Frau**en auf.

fenestra, fenestrae *f* [fenestra, fenestrae] *[fenestra, fenesträ]* **Fenster;** Bild: Am **Fens**ter steht ein *Feen-Nest*, das sehr *ra*r ist.

fere [ferē] *[fereh]* **beinahe, fast, ungefähr;** Bild: Die Pralinen von der *Fähre* schmecken **ungefähr** wie *Ferre*ro-Küsschen.

ferre, fero, tuli, latum [ferre, ferō, tulī, lātum] *[ferre, feroh, tulih, lahtum]* **bringen, tragen, ertragen, berichten;** Bild: Die *Fähre* **bringt** Menschen von einem Ufer zum anderen.

ferrum, ferri *n* [ferrum, ferrī] *[ferrum, ferrih]* **Eisen, Waffe;** Bild: Der *Fähr-Rum* (der Rum, den man auf der Fähre kaufen kann) wird mit einer **Waffe** bewacht.

ferunt [ferunt] *[ferunt]* **man berichtet;** Bild: **Man berichtet** von der *Fähre*, die *unt*ergegangen ist.

fides, fidei *f* [fidēs, fideī] *[fidehs, fide'ih]* **Vertrauen, Glauben, Treue;** Bild: Rinds*vieh des* **Vertrauen**s. Bild: Nicht alle Kubaner haben *Fide*l Castro (Politiker) die **Treue** geschworen.

fidus, fida, fidum [fīdus, fīda, fīdum] *[fihdus, fihda, fihdum]* **treu, treu ergeben;** Bild: Wer **treu** ist, muss keine *Fit*ness mehr treiben.

fieri, fio, factus sum [fierī, fīō, factus sum] *[fi'erih, fihoh, factus sum]* **geschehen, werden, gemacht werden;** Bild: Immer in den *Feri*en **geschehen** merkwürdige Dinge mit dem *Vi*eh. Bild: Die *Vio*la (Bratsche) muss **gemacht werden.**

figere, figo, fixi, fixum [fīgere, fīgō, fīxī, fixum] *[fihgere, fihgoh, fihksih, fihksum]* **befestigen, anheften, auf etw. richten;** Bild: Guck mal: *Fi*n*ger* sind am *Re*h **befestigt.**

filia, filiae *f* [fīlia, fīliae] *[fihlia, fihliä]* **Tochter;** Bild: Ihre **Tochter** arbeitet in einer *Filia*le.

filius, filii *m* [fīlius, fīliī] *[fihlius, fihli'ih]* **Sohn;** Bild: Der **Sohn** *fiel jus*t aus seinem Bett.

fingere, fingo, finxi, fictum [finge-re, fingō, fīnxī, fictum] *[fingere, fing-oh, fihnksih, fiktum]* **formen, gestal-ten, erdichten, sich ausdenken;** Bild: Mit Formen (Förmchen) aus Sand *Fin-ger* **formen.**

finire, finio, finivi [fīnīre, fīniō, fīnīvī] *[fihnihre, fihni'oh, fihnihwih]* **enden (be-);** Bild: Das *Vieh* hat eine unheilba-re *Niere*nkrankheit. Wir wollen das Leid **beenden.**

finis, finis, finium (Gen. Pl.) *m* [fīnis, fīnis, fīnium] *[fihnis, fihnis, finium]* **En-de, Grenze, Zweck, (Pl.:) Gebiet;** Bild: Das *Vieh niest* auf der **Grenze.**

finitimus, finitima, finitimum [fīnitimus, fīnitima, fīnitimum] *[fihnitimus, fih-nitima, fihnitimum]* **benachbart, (als Subst.) Nachbar (Grenz-);** Bild: Der *finni*sche *Tim muss* den **Grenznach-barn** über die Grenze helfen.

fiscus, fisci *m* [fiscus, fiscī] *[fiskus, fis-kih]* **Kasse (Staats-), Korb;** Bild: Wenn der *Fis*ch dir einen *Kuss* gibt, dann kannst du ihn auch in den **Korb** legen.

flamma, flammae *f* [flamma, flammae] *[flamma, flammä]* **Flamme, Feuer;** hört sich im Deutschen ähnlich an.

flere, fleo, flevi [flēre, fleō, flēvī] *[fleh-re, fleoh, flehwih]* **weinen;** Bild: Ich *fle-h*e das *Re*h an: Hör auf zu **weinen!**

florere, floreo, florui [flōrēre, flōreō, flōruī] *[flohrehre, flohreoh, flohruih]* **blühen, hervorragend sein;** Bild: Der *Floh* hüpft nur dann von *Re*h zu *Re*h, wenn die Blumen **blühen.**

fluere, fluo, fluxi [fluere, fluō, flūxī] *[fluere, fluoh, fluhksih]* **fließen, strö-men;** Bild: Durch den *Flur* **fließt** ein Fluss und ein *Ere*mit schaut zu.

flumen, fluminis *n* [flūmen, flūminis] *[fluhmen, fluhminis]* **Fluss;** Bild: Alle **Flüsse** führen *Mini-Flummi*s mit sich.

focus, foci *m* [focus, focī] *[fokus, fo-kih]* **Herd;** Bild: Der *Fokus* (Politmaga-zin) liegt auf dem **Herd** und fängt an zu brennen. Bild: Ein *Wok* auf dem **Herd.**

foedus, foederis *n* [foedus, foederis] *[fo'edus, fo'ederis]* **Bündnis, Vertrag;** Bild: *Vo*m *Ed is*' der **Vertrag** unter-schrieben worden.

fons, fontis, fontium (Gen. Pl.) *f* [fōns, fontis, fontium] *[fohns, fontis, fonzium]* **Quelle, Ursprung;** Bild: Die **Quelle** stößt eine *Font*äne aus.

foras [forās] *[forahs]* **hinaus, heraus, nach draußen;** Bild: Du gehst *vor* dem *Ass* (Spielkarte) **nach draußen.**

forma, formae *f* [fōrma, fōrmae] *[fohrma, fohrmä]* **Form, Gestalt, Schönheit;** Bild: Ein Mann mit *Form-A* ist keine **Schönheit.** V-Form ist athletischer.

fortasse [fortässe] *[fohrtasse]* **vielleicht;** Bild: Die *Ford-Tasse* ist **vielleicht** genauso bekannt wie der Mercedes-Stern.

forte [forte] *[forte]* **zufällig;** Bild: Vor der P*forte* fall ich **zufällig** hin.

fortis, fortis, forte [fortis, fortis, forte] *[fortis, fortis, forte]* **tapfer, mutig, kräftig;** Bild: Du musst **kräftig** an der P*forte* klopfen, dann macht man dir auf.

fortuna, fortunae *f* [fortūna, fortūnae] *[fortuhna, fortuhnä]* **Schicksal, Glück, Lage;** Bild: *Fortuna* Düsseldorf (Fußballverein) hat **Glück** und gewinnt eine Million Euro beim Lotto.

forum, fori [forum, forī] *[forum, forih]* **Forum, Marktplatz;** Bild: Der **Marktplatz** ist da, *wo Rum* gekauft werden kann.

frater, fratris *m* [frāter, frātris] *[frahter, frahtris]* **Bruder;** Bild: Wenn der **Bruder** auch der *Vater* ist, dann spricht man von Inzucht.

fraus, fraudis, fraud(i)um (Gen. Pl.) *f* [fraus, fraudis, fraud(i)um] *[fraus, fraudis, fraud(i)um]* **Betrug, Täuschung;** Bild: *Frau S.* und die *Frau* in der *Disc*o sind beide optische **Täuschung**en. Bild: Dass die *Frau dumm* ist, ist eine **Täuschung**.

frequens, frequentis (Gen.) [frequēns, frequentis] *[frekwehns, frekwentis]* **zahlreich, häufig;** Bild: Wenn du zu **häufig** Drogen nimmst, dann *v'rreck*'st du.

frons, frontis, frontium (Gen. Pl.) *f* [frōns, frontis, frontium] *[frohns, frontis, fronzium]* **Stirn, Vorderseite, Front;** Bild: Ein *Front*alzusammenstoß zweier **Stirn**e beim Fußball.

fructus, fructus *m* [frūctus, frūctūs] *[fruhktus, fruhktuhs]* **Frucht, Ertrag, Nutzen;** Bild: Bei dieser **Frucht** ist der *Frucht*gen*uss* am intensivsten.

frui, fruor, – (m. Abl.) [fruī, fruor, –] *[fruih, fruor, –]* **genießen (etw.), sich erfreuen an;** Bild: Eine Grape*frui*t muss man **genießen.**

frumentum, frumenti *n* [frūmentum, frūmentī] *[fruhmentum, fruhmentih]* **Getreide;** Bild: *Frü*her hatte man *Män-t*el*um* aus **Getreide**halmen (siehe Ötzi).

frustra [frūstrā] *[fruhstrah]* **vergeblich;** Bild: Bei einer *Frustra*tion wartet man **vergeblich** auf einen positiven Effekt.

fuga, fugae f [fuga, fugae] *[fuga, fugä]* **Flucht;** Bild: Auf der **Flucht** versteckte er das Geld in einer Badezimmer*fuge.* Bild: Die *Fugger* (reiche Handelsleute im Mittelalter) waren auf der **Flucht.**

fugare [fugāre] *[fugahre]* **flüchten;** Bild: Die Einbrecher **flüchten,** hinterlassen aber in einer *Fug*e *Haare.*

fugere, fugio, fugi [fugere, fugiō, fūgī] *[fugere, fugioh, fuhgih]* **fliehen;** Bild: Das Reh wollte **fliehen,** aber in der *Fuge* blieb das *Re*h stecken.

fulgere, fulgeo, fulsi, – [fulgēre, fulgeō, fulsī, –] *[fulgehre, fulgeoh, fulsih, –]* **glänzen, leuchten;** Bild: *Folge* dem **leuchten**den *Re*h.

fundere, fundo, fudi, fusum [fundere, fundō, fūdī, fūsum] *[fundere, fundoh, fuhdih, fuhsum]* **gießen (aus-), befeuchten;** Bild: Im *Fund*büro hole ich die (Weizen-)*Ähr*e ab und **befeuchte** sie mit Spucke. Bild: Den *Fund*ort mit Dünger **begießen.** Vielleicht findet man dann noch mehr.

fur, furis m [fūr, fūris] *[fuhr, fuhris]* **Dieb;** Bild: Der **Dieb** *fuhr* auf der Flucht selbst das Fluchtfahrzeug. Bild: Der **Dieb** stahl eine *Fuhr*e M*is*t.

furor, furoris m [furor, furōris] *[furor, furohris]* **Toben, Wahnsinn, Raserei;** Bild: Er *fuhr* ihm übers *Ohr.* Seitdem leidet er an **Wahnsinn.**

fuscus [fuscus] *[fuskus]* **dunkel;** Bild: Ich gebe jemandem einen *Fußkuss,* da wird mir **dunkel** vor Augen.

G

gaudere, gaudeo, gavisus sum [gaudēre, gaudeō, gāvīsus sum] *[gaudehre, gauhdeho, gahwihsus sum]* **sich freuen;** Bild: Über den *Goud*a / Bei dieser *Gaud*i **freut** man **sich** sehr.

gaudium, gaudi n [gaudium, gaudī] *[gaudium, gaudih]* **Freude;** hört sich im Deutschen genauso an. Bild: Die Holländer haben eine große **Freude** bei der Zubereitung von *Goud*a.

gens, gentis, gentium (Gen. Pl.) [gēns, gentis, gentium] *[gehns, gentis, genzium]* **Volk, Geschlecht;** Bild: »*Geh'n s'* zu Ihrem **Volk** zurück.« Bild: Niemand *kennt dies' Volk.*

genus, generis n [genus, generis] *[genus, generis]* **Geschlecht, Art, Gattung;** Bild: Die *Geh-Nuss* gehört zur **Gattung** der Fortbewegungsnüsse. (Es gibt auch noch Spring-Nuss, Lauf-Nuss und Roll-Nuss.)

gerere (se), gero, gessi, gestum [gerere, gerō, gessī, gestum] *[gerere, geroh, gessih, gestum]* **führen (aus-), tragen, sich benehmen;** Bild: Er **trug** sie aus dem Fernseh*gerä*t in den *Re*gen hinein.

gignere, gigno, genui, genitum [gignere, gignō, genuī, genitum] *[gignere, gignoh, genuih, genitum]* **zeugen (er-), hervorbringen;** Bild: Beim Fußball: Der *Kick* in die *Niere*. Das **erzeugt** Schmerzen.

gladius, gladii *m* [gladius, gladiī] *[gladius, gladi'ih]* **Schwert;** Bild: Claud*ius* der *Gladi*ator kämpfte immer mit einem **Schwert**.

gloria, gloriae *f* [glōria, glōriae] *[glohria, glohriä]* **Ruhm, Ehre;** Bild: *Gloria* von Thurn und Taxis hat sich mit **Ruhm** nicht gerade bekleckert.

gloriari, glorior, gloriatus sum [glōriāri, glōrior, glōriātus sum] *[glohriahri, glohrior, glohriahtus sum]* **rühmen (sich), prahlen;** Bild: *Gloria*s (von Thurn und Taxis) *Ri*ng trägt sie nur, um damit zu **prahlen**.

gradus, gradus *m* [gradus, gradūs] *[gradus, graduhs]* **Rang, Stufe;** Bild: Wenn du auf den **Stufe**n *grad*aus läufst, kommst du ganz nach oben.

gratia, gratiae *f* [grātia, grātiae] *[grahzia, grahziä]* **Dank, Beliebtheit, Gunst;** Bild: *Kratz* i*ch a*b, steigt meine **Beliebtheit**. Bild: Trotz *Kratze*r erfreute sich der Gladiator größter **Beliebtheit**.

gratus, grata, gratum [grātus, grāta, grātum] *[grahtus, grahta, grahtum]* **dankbar, willkommen, beliebt;** Bild: Sehr **beliebt** ist es, auf dem *Grat* des Berges *grad*e*aus* zu wandern.

gravis, gravis, grave [gravis, gravis, grave] *[grawis, grawis, grawe]* **schwer(wiegend), ernst, gewichtig;** Bild: Der *Graf* (von Unheilig) *is'* sehr **ernst**.

H

habere, habeo, habui [habēre, habeō, habuī] *[habehre, habeoh, habuih]* **haben, halten;** Bild: Die Bayern **haben** uns begrüßt mit: »**Habe** die *Ehre*!« Bild: Ich *hab*e einen *Beo* (sprechenden Vogel), den ich (fest)**halten** möchte.

habitare [habitāre] *[habitahre]* **wohnen (be-);** Bild: Mit einem *Habi*ch*t* ohne H*aare* **bewohne** ich eine kleine Dachwohnung.

haud [haud] *[haud]* **nicht;** Bild: Mein Boxer (Hund) *haut* **nicht**.

hic [hīc] *[hihk]* **hier;** Bild: Wenn ich **hier** stehe, bekomme ich immer einen Schluckauf: »*Hick*!«

hic, haec, hoc [hic, haec, hoc] *[hik, häk, hok]* **dieser, diese, dieses;** Bild: Mit dem Finger auf den Mann zeigend: **Dieser** Mann hat einen Schluckauf und macht »*hick*s«. Bild: Mit dem Finger auf die Frau zeigend: **Diese** Frau *häk*elt.

hiems, hiemis *f* [hiems, hiemis] *[hi'ems, hi'emis]* **Winter, Unwetter;** Bild: *Hie*r im *Ems*land gab es ein großes **Unwetter**.

hinc [hinc] *[hink] **von hier;*** Bild: ***Von hier*** aus nach Hause *hink*en.

hodie [hodiē] *[hodi'eh] **heute;*** Bild: Nur **heute** darf gejodelt werden: »Hollerih *hodije*!«

homo, hominis *m* [homō, hominis] *[homoh, hominis] **Mensch, Mann, (bei Pl.) Leute;*** Bild: Der **Mann** hat zu viele Hormone (*Homo*ne). Bild: Der **Mann** ist *homo*(sexuell).

honestus, honesta, honestum [honestus, honesta, honestum] *[honestus, honesta, honestum] **anständig, angemessen, ehrenhaft;*** Bild: Weil sich Uli *Hoe*neß im Knast **anständig** benimmt, darf er Fußball schauen.

honos/honor, honoris *m* [honōs/honor, honōris] *[honohs/honor, honohris] **Ehre, Ehrenamt;*** Bild: Auf dem *hoh'n* R*oss* sitzt er mit **Ehre**.

hora, horae [hōra, hōrae] *[hohra, hohrä] **Stunde;*** Bild: Den kompletten *Hora*z (römischer Dichter) kann man in einer **Stunde** lesen.

horrere, horreo, horrui (m. Akk.) [horrēre, horreō, horruī] *[horrehre, horreoh, horruih] **erschrecken (vor), schaudern;*** Bild: Er hat im *Ohr* eine *Ähre*. Bitte nicht **erschrecken**!

hortari, hortor, hortatus sum [hortārī, hortor, hortātus sum] *[hortahrih, hortor, hortahtus sum] **auffordern, ermuntern,*** ermahnen;* Bild: Im *Hort* werden die Kinder **ermuntert**, das *Tor* zu schießen.

hortus, horti *m* [hortus, hortī] *[hortus, hortih] **Garten;*** Bild: Der **Garten** des Kinder*hort*s wird von *Us*ain Bolt (Sportler) neu angelegt.

hospes, hospitis *m* [hospes, hospitis] *[hospes, hospitis] **Gast, Gastgeber;*** Bild: Der **Gast** hat auf der *Hos*e *Pes*to.

hostis, hostis, hostium (Gen. Pl.) *m* [hostis, hostis, hostium] *[hostis, hostis, hostium] **Feind;*** Bild: *Horst* (z. B. Seehofer) *is'* der **Feind**. Bild: Weil Horst der **Feind** ist, rufen alle: »*Ho*rst, *zieh um*!«

huc [hūc] *[huhk] **hierher;*** Bild: Kaptain *Hook* kommt **hierher**.

humanitas, humanititis *f* [hūmānitās, hūmānitātis] *[huhmahnitahs, huhmahnitahtis] **Menschlichkeit, Bildung;*** Bild: *Homer* (Simpson) war eine *Niet*e und wurde ein *Ass* durch **Bildung**.

humanus, humana, humanum [hūmānus, hūmāna, hūmānum] *[huhmahnus, huhmahna, huhmahnum] **menschlich, gebildet;*** Bild: *Homer* (Simpson) isst eine *Nuss*. Dadurch wird er **gebildet**er.

humilis, humilis, humile [humilis, humilis, humile] *[humilis, humilis, humile] **niedrig, unterwürfig, demütig;*** Bild: Die *Humm*el fliegt immer sehr **niedrig**.

humus, humi *f* [humus, humī] *[humus, humih]* **Boden (Erd-);** hört sich im Deutschen ähnlich an.

I

iacere, iaceo, iacui [iacēre, iaceō, iacuī] *[iazehre, iazeho, iakuih]* **liegen, daliegen;** Bild: Weil der Esel immer nur *daliegt* und »I-A« stöhnt, muss ich an dem *I-A* (Esel) *zerre*n.

iactare [iactāre] *[i'aktahre]* **schleudern, rühmen;** Bild: Bei der *Jagd* werden die H*aare* (Perücke) in die Luft *geschleudert*. Vielleicht, um die Hirsche anzulocken.

iam [iam] *[iam]* **schon, bereits;** Bild: **Schon** ge*jamm*ert heute?

ibi [ibī] *[ibih]* **dort, da;** Bild: Er zeigte mit dem Finger auf das Haus und sagte: »**Dort** wohnt der H*ippi* im T*ippi*.«

id agere, ut [id agere, ut] *[id agehre, ut]* **alles darauf anlegen, dass ..., sich dafür einsetzen;** Bild: *Ik* (Ich) *ackere u*n*d lege* es *darauf an, dass ...*

idem, eadem, idem [idem, eadem, idem] *[idem, äadem, idem]* **derselbe/dieselbe/dasselbe, der/die/das Gleiche;** Bild: Es ist immer **derselbe** Schüler mit den besten *Ideen*.

idoneus, idonea, idoneum [idōneus, idōnea, idōneum] *[idohne'us, idohnea, idohne'um]* **geeignet, fähig;** Bild: Alles, was **geeignet** ist, kommt nicht *i*n die *Tonne*.

igitur [igitur] *[igitur]* **also, folglich;** Bild: *Iggy* Pop (Punkmusiker) geht immer noch auf *Tour*; **folglich** lebt er noch.

ignis, ignis, ignium (Gen. Pl.) *m* [īgnis, īgnis, īgnium] *[ihgnis, ihgnis, ihgnium]* **Feuer, Brand;** Bild: *Ick nies* (berlinerisch) und es kommt **Feuer** aus meiner Nase.

ignorare [īgnōrāre] *[ihgnohrahre]* **nicht wissen, nicht kennen;** Bild: Ich **weiß nichts** vom *Ig*el, der nach *Nor*den zu seinem H*are*m wandert.

ignoscere, ignosco, ignovi, ignotum [īgnōscere, īgnōscō, īgnōvī, īgnōtum] *[ihgnohszere, ihgnohskoh, ihgnohwih, ihgnohtuhm]* **verzeihen;** Bild: Ich *igno*rierte da*s Zerre*n im Bein. Jetzt muss es amputiert werden. Ich hoffe, du kannst mir **verzeih'n**. Bild: Ich *igno*rierte deinen *Sko*da. Hoffentlich kannst du mir **verzeihen**.

ille, illa, illud [ille, illa, illud] *[ille, illa, illud]* **jener, jene, jenes;** Bild: **Jene** berühmte lila P*ille* ...

imitari, imitor, imitatus sum [imitārī, imitor, imitātus sum] *[imitahrih, imitor, imitahtus sum]* **nachahmen;** Bild: Der

Stimmen*imitat*or **ahmt** die Stimmen anderer **nach**.

immanis, immanis, immane [immānis, immānis, immāne] *[immahnis, immahnis, immahne]* **unmenschlich, riesig;** Bild: *Im Mann is* ein *riesig*es (**unmenschliches**) Kind.

immo [immō] *[immoh]* **ja sogar, im Gegenteil;** Bild: *Immo*bilien sind keine Wertanlage. **Im Gegenteil:** Sie sind Geldfresser.

impellere, impello, impuli, impulsum [impellere, impellō, impulī, impulsum] *[impellere, impelloh, impulih, impulsum]* **stoßen (an-), veranlassen;** Bild: Man hat **veranlasst**, dass *im* Haus von *Pelé* (Fußballer) (oder im Pulli) ein *Re*h wohnen darf.

impendere, impendeō, – [impendēre, impendeō, –,] *[impendehre, impendeoh, –]* **drohen, hängen über;** Bild: *Im Pent*house **drohen** die Wände einzustürzen.

imperare [imperāre] *[imperahre]* **befehlen, herrschen;** Bild: Der *Impera*tor (Darth Vader) **befiehlt** seinen H*aare*n zu wachsen.

imperator, imperatoris *m* [imperātor, imperātōris] *[imperatohr, imperatohris]* **Kaiser, Feldherr;** Bild: *Im Bär a Tor* und der **Kaiser** (Julius Cäsar) geht durch.

imperium, imperii *n* [imperium, imperiī] *[imperium, imperi'ih]* **Befehl, Herrschaft, Reich;** hört sich im Deutschen ähnlich an.

impetus, impetus *m* [impetus, impetūs] *[impetus, impetuhs]* **Angriff, Schwung;** Bild: Ich werde – eingewickelt *im Betttu*ch – mit **Schwung** aus dem Bett geschleudert.

imponere, impono, imposui, impositum [impōnere, impōnō, imposuī, impositum] *[impohnere, impohnoh, impohsuih, impohsitum]* **setzen, stellen, legen (an, auf, in);** Bild: *Im Po 'ne Ähre* – kein Wunder, dass man sich nicht *auf* ihn **setzen** kann.

imprimis [imprīmīs] *[imprihmihs]* **besonders, insbesondere;** Bild: *Im Prim* (Nebenfluss des Neckar) *is* es **besonders** kalt. Bild: *Im*mer *Prim*zahlen ausrechnen *is* **besonders** ätzend.

improbus, improba, improbum [improbus, improba, improbum] *[improbus, improba, improbum]* **unanständig, schlecht, böse;** Bild: *Im Pro*be-*Bus* (Proberaum im Bus) werden **unanständig**e Songs gesungen (im Handstand).

in (m. Abl.) [in] *[in]* **in, an, auf, während;** hört sich im Deutschen ähnlich an.

in (m. Akk.) [in] *[in]* **in, an, auf, nach, gegenüber;** Bild: **In**, **an** und **auf** dem Fluss *Inn*.

incedere, incedo, incessi, incessum [incēdere, incēdō, incessī, incessum] *[inzehdere, inzehdoh, inzessih, inzessum] befallen, einhergehen;* Bild: Die **Inse**l *der Re*he ist von Blattläusen **befallen**.

incendere, incendo, incendi, incensum [incendere, incendō, incendī, incēnsum] *[inzendere, inzendoh, inzendih, inzehnsum] anzünden, entflammen, in Aufregung versetzen;* Bild: *In* dem Radio-*Sender* hielt sich noch ein *Reh* auf, als das Mikro **angezündet** wurde.

incendium, incendii *n* [incendium, incendiī] *[inzendium, inzendi'ih] Brand, Feuer;* Bild: E*in Cent* fängt **Feuer**.

incertus, incerta, incertum [incertus, incerta, incertum] *[inzertus, inzerta, inzertum] unsicher, ungewiss, unschlüssig;* Bild: Ich bin **unsicher,** ob ich mich auf das Zeitungs*inser*at hin melden soll.

incipere, incipio, coepi [incipere, incipiō, coepī] *[inzipere, inzipioh, co'epih] anfangen, beginnen;* Bild: Alle **beginnen** auf Kommando, *ins Sieb* zu kotzen.

incitare [incitāre] *[inzitahre] antreiben, anfeuern;* Bild: Alle wollen **anfeuern** und schreien *in* die *Sitar* (indische Gitarre).

includere, includo, inclusi, inclusum [inclūdere, inclūdō, inclūsī, inclūsum] *[inkluhdere, inkluhdoh, inkluhsih, in-*kluhsum] *einschließen, versperren, unterbinden;* Bild: Wer sich freiwillig *in* die *Glut* der Hölle **einschließen** lässt, erlangt höchste *Ehre*.

incolumis, incolumis, incolume [incolumis, incolumis, incolume] *[inkolumis, inkolumis, inkolume] unversehrt, heil;* Bild: *Im Kohl* sind G*ummis*. Außen ist der Kohl **unversehrt**.

incredibilis, incredibilis, incredibile [incrēdibilis, incrēdibilis, incrēdibile] *[inkrehdibilis, inkrehdibilis, inkrehdibile] unglaublich;* Bild: **Unglaublich**, aber wahr: *In Cre*m-*Dipp* lebt ein *Il*tis.

inde [inde] *[inde] von da an, von dort, daher;* Bild: *Von da an* bis zur L*inde* sind es nur wenige Schritte.

indicare [indicāre] *[indikahre] anzeigen, melden;* Bild: Der *Indika*tor **zeigt** den Säuregehalt **an**.

indignari, indignor, indignatus sum [indīgnārī, indīgnor, indīgnātus sum] *[ihndihgnahrih, indihgnor, indihgnahtus sum] entrüstet sein;* Bild: Nachdem der *Indi*aner dem Gnom die *Knarr*e weggenommen und die Rüstung ausgezogen hatte, war er absolut **entrüstet**.

inducere, induco, induxi, inductum [indūcere, indūcō, indūxī, inductum] *[induhzere, induhkoh, induhksih, induktum] einführen (hin-), verleiten;* Bild: Der H*indu* **führt** mich an der Hand in den Tempel **hinein** (*zerr*t).

inesse, insum, infui [inesse, īnsūm, īnfuī] *[inesse, ihnsuhm, ihnfuih] **enthalten sein, vorhanden sein;** Bild: In Hessen sind keine Häschen **vorhanden**.

infans, infantis, infantium (Gen. Pl.) *m* [īnfāns, īnfantis, īnfantium] *[ihnfahns, ihnfantis, ihnfanzium] **Kind (das kleine);** Bild: **Ihn** (Hund) *fahr'n sie um*. Daher weint **das kleine Kind**.

infelix, infelicis [īnfēlīx, īnfēlīcis] *[ihnfehlihks, ihnfehlihzis] **unglücklich;** Bild: In *Felix'* Zimmer hat sie sich engesperrt und ist total **unglücklich**.

inferior, inferior, inferius [īnferior, īnferior, īnferius] *[ihnferior, ihnferior, ihnferius] **geringer, schwächer, unter (jmdm.) stehen;** Bild: Weil ich **unter** ihm **stehe**, hat er mich *in* den *Feri*en bei jeder Gelegenheit am *Ohr* gezogen.

inferre, infero, intuli, illatum [īnferre, īnferō, intulī, illātum] *[ihnferre, ihnferoh, intulih, illahtum] **hineintragen, zufügen;** Bild: *In faire*n Gerichtsverhandlungen werden die Zeugen **hineingetragen**.

infestus, infesta, infestum [īnfēstus, īnfēsta, īnfēstum] *[ihnfehstus, ihnfehsta, ihnfehstum] **feindlich, bedrohlich;** Bild: *In Fest*zelten ist es manchmal **bedrohlich** voll.

ingens, ingentis (Gen.) [ingēns, ingentis] *[ingehns, ingentis] **gewaltig, ungeheuer;** Bild: *Inges* Geschichten sind **ungeheuer** spannend (Ungeheuer-Geschichten) und *geh'n* unter die Haut.

inhumanus, inhumana, inhumanum [inhūmānus, inhūmāna, inhūmānum] *[inhuhmahnus, inhuhmahna, inhuhmahnum] **unmenschlich;** Bild: *In Hummer Nuss* zu verstecken finde ich **unmenschlich**.

inimicus, inimica, inimicum [inimīcus, inimīca, inimīcum] *[inimihkus, inimihka, inimihkum] **feindlich, (als Subst.) Feind;** Bild: Der **Feind** macht *in ihm* einen *Kuss*.

iniquus, iniqua, iniquum [inīquus, inīqua, inīquum] *[inihkwu'us, inihkwua, inihkwu'um] **ungünstig, ungerecht, ungleich;** Bild: Warum bekommt er einen so *innig*en *Kuss* und ich nicht? Das ist wirklich **ungerecht**.

inire, ineo, inii, initum [inīre, ineō, iniī, initum] *[inihre, ineoh, ini'ih, initum] **hineingehen, beginnen;** Bild: Der Chirurg kann *in* die *Niere* **hineingehen**.

iniungere, iniungo, iniunxi, iniunctum [iniungere, iniungō, iniūnxī, iniūnctum] *[iniungere, iniungoh, iniuhnksih, iniuhnktum] **auferlegen, einfügen, anfügen;** Bild: *In jüngere*n Jahren hat man mir viele Aufgaben **auferlegt**.

iniuria, iniuriae *f* [iniūria, iniūriae] *[iniuhria, iniuhriä] **Unrecht, Gewalttat, Ungerechtigkeit;** Bild: *In* d*i*e *Uhr*

macht ein Esel »ia«. Das war der Aus-
löser zur **Gewalttat**.

innocens, innocentis (Gen.) [innocēns,
innocentis] *[innozehns, innozentis]* **un-
schuldig;** Bild: *In No*senssituationen
kann man ganz **unschuldig** andere kri-
tisieren.

inopia, inopiae *f* [inōpia, inōpiae] *[in-
ohpia, inohpiä]* **Mangel;** Bild: *In Opi*s
Zimmer herrscht Sauerstoff**mangel**.

inquit [inquit] *[inkwit]* **sagt/sagte (er,
sie);** Bild: **Er sagt:** »*In Quit*tensaft …,
*in Quit*tensaft …«

insidiae, insidiarum (Pluralwort) *f*
[īnsidiae, īnsidiārum] *[ihnsidiä, ihnsi-
diahrum]* **Hinterhalt, Falle, Anschlag;**
Bild: *In* »*City-Jä*ger« (Film) geht der
Gejagte in die **Falle**. Bild: *In* der *City*
gibt's (*a*) *Rum*. Aber Achtung! – Das ist
ein **Hinterhalt**.

insperatus, insperata, insperatum
[īnspērātus, īnspērāta, īnspērātum] *[ihn-
spehrahtus, ihnspehrahta, ihnspehrah-
tum]* **unverhofft;** Bild: Im Vorhof der
Burg wurden alle **unverhofft** e*inge-
sper*rt in *A*u*tos* aufgefunden.

inspicere, inspicio, inspexi, inspectum
(m. Akk.) [īnspicere, īnspiciō, īnspexī,
īnspectum] *[ihnspizere, ihnspizioh, ihn-
speksih, ihnspektum]* **hineinschauen;**
Bild: *Im Spitzer* steckt noch ein *Re*h.
Das kann man sehen, wenn man in den

Spitzer **hineinschaut**. Bild: Der *Inspek*-
tor **schaut** überall **hinein**.

instare, insto, institi [īnstāre, īnstō,
īnstitī] *[ihnstahre, ihnstoh, ihnsti-
tih]* **drohen, bevorstehen;** Die meisten
Menschen geraten schon *in* Schock*star-
re*, wenn man ihnen **droht**.

instituere, instituto, institui, institutum
[īnstituere, īnstituō, īnstituī, īnstitūtum]
*[ihnstituere, ihnstituoh, ihnstituih, ihn-
stituhtum]* **beginnen, einrichten, un-
terrichten;** Bild: Das *Institu*t wird neu
eingerichtet, damit man besser **unter-
richten** kann.

institutum, instituti *n* [īnstitūtum,
īnstitūti] *[ihnstituhtum, ihnstituhti]* **An-
weisung, Grundsatz, Einrichtung;**
Bild: Hört man sich im *Institut um*, dann
hört man nur **Anweisung**en.

insula, insulae *f* [īnsula, īsulae] *[ihn-
sula, ihnsulä]* **Insel, Wohnblock;** Bild:
Allein auf der **Insel** ohne *Insul*inspritze.
Das könnte zum Problem werden.

intellegere, intellego, intellexi, intel-
lectum [intellegere, intellegō, intellēxī,
intellēctum] *[intellegere, intellegoh, in-
tellehksih, intellektum]* **verstehen, er-
kennen, einsehen;** Bild: *In der lecke-
re*n Feinschmeckerabteilung **verstehe**
ich den Andrang. Bild: *In de*r *Lego*-Ab-
teilung **verstehe** ich die technischen Zu-
sammenhänge.

inter [inter] *[inter] zwischen, unter, während;* Bild: *Zwischen* uns steht ein *Inder.*

interdum [interdum] *[interdum] manchmal, bisweilen;* Bild: *Manchmal* ist der *Inder dum*m.

interesse, intersum, interfui (m. Dat.) [interesse, intersum, interfuī] *[interesse, intersum, interfuih] teilnehmen (an);* Bild: Ich werde am *Essen* vom *Inder teilnehmen.* Bild: Der *Inder sum*mt immer, wenn er *teilnimmt.*

interficere, interficio, interfeci, interfectum [interficere, interficiō, interfēcī, interfectum] *[interfizere, interfizioh, interfehzih, interfektum] töten;* Bild: *Inder*, die am *Vieh zerre*n, *töten* die Tiere.

interim [interim] *[interim] inzwischen;* Bild: *Inzwischen* hatte sich der *Inder* am *Riem*en gerissen.

interire, intereo, interii [interīre, intereō, interiī] *[interihre, intereoh, interi'ih] untergehen, zugrunde gehen, verschwinden;* Bild: Der *Inder* und der *Ire gehen* gemeinsam mit einem Boot *unter.*

interitus, interitus [interitus, interitūs] *[interitus, interituhs] Untergang;* Bild: Die *Inder* feiern mit einem *Ritus* den *Untergang* der Sonne.

interrogare [interrogāre] *[interrogahre] fragen, befragen;* Bild: Ich *befrage* mit einem Mikrofon einen *Inder* mit *Rock* und langen H*aare*n.

interrumpere, interrumpo, interrupi, interruptum [interrumpere, interrumpō, interrūpī, interruptum] *[interrumpere, interrumpoh, interruhpih, interruptum] unterbrechen;* Bild: Ich *unterbreche* meine Arbeit, um *in der Rum-Beere* (Himbeeren in Rum) nach dem Wurm zu suchen.

intra (m. Akk.) [intrā] *[intrah] innerhalb;* Bild: *Innerhalb* einer *Tra*umfabrik ist alles möglich.

intrare [intrāre] *[intrahre] eintreten, hineingehen, betreten;* Bild: Sie ist *in* den Schweine*tro*g *hineingetreten.*

invadere, invado, invasi, invasum [invādere, invādō, invāsī, invāsum] *[inwahdere, inwahdoh, inwahsi, inwahsum] eindringen, eingreifen;* Bild: Er kommt re*in* – Darth *Vader* (Star Wars) auf einem *Reh* – und *greift ein.* Bild: Er *dringt ein* und hinterlässt seine Initialien: »*I.N. wa doh* (war da).«

invenire, invenio, inveni, inventum [invenīre, veniō, invēnī, inventum] *[inwenihre, inwenioh, inwenhih, inventum] finden (-er);* Bild: Ich *erfinde in*wendig das Regal und lege eine *Niere* dort ab.

invictus, invicta, invictum [invictus, invicta, invictum] *[inwiktus, inwikta, inwiktum] unbesiegbar;* Bild: *In* die *Wieg*e *tu's* (den Zaubertrank)! – Dann wird er sein Leben lang *unbesiegbar* bleiben.

invidia, invidiae *f* [invidia, invidiae] *[inwidia, inwidiä] Neid, Hass;* Bild: *In Vidi*os wird *Hass* geschürt.

invitare [invitāre] *[inwitahre] einladen;* Bild: *In fit*ten *Haar*en sieht man einfach besser aus. Da kann man sich schon mal *einladen* lassen.

invitus, invita, invitum [invītus, invīta, invītum] *[inwihtus, inwihta, inwihtum] unwillig, gegen den Willen;* Bild: *Gegen* meinen *Willen* gehe ich *in*s *Fit*nesscenter.

ipse, ipsa, ipsum [ipse, ipsa, ipsum] *[ipse, ipsa, ipsum] selbst, persönlich, gerade, schon;* Bild: Immer wenn ich *Hipp*-Babynahrung (Marke) *seh*, wird es mir *selbst* ganz schlecht.

ira, irae *f* [īra, īrae] *[ihra, ihrä] Zorn, Wut;* Bild: Im *Ira*n sind alle voller *Zorn.* Bild: Vor lauter *Wut* bist du *irre.*

irasci, irascor, – (m. Dat.) [īrāscī, īrāscor, –] *[ihrahszih, ihrahskor] zornig sein (auf jmdn.), in Zorn geraten;* Bild: *I ras Ski* (Ich ras mit den Skiern), weil ich *zornig auf* Zorro bin.

iratus, irata, iratum [īrātus, īrāta, īrātum] *[ihrahtus, ihrahta, ihrahtum] zornig, wütend;* Bild: *Ihr Ar*tus- (z.B. König Artus-)Treuen seid alle *wütend.*

ire, eo, ii, itim [īre, eō, iī, itum] *[ihre, eoh, i'ih, itum] gehen;* Bild: Die *Ire*n *gehen* alle zu Fuß ins Irish Pub. Bild: Bei *Eo*n müssen alle *gehen.*

irridere, irrideo, irrisi, irrisum [irrīdēre, irrīdeō, irrīsī, irrīsum] *[irrihdehre, irrihdeoh, irrihsih, irrihsum] verspotten;* Bild: Alles, was *iri*sch is*t*, wird *verspottet* (Irish Moos, Guinness, U2).

is, ea, id [is, ea, id] *[is, ea, id] er, sie, es; dieser, diese, dieses; (der)jenige, (die)jenige, (das)jenige;* Bild: *Er is*st. Bild: *Sie* ist *e*h d*a*. Bild: *Es* (das Vögelchen) macht: W*id*d, w*id*d. Bild: *Dieser* Mann *is*st *diese* L*ea* auf. Damit ist *dieses it*alienische Restaurant berühmt geworden.

iste, ista, istud, istius (Gen.), isti (Dat.) [iste, ista, istud, istīus, istī] *[iste, ista, istud, istihus, istih] dieser, diese, dieses (da); der, die, das (da); dein, euer;* Bild: Was *isst dieser da*?

ita [ita] *[ita] so, auf diese Weise;* Bild: *So* kocht man *ita*lienisch.

itaque [itaque] *[itakwe] deshalb, daher;* Bild: *Deshalb* darf man zu den Italienern nicht mehr *Itake*r sagen!

item [item] *[item] ebenfalls, ebenso;* Bild: *Ebenso* könnte man diese *Idee* u*m*setzen.

iter, itineris *n* [iter, itineris] *[iter, itineris] Weg, Reise, Marsch;* Bild: Auf dem langen *Marsch* verbraucht man einige L*iter* Flüssigkeit.

iterum [iterum] *[iterum] wieder, zum zweiten Mal;* Bild: *Zum zweiten Mal* läuft sie mit einem M*ieder rum.*

iubere, iubeo, iussi, iussum (m. Akk.)
[iubēre, iubeō, iussī, iussum] *[iubehre, iubeoh, iussih, iussum]* **befehlen, beauftragen;** Bild: *Jupp* (Heynckes) *befiehlt*, dass jeder eine *Beere* isst.

iucundus, iucunda, iucundum
[iūcundus, iūcunda, iūcundum] *[iuhkundus, iuhkunda, iuhkundum]* **angenehm, erfreulich, liebenswürdig;** Bild: Wenns *juck*t, dann kratz *und us* (aus); dann ist es wieder **angenehm**.

iudex, iudicis m [iūdex, iūdicis] *[iuhdeks, iuhdizis]* **Richter;** Bild: Vor dem **Richter** leerte man eine *Jut*e-Tasche voller Eid*echs*en aus.

iudicare [iūdicāre] *[juhdikahre]* **(be-)urteilen, richten;** Bild: *Judi*ths *Karre* (z.B. Rakers) **beurteilen** 8 von 10 Punkte.

iudicium, iudicii n [iūdicium, iūdiciī] *[juhdizium, juhdizi'ih]* **Urteil, Gericht, Gerichtshof;** Bild: Das **Gericht** urteilte: »*Judi*th (z.B. Rakers), *zieh um*!«

iurare [iūrāre] *[juhrahre]* **schwören;** Bild: Das *Jura-Reh* aus Jurassic Park (Film) **schwört** mit gekreuzten Beinen.

ius, iuris n [iūs, iūris] *[iuhs, iuhris]* **Recht;** Bild: Der *Juris*t beschäftigt sich beruflich mit dem **Recht**.

iussu [iussū] *[iussuh]* **(auf) Befehl, unter dem Befehl (von);** Bild: *Yusu*f alias Cat Stevens (Sänger) stand **unter dem Befehl** von Allah.

iustitia, iustitiae f [iūstitia, iūstitiae] *[juhstizia, juhstiziä]* **Gerechtigkeit;** Bild: Die *Justiz* hat die **Gerechtigkeit** gepachtet.

iustus, iusta, iustum [iūstus, iūsta, iūstum] *[iuhstus, iuhsta, iuhstum]* **gerecht, gebührend, richtig;** Bild: *Justus* Franz (Pianist) spielt **richtig** Klavier.

iuvare, iuvo, iuvi, iutum (m. Akk.) [iuvāre, iuvō, iūvī, iūtum] *[iuwahre, iuwoh, iuhwih, iuhtum]* **helfen, unterstützen, erfreuen;** Bild: Wenn *i uff* (ich auf) meinen H*aare*n stehe, dann muss mir jemand dabei **helfen**.

iuvenis, iuvenis m [iuvenis, iuvenis] *[juwenis, juwenis]* **(junger) Mann;** Bild: Bei *Juven*tus Tur*in* (italienischer Fußballverein) *s*pielen viele **junge Männer**.

iuventus, iuventutis f [iuventūs, iuventūtis] *[juwentuhs, juwentuhtis]* **Jugend;** Bild: Für *Juventus* Turin (ita-

lienischer Fußballverein) kann sich die italienische *Jugend* begeistern.

iuxta (m. Akk.) [iūxtā] *[juhkstah]* **neben;** Bild: Ich stehe **neben** einem »*Juck Star*«. (Einem Star, der sich ständig kratzt, weil's ihn juckt.)

L

labor, laboris m [labor, labōris] *[labor, labohris]* **Arbeit, Anstrengung, Mühe, Leid;** Bild: Von zu viel *Arbeit* bekommt man ein Sch*lappohr.* Bild: Im *Labor is*t die *Arbeit* interessant.

laborare [labōrāre] *[labohrahre]* **arbeiten, (sich) anstrengen, leiden;** Bild: Weil alle so viel im Labor *arbeiten*, fallen ihnen die Haare aus. Daher sind so viele *Labor-Haare* vorhanden.

lacrima, lacrimae f [lacrima, lacrimae] *[lakrima, lakrimä]* **Träne;** Bild: Mir kam eine **Träne**, als ich die *La*ch-*Grimma*sse machte.

lacus, lacus m [lacus, lacūs] *[lakus, lakuhs]* **(der) See;** Bild: Ein *la*nger *Kuss* auf dem *See* (im Boot).

laedere, laedo, laesi, laesum [laedere, laedō, laesī, laesum] *[lädere, lädoh, läsih, läsum]* **verletzen, kränken;** Bild: Das *Leder-Re*h (Reh mit Lederjacke) kann man nicht so leicht *verlet-*

zen. Bild: *Lassie* (Filmhund) hat sich *verletzt.*

laetari, laetor, laetatus sum [laetāri, laetor, laetātus sum] *[lätahri, lätor, lätahtus sum]* **(sich) freuen, fröhlich sein;** Bild: Alle *freuen sich*, wenn sie an *Lätta* (Margarine – Marke) *ri*echen dürfen.

laetitia, laetitiae f [laetitia, laetitiae] *[lätizia, lätiziä]* **Freude;** Bild: Man *lädt Tizia*n ein. Die *Freude* unter den Künstlerkollegen wird groß sein.

laetus, laeta, laetum [laetus, laeta, laetum] *[lätus, läta, lätum]* **froh, fröhlich;** Bild: *Fröhlich lädt* er den Kofferraum a*us.* Bild: *Fröhlich* streicht sie die *Lätta*-Margarine (Marke) aufs Brot.

latere, lateo, latui [latēre, lateō, latuī] *[latehre, lateoh, latuih]* **verborgen sein;** Bild: Die *Latte* beim *Re*h ist meist *verborgen*, man kann sie daher auch nicht sehen.

latus, lata, latum [lātus, lāta, lātum] *[lahtus, lahta, lahtum]* **breit, weit;** Bild: Die (Zaun-)*Latt*e ist sehr *weit* weg.

laudare [laudāre] *[laudahre]* **preisen, loben;** Bild: Nicki *Lauda* (Rennfahrer) überfährt ein *Reh* und wird dafür **gelobt**.

laus, laudis *f* [laus, laudis] *[laus, laudis]* **Lob, Ruhm;** Bild: Wenn die Blatt*laus laut is*', dann hat sie kein **Lob** verdient.

lectus, lecti *m* [lectus, lectī] *[lektus, lektih]* **Bett, Liegesofa;** Bild: Sie *leckt* am **Bett.** Bild: »Ab ins **Bett!** Da *legst di* hi (da legst du dich hin)!«

legatus, legati *m* [lēgātus, lēgātī] *[lehgahtus, legahtih]* **Gesandter;** Bild: *Leg*t König *Artus* des **Gesandte**n um?

legere, lego, legi, lectum [legere, legō, lēgī, lēctum] *[legere, legoh, lehgih, lehktum]* **lesen, sammeln, auswählen;** Bild: Das *Lege-Re*h legt sich hin, um zu **lesen.** Bild: Es gibt Leute, die *Lego* (Marke) **sammeln**.

legio, legionis *f* [legio, legiōnis] *[legioh, legiohnis]* **Legion;** hört sich im Deutschen ähnlich an.

lex, legis *f* [lēx, lēgis] *[lehks, lehgis]* **Gesetz;** Bild: In Deutschland gibt es ein **Gesetz,** das das Tragen von *Leggin*s in der Öffentlichkeit verbietet.

libens, libentis (Gen.) [libēns, libentis] *[libehns, libentis]* **gern, bereitwillig;** Bild: Weil ihre *Lippen* so *liebens*wert sind, mache ich alles für sie **gern.** Bild: Seine *Diss.* (Abk. f. Dissertation) kann man nur *lieben.* Daher habe ihn so **gern**.

liber, libera, liberum [līber, lībera, līberum] *[lihber, lihbera, lihberum]* **frei, unabhängig;** Bild: *Lieber frei* und unabhängig.

liber, libri *m* [liber, librī] *[liber, librih]* **Buch;** Bild: *Lieber* mal ins **Buch** als in die Glotze gucken.

liberalis, liberalis, liberale [līberālis, līberālis, līberāle] *[lihberahlis, lihberahlis, lihberahle]* **großzügig, freigebig;** Bild: Wer *lieber alle*s gibt und nichts behält, ist sehr **großzügig**.

liberare [līberāre] *[lihberahre]* **befreien;** Bild: *Lieber H*aare abschneiden, als sich **befreien** lassen. Bild: Der *Liber*o (Verteidigungsspieler im Fußball) mag lieber *Ari*en und **befreit** die Mannschaft aus der Umkleidekabine.

liberi, liberorum (Pluralwort) *m* [līberī, līberōrum] *[lihberih, lihberohrum]* **Kinder;** Bild: Franck R*ibéry* (Fußballer) hat viele *liebe* **Kinder**. Bild: Die **Kinder** trinken *lieber roh*en *Rum*.

libertas, libertatis *f* [lībertās, lībertātis] *[lihbertahs, lihbertahtis]* **Freiheit;** Bild: Ich trinke heute *lieber* eine *Tas*se Tee. Die **Freiheit** gönn ich mir.

libido, libidinis *f* [lībīdō, lībīdinis] *[lihbihdoh, libihdinis]* **Verlangen, Lust, Willkür;** Bild: *Lieb i do*ch! (Liebe ich doch!) Die **Lust** war stärker.

licere/licet, licuit (m. Dat.) [licēre/licet, licuit] *[lizehre/lizet, liku'it]* **es ist möglich, es ist erlaubt, (jmd.) darf;** Bild: Mit der *Lizenz* zum Töten **ist es** James Bond **erlaubt**, jemanden umzubringen.

lingua, linguae *f* [lingua, linguae] *[lingua, linguä]* **Sprache, Zunge;** Bild: Der *Legua*n hat keine große **Zunge.** Bild: Die **Sprache** k*ling*t *ur*alt.

lis, litis *f* [līs, lītis] *[lihs, lihtis]* **(Rechts-)Streit;** Bild: Der **Rechtsstreit** mit *Liz* Taylor ist immer noch nicht beendet.

litterae, litterarum *f* [litterae, litterārum] *[litterä, litterahrum]* **Brief, Wissenschaften, Literatur, Buchstabe;** Bild: Ich trinke einen *Liter Ä*pfelsaft. Welcher **Buchstabe** ist falsch? Bild: In dem **Brief** befand sich ein *Litter* 1-*a-Rum*.

litus, litoris *n* [lītus, lītoris] *[lihtus, lihtoris]* **Strand;** Bild: Ein *Lied* für *Do*ris am **Strand.**

loca, locorum (Pluralwort) *n* [loca, locōrum] *[loka, lokohrum]* **Gegend;** Bild: Ich schlendere *locker* durch die **Gegend.**

locus, loci *m* [locus, locī] *[lokus, lokih]* **Ort;** Bild: Auf dem »Stillen **Ört**chen« (*Lokus*) sind *Lock*en.

longus, longa, longum [longus, longa, longum] *[longus, longa, longum]* **lang, weit, lang andauernd;** Bild: Er musste **lange** auf seinen *Lohn* warten und

bekam letztendlich nur einen feuchten *Kuss*.

loqui, loquor, locutus sum [loquī, loquor, locūtus sum] *[lokwih, lokwor, lokuhtus sum]* **reden, sprechen;** Bild: Helmut Schmidt **redet** noch mit Frau *Loki*.

ludere, ludo, lusi, lusum [lūdere, lūdō, lūsī, lūsum] *[luhdere, luhdoh, luhsi, luhsum]* **spielen, scherzen;** Bild: Martin *Luther* will nur **spielen.** Bild: *Ludo* (Til Schweiger in »Keinohrhasen«) will mit den Kindern im Kindergarten **spielen.**

ludus, ludi *m* [lūdus, lūdī] *[luhdus, luhdih]* **Spiel, Schule;** Bild: Martin *Luth*er isst eine *Nus*s und erfindet ein Bibel**spiel.**

lumen, luminis *n* [lūmen, lūminis] *[luhmen, luhminis]* **Licht, Augenlicht;** Bild: Nur mit **Licht** wachsen die B*lumen*.

lux, lucis *f* [lūx, lūcis] *[luhks, luhzis]* **Licht, Tageslicht;** Bild: Der *Lux* macht sich nachts mit seinen Augen selber **Licht.**

M

maestus, maesta, maestum [maestus, maesta, maestum] *[mästus, maesta, maestum]* **traurig;** Bild: Die Gänse werden ge*mäst*et (gestopft). Die Kinder, die dabei zuschauen, sind sehr **traurig.**

magister, magistri *m* [magister, magistrī] *[magister, magistrih]* **Lehrer;** Bild: Der **Lehrer** überreicht die *Magister*urkunde.

magnitudo, magnitudinis *f* [māgnitūdō, māgnitūdinis] *[mahgnituhdoh, mahgnituhdinis]* **Größe;** Bild: Du kannst die **Größe** des *Magnet*s auswählen.

magnus, magna, magnum [māgnus, māgna, māgnum] *[mahgnus, mahgna, mahgnum]* **groß, großartig, bedeutend;** Bild: Er *mag Nuss*. Weil Nüsse einfach **großartig** sind.

maiores, maiorum **(Pluralwort)** *m* [māiōrēs, māiōrum] *[mahiohrehs, mahiohrum]* **Vorfahren;** Bild: Meine **Vorfahren** spritzen *Majo-Res*te *rum.*

malum, mali *n* [malum, malī] *[malum, malih]* **Übel, Schlimmes, Unglück;** Bild: Ich *mal um* den **Unglück**sort einen Kreidekreis.

malus, mala, malum [malus, mala, malum] *[malus, mala, malum]* **schlecht, schlimm;** Bild: *Mal un*s **schlecht.**

mandare [mandāre] *[mandahre]* **auftragen, übergeben, anvertrauen;** Bild: Ich **übergebe** dir die *Mandar*ine.

mandatum, mandati *n* [mandātum, mandāti] *[mandahtum, mandahti]* **Auftrag;** Bild: Der *Mann* bekommt den **Auftrag** zu einem bestimmten *Datum.*

manere, maneo, mansi [manēre, maneō, mānsī] *[manehre, maneoh, mahnsih]* **bleiben, erwarten;** Bild: Alter Bauernbrauch: Der *Mann* bekommt eine *Ähre*, damit er **bleibt.**

manus, manus *f* [manus, manūs] *[manus, manuhs]* **Hand, Schar;** Bild: Um die **Hand** von *Manu* (Manuela) anhalten.

mare, maris *n* [mare, maris] *[mare, maris]* **Meer;** Bild: Die Kal*mare* (Riesentintenfische) kommen aus dem **Meer.**

maritus, mariti *m* [marītus, marītī] *[marihtus, marihtih]* **Ehemann;** Bild: Der **Ehemann** hat ein Verhältnis mit der *Marie-Tus*(si).

mater, matris *f* [māter, mātris] *[mahter, mahtris]* **Mutter;** Bild: Eine **Mutter** mit Kind erklimmt das *Matter*horn. Bild: Meine **Mutter** schaut sich den Film »*Matrix*« an.

matrona, matronae *f* [mātrōna, mātrōnae] *[mahtrohna, mahtrohnä]* **(verheiratete) Frau;** Bild: Der *Matro*se *na*hm die **verheiratete Frau** an seine Hand.

maxime [māximē] *[mahksimeh]* **am meisten, besonders;** Bild: Ganz **besonders** gern *mag sie* (den Rasen) *mä*hen.

maximus, maxima, maximum [māximus, māxima, māximum] *[mahksimus, mahksima, mahksimum]*

(der, die das) größte, sehr groß; Bild: *Der größte* der Zwerge fragte Schneewittchen: »*Mag sie Mus*?«

medicus, medici *m* [medicus, medicī] *[medikus, medizih] Arzt;* Bild: Ein *Arzt* gibt jedem Kunden im Media-Markt einen (*Medi-Kuss*).

medius, media, medium [medius, media, medium] *[medius, media, medium] (der) mittlere, in der Mitte (von);* Bild: Der *mittlere Media*-Markt-Verkäufer hat mir den Fernseher verkauft (Gegenüberstellung).

melior, melior, melius [melior, melior, melius] *[melior, melior, melius] besser;* Bild: *Besser Mehl i*m *Ohr* als Tomaten auf den Augen.

memorare [memorāre] *[memorahre] erwähnen, sagen;* Bild: Man sollte *erwähnen*, dass im *Meer Moor*-H*aare* (Haare von einer Moorleiche) gefunden worden sind.

memoria, memoriae *f* [memoria, memoriae] *[memoria, memoriä] Erinnerung, Gedächtnis;* Bild: Das *Memory*-Spiel (Marke) schult das *Gedächtnis*.

mens, mentis, mentium *f* [mēns, mentis, mentium] *[mehns, mentis, menzium] Geist, Bewusstsein, Denkweise, Gemüt;* Bild: Der *Mens*ch hat ein *Bewusstsein.* Bild: *Mandy*s *Denkweise* versteht man nicht.

mensa, mensae *f* [mēnsa, mēnsae] *[mehnsa, mehnsä] Tisch, Tafel;* Bild: In der *Mensa* steht nur ein einziger *Tisch*.

mensis, mensis, mens(i)um (Gen. Pl.) [mēnsis, mēnsis, mēns(i)um] *[mehnsis, mehnsis, mehns(i)um] Monat;* Bild: Einmal im *Monat* mussen *Männ*er »*Sis*sy« gucken.

merere, mereo, merui [merēre, mereō, meruī] *[merehre, mereoh, meruih] verdienen;* Bild: *Mehr Ehre verdienen*.

metuere, metuo, metui [metuere, metuō, metuī] *[metuere, metuoh, metuih] (sich) fürchten, befürchten;* Bild: Alle *fürchten sich* vor *Medu*sa (die mit den Schlangen im Haar) mit der Weizen*ähre* in der Hand.

metus, metus *m* [metus, metūs] *[metus, metuhs] Angst, Furcht;* Bild: Vor *Medus*a (Frau mit Schlangenhaaren) hat jeder *Angst*.

meus, mea, meum [meus, mea, meum] *[me'us, mea, me'um] mein;* Bild: Die *Mäus*e (Geld) sind *mein.* Bild: Das *Meer* ist *mein*.

miles, militis *m* [mīles, mīlitis] *[mihles, mihlitis] Soldat;* Bild: Der *Soldat* befüllt eine *Miele*-Waschmaschine (Marke). Bild: *Miles* (z. B. Davis) hat sich als *Soldat* verkleidet und spielt Trompete.

militia, militiae *f* [mīlitia, mīlitiae] *[mihlizia, mihliziä]* **Militärdienst;** Bild: *Miliz*angehörige müssen zum **Militärdienst** (Wehrpflicht) und ihren Spind *milli*metergenau einräumen.

mille (indekl.), Pl. milia, milium (m. Gen.) [mīlle, mīlia, mīlium] *[mihlle, mihlia, mihlium]* **tausend;** Bild: Die *Miele*-Waschmaschine kostet genau *1000 €.*

minuere, minuo, minui, minutum [minuere, minuō, minuī, minūtum] *[minuere, minuoh, minuih, minuhtum]* **verringern, vermindern, schmälern;** Bild: Beim Anwenden von *Minu*s wird alles **verringert.**

mirus, mira, mirum [mīrus, mīra, mīrum] *[mihrus, mihra, mihrum]* **wunderbar, erstaunlich;** Bild: »*Mia* san *Russ*en« (Wir sind Russen) – das ist doch **wunderbar.**

miser, misera, miserum [miser, misera, miserum] *[miser, misera, miserum]* **elend, unglücklich, armselig;** Bild: So ein *Elend*: Es geht mir immer *mieser.*

mittere, mitto, misi, missum [mittere, mittō, mīsī, missum] *[mittere, mittoh, mihsih, missum]* **schicken, gehen lassen, werfen;** Bild: In der *Mitte* das *Re*h **gehen lassen.**

mobilis, mobilis, mobile [mōbilis, mōbilis, mōbile] *[mohbilis, mohbilis, mohbile]* **beweglich, unbeständig;** Bild: Das *Mobile* ist sehr **beweglich.**

modus, modi *m* [modus, modī] *[modus, modih]* **Art, Weise, Maß;** hört sich im Deutschen ähnlich an.

moenia, moenium (Pluralwort) *n* [moenia, moenium] *[mo'enia, mo'enium]* **(Stadt-)Mauer;** Bild: Am *Mo*ntag springt *Enja* (Sängerin) von der **Stadtmauer.**

molestus, molesta, molestum [molestus, molestsa, molestum] *[molestus, molesta, molestum]* **beschwerlich, lästig;** Bild: Eine *Mole* (Wellenbrecher und Hafenmauer) zu bauen ist ziemlich **beschwerlich.**

moliri, molior, molitus sum [mōlīrī, mōlior, mōlītus sum] *[mohlihrih, mohlior, mohlihtus sum]* **errichten, bauen, planen, unternehmen;** Bild: Die *molli*ge *Molly* **baut** ein Haus.

mollis, mollis, molle [mollis, mollis, molle] *[mollis, mollis, molle]* **freundlich, weich, angenehm;** Bild: *Mollys* (Katze) Fell ist sehr **weich.**

momentum, momenti *n* [mōmentum, mōmentī] *[mohmentum, mohmentih]* **Entscheidung, Wichtigkeit;** Bild: Im *Moment* bin ich *dumm* und treffe wahrscheinlich nicht die richtige **Entscheidung.**

monere, moneo, monui [monēre, moneō, monuī] *[monehre, moneoh, monuih]* **erinnern, mahnen, auffordern;** Bild: Die Mahnung soll daran **erinnern**, dass der *Mohn* und die *Ähre* noch bezahlt werden müssen.

mons, montis, montium (Gen. Pl.) *m* [mōns, montis, montium] *[mohns, montis, monzium]* **Berg;** Bild: Der *Mond is'* hinterm **Berg.** Bild: Der *Mon*d *zieh*t *um* – hinter den **Berg.**

monumentum, monumenti *n* [monumentum, monumentī] *[monumentum, monumentih]* **Denkmal;** Bild: Schönes **Denkmal**: *Mohn um Ent*e her*um*.

mora, morae *f* [mora, morae] *[mora, morä]* **Aufenthalt, Verzögerung;** Bild: Im **Aufenthalt**sraum baden alle im *Moor*ba*d*/*Mora*st.

morari, moror, moratus sum [morārī, moror, morātus sum] *[morahrih, moror, morahtus sum]* **verzögern, aufhalten, sich aufhalten;** Bild: Ich wurde durch das *Moor* **aufgehalten.**

morbus, morbi *m* [morbus, morbī] *[morbus, morbih]* **Krankheit;** Bild: In einem *Moor* ist ein *Bus* liegen geblieben. Der Busfahrer hatte eine seltene **Krankheit.**

mori, morior, mortuus sum [morī, morior, mortuus sum] *[morih, morior, mortu'us sum]* **sterben;** Bild: Sie **starb** im *Moor* (*i*gitt) durch *Mord*.

mors, mortis, mortium (Gen. Pl.) *f* [mors, mortis, mortium] *[mors, mortis, morzium]* **Tod;** Bild: Der **Tod** (Skelett mit Sense) *mors*t mit einem *Mors*egerät.

mortalis, mortalis, mortale [mortālis, mortālis, mortāle] *[mortahlis, mortahlis, mortahle]* **sterblich;** Bild: Du bist nicht mehr **sterblich**, denn dieser *Mord-Talis*man hilft. Bild: Auch die *Mord-Aale* sind **sterblich**.

mortuus, mortua, mortuum [mortuus, mortua, mortuum] *[mortu'us, mortu'a, mortu'um]* **tot, gestorben;** Bild: *Mord: Tu's* doch, dann ist er **tot**.

mos, moris *m* [mōs, mōris] *[mohs, mohris]* **Art, Sitte, Brauch;** Bild: Es ist **Brauch**, *Moos* vor die Haustüre zu legen, wenn Gäste kommen. Bild: *Moritz* (Freund von Max) oder *Maurice* (z. B. Ravel) werden von der **Sitte**npolizei gesucht.

movere, moveo, movi [movēre, moveō, mōvī] *[mowehre, moweoh, mohwih]* **bewegen, beeinflussen;** Bild: Die *Möwe* und das *Reh* versuchen, einen Menschen zu **bewegen.**

mox [mox] *[moks]* **bald (darauf);** Bild: **Bald** nachdem ich es probiert hatte, war mir klar: »Ich *mog's* (mag es).«

mulier, mulieris *f* [mulier, mulíeris] *[muli'er, muli'eris]* **Frau;** Bild: Die **Frau** sagt: »Ein *Muli* ist *er*. – Stark wie ein Pferd, aber störrisch wie ein Esel.«

multi, multae, multa/multum [multī, multae, multa/multum] *[multih, multä, multa/multum] viele, zahlreich, viel;* Bild: Im *Multi*vitaminsaft sind **viele** Vitamine drin.

multitudo, multitudinis *f* [multitūdō, multitūdinis] *[multituhdoh, multituhdinis] Menge, große Anzahl;* Bild: Der *Multi*millionär *tut* eine **Menge,** um den Armen zu helfen.

munire, munio, munivi [mūnīre, mūniō, mūnivī] *[muhnihre, muhnioh, muhniwihi] befestigen;* Bild: Ich **befestige** an der *Muh* (Kuh) eine *Niere*.

munus, muneris *n* [mūnus, mūneris] *[muhnus, muhneris] Amt, Aufgabe, Geschenk;* Bild: Die **Aufgabe** ist es, im *Mu*nd eine *Nuss* zu knacken.

murus, muri *m* [mūrus, mūrī] *[muhrus, muhrih] Mauer;* Bild: Der *Russ*e macht »*Muh*« und sitzt dabei auf der **Mauer.** Bild: Die **Mauer** hielt den *Mur*enabgang auf.

mutare [mūtāre] *[muhtahre] ändern, verändern, verwandeln;* Bild: *Mut*ters H*aare* haben sich mit der Zeit **verändert** und sind grau geworden.

N

nam [nam] *[nam] denn;* Bild: Er *nahm* sie in den Arm, **denn** er wollte sie trösten.

narrare [nārrāre] *[nahrrahre] erzählen;* Bild: Alle **erzählen** sich die Geschichte vom *Narr* (Hofnarr), der seine *Haare* abschnitt.

natio, nationis *f* [nātiō, nātiōnis] *[nahzioh, nahziohnis] Volk, Volksstamm;* hört sich im Deutschen ähnlich an.

natura, naturae *f* [nātūra, nātūrae] *[nahtuhra, nahtuhrä] Beschaffenheit, Natur, Wesen;* hört sich im Deutschen ähnlich an.

natus, nata, natum [nātus, nāta, nātum] *[nahtus, nahta, nahtum] geboren;* Bild: *Nata*lie wurde vor genau drei Jahren **geboren.**

nauta, nautae *m* [nauta, nautae] *[nauta, nautä] Seemann, Matrose;* Bild: Ein Astro*naut* ist ein Weltraum**matrose.**

navigare [nāvigāre] *[nahwigahre]* **segeln, mit dem Schiff fahren;** Bild: Wenn ich **mit dem Schiff fahre**, habe ich immer ein *Navi* dabei.

navis, navium *f* [nāvis, nāvium] *[nahvis, nahvium]* **Schiff;** Bild: Man braucht mehrere *Navis* auf einem **Schiff**.

ne … quidem [nē … quidem] *[neh … kwidem]* **nicht einmal;** Bild: Ich bekam **nicht einmal** ei*ne Quitte* von seinem riesigen Quittenbaum.

necare [necāre] *[necahre]* **töten;** Bild: Im *Neckar* (Fluss) wurde das *Re*h **getötet**.

necessarius, necessaria, necessarium [necessārius, necessāria, necessārium] *[nezesahrius, nezesahria, nezesahrium]* **notwendig;** Bild: Ist es **notwendig**, dass man die *Netze* auf den *Sar*g des Fischers legen muss?

necesse est [necesse est] *[nezesse est]* **es ist notwendig;** Bild: **Es ist notwendig**, die *Netze* in den *Se*e zu werfen.

nefas (nur Nom./Akk. Sg.) *n* [nefās] *[nefahs]* **Frevel, Verbrechen;** Bild: Der *Neff*e sitzt auf dem Pulver*fass*. Alle versuchen, ein **Verbrechen** zu vermeiden.

negare [negāre] *[negahre]* **leugnen, ablehnen, verweigern;** Bild: Ein *Ne*g*er* (politisch nicht korrekter Ausdruck) **leugnet**, dass seine H*aar*e gekräuselt sind.

neglegere, neglego, neglexi, neglectum [neglegere, neglegō, neglēxī, neglēctum] *[neglegere, neglegoh, neglehksih, neglehktum]* **vernachlässigen, nicht (be-)achten;** Bild: Ich bin **nicht beachtet** worden, als ich mich auf *Nägle ger*äkelt (schwäbisch) hab.

negotium, negotii *n* [negōtium, negōtiī] *[negohtzium, negohzi'ih]* **Aufgabe, Geschäft, Angelegenheit;** Bild: Eine besondere **Angelegenheit**: Die *Nä*hmaschine aus *Go*ld *zieht um* ins Museum.

nemo, nemini (Dat.), neminem (Akk.) [nēmō, nēminī, nēminem] *[nehmoh, nehminih, nehminem]* **niemand;** Bild: Kaptain *Nemo* (aus Jules Vernes: 20.000 Meilen unter dem Meer) wollte von *niemand*em erkannt werden. Bild: Einen **Niemand** nehm ich nie (*nehm i nie*).

nepos, nepotis *m* [nepōs, nepōtis] *[nepohs, nepohtis]* **Enkel, Neffe;** Bild: Der **Enkel** ist der *Ne-Boss*, weil er zu seinen Freunden immer nur »Ne« sagt.

neque [neque] *[nekwe]* **und ... nicht, auch ... nicht, aber ... nicht;** Bild: Du kannst überall buchen, **aber** bei *Necke*rmann **nicht.**

neque ... neque [neque ... neque] *[nekwe ... nekwe]* **weder ... noch;** Bild: Der Test mit den Finger*näge*ln: **weder** Fisch **noch** Fleisch.

nescire, nescio, nescivi [nescīre, nescīo, nescīvi] *[neszihre, neszioh, neszivih]* **nicht wissen, nicht verstehen;** Bild: Ich **verstehe nicht,** warum die Vögel ihr *Nest* ver*ziere*n.

nihil [nihil] *[nihil]* **nichts;** Bild: *Nie Hil*fe einzufordern bringt gar **nichts.**

nimis [nimis] *[nimis]* **zu, zu sehr;** Bild: »*Nimm* und *iss* was! **Zu sehr** abzunehmen ist auch ungesund.«

nimius, nimia, nimium [nimius, nimia, nimium] *[nimius, nimia, nimium]* **übermächtig, zu groß;** »*Nimm* 2 (Bonbon) – von *mi*r a*us.* Du bist eh schon **zu groß,** um mich fragen zu müssen.«

nisi [nisī] *[nisih]* **wenn nicht, außer;** Bild: **Außer** dass ich ständig *niese*n muss, habe ich keine Beschwerden.

nix, nivis, nivium (Gen. Pl.) *f* [nix, nivis, nivium] *[niks, niwis, niwium]* **Schnee;** Bild: Die *Nix*e wälzt sich im **Schnee.**

nobilis, nobilis, nobile [nōbilis, nōbilis, nōbile] *[nohbilis, nohbilis, nohbile]* **berühmt, vornehm, adlig;** Bild: Was dem S*nob billi*g is', macht den anderen **berühmt.** Bild: Das *Mobile* ist ein Spielzeug für die **adelig**e Gesellschaft.

nocens, nocentis (Gen.) [nocēns, nocentis] *[nozehns, nozentis]* **schuldig, schädlich;** Bild: Keine (*no*) *Zens*uren sind **schädlich.** Bild: Der Richter hielt ihn für **schuldig,** weil er nicht (*no*) *Zentis*-Marmelade (Marke) gestohlen hatte, sondern *No*-Name-Marmelade.

nocere, noceo, nocui [nocēre, noceō, nocuī] *[nozehre, nozeoh, nokuih]* **schaden;** Bild: Das *Nordsee-Reh* **schadet** den Fischern, weil es am Strand steht und die ganzen Fische vertilgt.

nocturnus, nucturna, nocturnum [nocturnus, nocturna, nocturnum] *[nokturnus, nokturna, nokturnum]* **nächtlich;** Bild: Bei einer **nächtlich**en Aktion klaut jemand *nackt Urn*en.

nolle, nolo, nolui [nōlle, nōlō, nōluī] *[nohlle, nohloh, nohluih]* **nicht wollen;** Bild: Als Preußens Fritz die K*nol*le (Kartoffel) einführte, **wollte** man sie **nicht.**

nomen, nominis *n* [nōmen, nōminis] *[nohmen, nohminis]* **Name, Begriff;** Bild: Durch Heirat hat man mir den Mädchen**namen** wegge*nomme*n.

nominare [nōmināre] *[nohminahre]* **nennen;** Bild: Ich kann kein einziges (*no*) *Minare*tt beim Namen **nennen.**

non [nōn] *[nohn]* **nicht;** Bild: Die *Non*ne darf **nicht** heiraten.

nondum [nōndum] *[nohndum]* **noch nicht;** Bild: Die *Non*ne ist **noch nicht** ganz *dum*m.

nonne [nōnne] *[nohnne]* **denn nicht?, etwa nicht?;** Bild: **Nicht etwa** die *Non*ne, oder?

nonnulli, nonnullae, nonnulla [nōnnūllī, nōnnūllae, nōnnūlla] *[nohnuhllih, nohnuhllä, nohnuhlla]* **einige, manche;** Bild: **Manche** glauben, die *Non*nen seien *Null*en.

nos [nōs] *[nohs]* **wir (bei Nom.), uns (bei Akk.);** Bild: **Wir** kriegen alle eine auf die *Nose* (engl.: Nase).

noster, nostra, nostrum [noster, nostra, nostrum] *[noster, nostra, nostrum]* **unser;** Bild: **Unser** Pater*noster* (Aufzug) bleibt manchmal stehen.

novisse, novi, – [nōvisse, nōvī, –] *[nohwisse, nohwih, –]* **kennen, verstehen;** Bild: **Kennst** du dein Nichtwissen (*No-Wisse*n)?

novus, nova, novum [novus, nova, novum] *[nowus, nowa, nowum]* **neu, neuartig;** Bild: Hast du *no* (keinen) *Fuß*

mehr, bekommst du einen **neu**en (Protese).

nox, noctis *f* [nox, noctis] *[noks, noktis]* **Nacht;** Bild: Bricht die **Nacht** herein, schreit der O*chs*': *Nokt is*! (Nacht ist es!)

nullus, nulla, nullum [nūllus, nūlla, nūllum] *[nuhllus, nuhlla, nuhllum]* **kein;** Bild: Die *Null* hat für *un*s **kein**en Wert. Bild: *Nu*te*lla* hat **kein**e Kalorien.

num [num] *[num]* **etwa?;** Bild: **Etwa** diese *Num*mer?

num [num] *[num]* **ob (indirekte Frage);** Bild: **Ob** die *Num*mer schon gezogen wurde?

numen, numinis *n* [nūmen, nūminis] *[nuhmen, nuhminis]* **(göttliche) Macht, Gottheit;** Bild: Alle **Gottheit**en haben *Numme*r*n* auf ihre Körper tätowiert.

numerus, numeri *m* [numerus, numerī] *[numerus, numerih]* **Zahl, Menge;** hört sich im Deutschen ähnlich an.

numquam [numquam] *[numkwam]* **niemals;** Bild: Ich werde **niemals** mehr Kreise und *Num*mern *qualm*en.

nunc [nunc] *[nunk]* **nun, jetzt;** Bild: **Nun** schreibt man *nun* mit »*c*«.

nuntiare [nūntiāre] *[nuhnziahre]* **melden;** Bild: *Nun zieh* an den *Haare*n und **melde** es.

nuntius, nuntii *m* [nūntius, nūntiī] *[nuhnzius, nuhnzi'ih]* **Bote, Botschaft;** Bild: Der Post*bote* brachte mir die **Botschaft**: »*Nun, zieh a*us!«

nuper [nūper] *[nuhper]* **neulich, vor Kurzem;** Bild: *Neulich* war ich in einem super Sch*nupper*kurs.

nuptiae, nuptiarum (Pluralwort) *f* [nūptiae, nūptiārum] *[nuhptiä, nuhptiahrum]* **Heirat, Hochzeit;** Bild: Wenn eine Sternsch*nupp' dir* in den Garten fällt, dann gibt es demnächst eine *Hochzeit.*

O

ob (m. Akk.) [ob] *[ob]* **wegen;** Bild: Von **wegen,** das ganze *Ob*st liegt auf dem Weg verteilt herum.

obscurus, obscura, obscurum [obscūrus, obscūra, obscūrum] *[obskuhrus, obskuhra, obskuhrum]* **(ziemlich) dunkel, finster;** Bild: Ich mache eine *Obstkur* im **Dunkeln** mit einem *Rus*sen.

obsecrare [obsecrāre] *[obsekrahre]* **anflehen, bitten;** Bild: *Ob seekra*nke *Re*he auf dem Schiff mitfahren, muss der Kapitän noch klären. Die Rehe **flehen** den Kapitän an.

obses, obsidis *m/f* [obses, obsidis] *[obses, obsidis]* **Geisel;** Bild: Wir nehmen sie als **Geisel**, *ob sie dies* gutheißen oder nicht.

obsidere, obsideo, obsedi, obsessum [obsidēre, obsideō, obsēdi, obsessum] *[obsidehre, obsideoh, obsehdi, obsessum]* **belagern, bedrängen;** Bild: *Ob* ich das *Re*h *siede* oder nicht, hängt davon ab, wie lange wir **belagert** werden.

obsidio, obsidionis *f* [obsidiō, obsidiōnis] *[obsidioh, obsidiohnis]* **Belagerung;** Bild: *Ob sie die* **Belagerung** der Burg nur mit *O*bst überlebt?

obtinere, obtineo, obtinui, obtentum [obtinēre, obtineō, obtinuī, obtentum] *[obtinehre, obtineoh, obtinuih, obtentum]* **erlangen, behaupten;** Bild: *Ob* Chris(*tine*) was **behauptet** oder nicht, ist von ihrer Stimmung abhängig.

occasio, occasionis *f* [occāsiō, occāsiōnis] *[okahsioh, okahsiohnis]* **Gelegenheit;** Bild: Sie nutzt die **Gelegenheit** und geht im *Ok*tober ins *Casin*o.

occidere, occido, occidi [occidere, óccidō, óccidī] *[okzidere, okzidoh, okzidih]* **untergehen, umkommen;** Bild: Die Sonne **geht unter**, weil der *Ochs* dran *zieht*.

occidere, occido, occidi, occisum [occīdere, occīdō, occīdī, occīsum] *[okzihdere, okzihdoh, okzihdih, okzihsum]*

niederschlagen, töten; Bild: Als der *O*r*k* (Herr der Ringe) anfing, *Zither* zu spielen, musste man ihn **töten**.

occultus, occulta, occultum [occultus, occulta, occultum] *[okultus, okulta, okultum]* **heimlich, geheim, verborgen;** Bild: *Oh Kultus*ministerium, was hältst du alles **geheim**?

occupatus, occupata, occupatum (in m. Abl.) [occupātus, occupāta, occupātum] *[okupahtus, okupahta, okupahtum]* **beschäftigt (mit etw.);** Bild: *O*, die *Ku ba Tuss*i ist damit **beschäftigt**, sich zu schminken.

occurrere, occurro, occurri [occurrere, occurrō, occurrī] *[okkurrere, okkurroh, okkurrih]* **entgegenkommen, begegnen;** Bild: Mir **kommt** ein *O* (Osterei) *Kuh Reh Reh* **entgegen**. (Ein Osterei, getragen von einer Kuh, die wiederum von zwei Rehen getragen wird.)

oculus, oculi *m* [oculus, oculī] *[okulus, okulih]* **Auge;** Bild: *O*h, er hat sich mit einem *Kuli* ins **Auge** gestochen.

odium, odii *n* [odium, odiī] *[odium, odi'ih]* **Hass;** Bild: Auf dem P*odium* wird **Hass** gepredigt.

offendere, offendo, offendi [offendere, offendō, offendī] *[offendere, offendoh, offendih]* **stoßen (auf), schlagen (an), beleidigen;** Bild: Natürlich kann man den *Ofen teere*n, aber damit **beleidigt** man die Köchin zutiefst.

offerre, offero, obtuli, oblatum [offerre, offerō, obtulī, oblātum] *[offerre, offeroh, obtulih, oblahtum]* **entgegenbringen, anbieten;** Bild: In einem K*offer* wird ein totes *Reh* **angeboten.** Bild: Eine *Oblat*e, die *dum*m macht, wird auch **angeboten**.

officium, officii *n* [officium, officiī] *[offizium, offizi'ih]* **Dienst, Pflicht;** Bild: Der *Offiz*ier tut nur seine **Pflicht**.

omittere, omitto, omisi, omissum [omittere, omittō, omīsī, omissum] *[omittere, omittoh, omihsih, omissium]* **außer Acht lassen, unterlassen, aufgeben;** Bild: Wir **lassen außer Acht**, dass *Omi to*t ist. Bild: *Omi zie*ht *um* – und wir prahlen mit **unterlassen**er Hilfeleistung.

omnino [omnīnō] *[omnihnoh]* **überhaupt, insgesamt;** Bild: Und **überhaupt**: Es schwebt **über** seinem **Haupt** ein *Omni*bus aus *No*rwegen.

omnis,omnis, omne [omnis, omnis, omne] *[omnis, omnis, omne]* **jeder, ganz, alle (Pl.);** Bild: **Alle** fahren mit dem *Omni*bu*s*.

onus, oneris *n* [onus, oneris] *[onus, oneris]* **Last;** Bild: *Ohn*e *Nuss* ist es eine **Last**. Bild: *Ohne Riss* bekommt selbst ein **Last**er (Lkw) die Nuss nicht auf.

opera, operae *f* [opera, operae] *[opera, operä]* **Arbeit, Tätigkeit, Mühe;** Bild: Die *Oper* zu schreiben hat richtig **Mü**-**he** gemacht.

opinari, opinor, opinatus sum [opīnārī, opīnor, opīnātus sum] *[opihnahrih, opihnor, opihnahtus sum] **meinen, vermuten;** Bild: Ich **vermute**, mein *Opi* spielt den *Narr i*n diesem Theaterstück.

opinio, opinionis *f* [opīniō, opīniōnis] *[opihnioh, opihniohnis] **Meinung, Ansicht, Vorurteil;** Bild: Meiner **Meinung** nach braucht der *Opi Neo*nlicht, um besser lesen zu können.

oportere/oportet, oportuit [oportēre/ oportet, oportuit] *[oportehre/oportet, oportuit] **es ist nötig, es gehört sich, man darf;** Bild: **Es ist nötig** zu fragen, *ob* der Air*port* neu zu *teere*n ist.

oppidum, oppidi *n* [oppidum, oppidī] *[oppidum, oppidih] **(befestigte) Stadt;** Bild: *Opi* war *dumm* und nahm die **befestigte Stadt** ein.

opportunus, opportuna, opportunum [opportūnus, opportūna, opportūnum] *[opportuhnus, opportuhna, opportuhnum] **günstig, geeignet;** Bild: Für *Op*a sind S*port und Nuss-E*ssen trotz Zahnprothese hervorragend **geeignet.**

opprimere, opprimo, oppressi [opprimere, opprimō, oppressī] *[opprimere, opprimoh, oppressih] **unterdrücken, überfallen, überwältigen;** Bild: Die *Obri*gkeit **unterdrückt** die *Meere.*

oppugnare [oppūgnāre] *[oppuhgnahre] **angreifen, bestürmen;** Bild: Mit der *Opa-Knarre* den Feind **angreifen.**

ops, opis *f* [ops, opis] *[ops, opis] **Hilfe, Kraft, Macht, Einfluss, Reichtum;** Bild: Alle Opis haben starken **Einfluss** auf die Enkel.

optare [optāre] *[optahre] **wünschen;** Bild: Jede Frau **wünscht** sich *opt*imale H*aare.*

optimus, optima, optimum [optimus, optima, optimum] *[optimus, optima, optimum] **sehr gut, der beste;** Bild: Ist auf der *Opti*k (vom Fotoapparat) Apfel-*mus*, kann man **sehr gute** Fotos machen.

opus, operis *n* [opus, operis] *[opus, operis] **Werk, Arbeit;** Bild: In der *Oper is*t meine Haus**arbeit** liegen geblieben.

oraculum, oraculi *n* [ōrāculum, ōrāculī] *[ohrahkulum, ohrahkulih] **Orakel, Götterspruch, Orakelstätte;** Bild: Man muss die **Orakelstätte** dreimal *um*kreisen, um das *Orakel* befragen zu dürfen.

orare [ōrāre] *[ohrahre] **beten, bitten;** Bild: Ich **bete**, dass ich im Alter keine *Ohr-Haare* bekomme.

oratio, orationis *f* [ōrātiō, ōrātiōnis] *[ohrahzioh, ohrahziohnis] **Rede;** Bild: Im *O*-Ton *Radio* kann man eine **Rede** der Bundeskanzlerin hören.

orator, oratoris *m* [ōrātor, ōrātōris] *[ohrahtor, ohrahtohris] **Redner;** Bild: Alle haben ihr *Ohr a*m *Tor* und wollen den **Redner** reden hören.

orbis, orbis, orbium (Gen. Pl.) [orbis, orbis, orbium] *[orbis, orbis, orbium]* **(Erd-)Kreis;** Bild: Als der Astronaut ihr ins *Ohr biss*, musste er noch zwei Strafrunden um den **Erdkreis** drehen.

oriri, orior, ortus sum [orīrī, orior, ortus sum] *[orihrih, orior, ortus sum]* **entstehen, sich erheben;** Bild: Am *Ohr* von *Iri*s (z.B. Berben) ist eine Narbe **entstanden**.

ornare [ōrnāre] *[ohrnahre]* **schmücken, ausstatten;** Bild: Das *Ohr* des *Narre*n war **geschmückt** mit vielen Ohrringen.

os, oris n [ōs, ōris] *[ohs, ohris]* **Mund, Gesicht;** Bild: Der Zauberer von *Oz* zeichnet ein Mond**gesicht.** Bild: D*oris* hat einen Kuss**mund.**

ostendere, ostendo, ostendi [ostendere, ostendō, ostendī] *[ostendere, ostendoh, ostendih]* **zeigen;** Bild: Er **zeigte** mir, dass sich am *Ostende* ein *Reh* aufhielt.

P

pacare [pācāre] *[pahkahre]* **unterwerfen;** Bild: Ich **unterwerfe** mich und verkrieche mich unter die *Back-Karre* (Mehlsäcke auf der Karre).

paene [paene] *[päne]* **fast, beinahe;** Bild: **Beinahe** hätte ich heute einem *Penner* Geld gegeben.

par, paris (Gen.) [pār, paris] *[pahr, paris]* **ebenbürtig, gleich;** Bild: Ein **glei**ch**es** *Paar*. Bild: In *Paris* sind alle **gleich**.

parare [parāre] *[parahre]* **(vor-, zu-)bereiten, vorhaben;** Bild: Ein *paar Haare* in der Küche **zubereiten**.

paratus, parata, paratum [parātus, parāta, parātum] *[parahtus, parahta, parahtum]* **bereit;** Bild: Das Paar ist **bereit**, sich ein *paar Autos* anzuschauen/ eine *Paranuss* zu essen.

parcere, parco, perperci (m. Dat.) [parcere, parcō, perpercī] *[parzere, parkoh, perperzih]* **(jmdn.) schonen;** Bild: Ich brauche mich nicht zu **schonen**. Ich werde den ganzen *Park kehre*n. Bild: Den *Park*a von der *O*ma musst du **schonen.**

parcus, parca, parcum [parcus, parca, parcum] *[parkus, parka, parkum]* **sparsam, spärlich;** Bild: Der Obdachlose lebt im *Park*, hat einen *Parka* um und ist sehr **sparsam.**

parentes, parent(i)um *m* [parentēs, parent(i)um] *[parentehs, parent(i)um]* **Eltern;** Bild: Ein *Paar rennt* dem Kind hinterher. Das können nur die **Eltern** sein. Bild: Das *Paar rennt um* das Kind herum: Das können nur die **Eltern** sein.

parere, pareo, parui [pārēre, pāreō, pāruī] *[pahrehre, pahreoh, pahruih]* **gehorchen;** Bild: Viele *Paare* **gehorchen** dem *Re*h.

parere, pario, peperi, partum [parere, pariō, peperī, partum] *[parere, parioh, peperih, partum]* **erwerben, gewinnen, hervorbringen;** Bild: Im Wildpark kann man ein *Paar Re*he **gewinnen**.

pariter [pariter] *[pariter]* **zugleich, gemeinsam, ebenso;** Bild: Ein *paar Ritter* reiten **gemeinsam** zu den Römern.

pars, partis, partium (Gen. Pl.) *f* [pars, partis, partium] *[pars, partis, parzium]* **Teil, Seite, Richtung;** Bild: Nach dem Besuch mehrerer *Bars* konnte er die **Richtung** nicht mehr halten. Bild: Wer zur *Party* will, muss zum Eingang an der **Seite**.

parum [parum] *[parum]* **(zu) wenig;** Bild: W*arum* die *P*andabären so **wenig** Interesse an *Paaru*ng haben, ist den Zoologen ein Rätsel.

parvus, parva, parvum [parvus, parva, parvum] *[parvus, parva, parvum]* **klein;** Bild: Als ich noch **klein** war, bin ich *barfuß* gelaufen.

pastor, pastoris *m* [pāstor, pāstōris] *[pahstor, pahstohris]* **Hirte;** Bild: Der *Pastor* hat sich als **Hirte** verkleidet und hütet Schafe.

pater, patris *m* [pater, patris] *[pater, patris]* **Vater;** Bild: Der Gentest zeigte ohne Zweifel: Der *Pater* ist der **Vater**.

patere, pateo, patui [patēre, pateō, patuī] *[patehre, pateoh, patuih]* **offen stehen, klar sein, (sich) erstrecken;** Bild: Im *Paterre* stehen alle Türen **offen**.

pati, patior, passus sum [patī, patior, passus sum] *[patih, patior, passus sum]* **(er-)leiden, ertragen, zulassen, geschehen lassen;** Bild: Die *Pati*n muss das Patenkind **ertragen** und trägt es auf dem Rücken.

patres, patrum (Plural) *m* [patrēs, patrum] *[patrehs, patrum]* **Patrizier, Senatoren;** Bild: Ein *paa*r von den **Senatoren** saßen am *Tres*en. Bild: Die **Senatoren** hatten alle einen *Ba*rt *rum*.

patria, patriae *f* [patria, patriae] *[patria, patriä]* **Vaterland, Heimat;** Bild: *Patri*ck (z. B. Lindner) liebt seine **Heimat**.

patronus, patroni *m* [patrōnus, patrōnī] *[patrohnus, patrohnih]* **Anwalt, Verteidiger, Schutzherr;** Bild: Der **Anwalt** (mit Robe) beißt während der Verhandlung auf eine Füller*patron*e, weil er glaubt, es sei eine *Nuss*.

pauci, paucae, pauca [paucī, paucae, pauca] *[pauzih, pauzä, pauka]* **(nur) wenige;** Bild: **Nur wenige** schaffen es, beim T*auzieh*en zu gewinnen. Bild: **Nur wenige** *Pauker* (Lehrer) sind beliebt.

paulatim [paulātim] *[paulahtim]* **allmählich;** Bild: **Allmählich** gewöhnt sich *Paula* an *Tim* (z. B. Melzer).

paulo [paulō] *[pauloh]* **(ein) wenig;** *Paul* (z. B. Breitner) hat **ein wenig** seine *O*-Eier (Ostereier) suchen müssen.

pauper, pauperis (Gen.), paupere (Abl. Sg.), paupera (Nom. Pl.), pauperum (Gen. Pl.) [pauper, pauperis, paupere, paupera, pauperum] *[pauper, pauperis, paupere, paupera, pauperum]* **arm;** Bild: Er war so **arm,** dass er in den Wald ging und sich wochenlang nur von *Blaubeer*en ernährte.

pax, pacis *f* [pāx, pācis] *[pahks, pahzis]* **Frieden;** Bild: Ohro*pax* (Ohrenstöpsel) in die Ohren, dann hast du deinen **Frieden.**

pectus, pectoris *n* [pectus, pectoris] *[pektus, pektoris]* **Brust, Herz;** Bild: Es *bäckt* die *Doris* einen Kuchen in **Herz**form.

pecunia, pecuniae *f* [pecūnia, pecūniae] *[pekuhnia, pekuhniä]* **Geld, Vermögen;** Bild: Die *Pe*king-*Kuh* und die Peking-Ente werde ich mir *nie*m*a*ls leisten können. Sie kosten ein **Vermögen.**

pellere, pello, pepuli, pulsum [pellere, pellō, pépulī, pulsum] *[pellere, pelloh, pepulih, pulsum]* **schlagen, stoßen, vertreiben;** Bild: *Pelé* (Fußballlegende) **vertreibt** ein *Re*h vom Fußballplatz. Bild: *Bello* (Hund) wird ge**schlagen.**

per (m. Akk.) [per] *[per]* **durch (hin-durch), über … hin, mithilfe;** Bild: Mit *Peer* Steinbrück **durch** die Wand.

perdere, perdo, perdidi, perditum [perdere, perdō, perdidī, perditum] *[perdere, perdoh, perdidih, perditum]* **vernichten, verlieren;** Bild: Bei einem *Pferd*ere*n*nen **verlieren** alle Pferde. Bild: Die schnellsten *Pferd*e (von) *Do*ris, *Didi* und *Itum* sind vor dem Rennen schon **vernichtet** worden.

perferre, perfero, pertuli, perlatum [perferre, perferō, pertulī, perlātum] *[perferre, perferoh, pertulih, perlahtum]* **ertragen, (über-)bringen;** Bild: Das »*perfe*kte Pferde*re*nnen« musste ich als Tierschützer **ertragen.**

perficere, perficio, perfeci, perfectum [perficere, perficiō, perfēcī, perfectum] *[perfizere, perfizioh, perfehzi, perfektum]* **ausführen, vollenden;** Bild: S*peer* und *F*litze*bogen sind **vollendet.**

pergere, pergo, perrexi, perrectum [pergere, pergō, perrēxī, perrēctum] *[pergere, pergoh, perrehksih, perrehktum]* **weitermachen, weiter tun;** Bild: Sind die S*peer*e defekt, **mache** ich mit den alten *Gere*n (Wurfspieße der Germanen) **weiter.**

periculum, periculi *n* [perīculum, perīculiī] *[perihkulum, perihkulih]* **Gefahr;** Bild: *Peeri* (Steinbrück) tut *cool* r*um*, obwohl er in **Gefahr** ist.

perire, pereo, perii [perīre, pereō, periī] *[perihre, pereoh, peri'ih]* **zugrunde gehen, umkommen;** Bild: Wenn *Peer*

(z. B. Steinbrück) zu den *Ire*n geht, dann **kommen** alle **um**.

permovere, permoveo, permovi, permo-tum [permovēre, permoveō, permōvī, permōtum] *[permowehre, permowe-oh, permohwih, permohtum]* **beunruhi-gen, veranlassen;** Bild: Wir sind **beun-ruhigt**, da alle mit einem S*peer* auf dem *Mof*a sitzen und Weizen*ähre*n aufspie-ßen. Das ist ganz schön gefährlich.

pernicies, perniciei *f* [perniciēs, perniciēī] *[pernizi'ehs, pernizi'ehih]* **Vernichtung, Verderben;** Bild: *Bernie* (z. B. Ecclestone), *zieh es* aus. Das T-Shirt wird dich sonst **vernichten**. (»Kill me!« steht drauf.)

perpetuus, perpetua, perpetuum [perpe-tuus, perpetua, perpetuum] *[perpetu'us, perpetua, perpetu'um]* **dauerhaft, ewig;** Bild: Die *Per*len im *Beet* wach-sen *ewig*. Bild: Schon seit *ewig*en Zei-ten liegt ein S*peer* bei mir im *Bett*.

persequi, persequor, persecutus sum [persequī, persequor, persecūtus sum] *[persekwih, persekwor, persekuhtus sum]* **verfolgen;** Bild: Ein *Pers*er mit *Sek*tglas **verfolgt** uns schon seit Lan-gem.

perspicere, perspicio, perspexi, perspec-tum [perspicere, perspiciō, perspexī, perspectum] *[perspizere, perspizioh, perspeksih, perspektum]* **erkennen, ge-nau sehen, durchschauen;** Bild: Auch

ohne Brille **erkenne** ich genau, dass an der S*peerspitze* ein *Re*h aufgespießt ist.

persuadere, persuadeo, persuasi, persu-asum (m. Dat.) [persuādēre, persuādeō, persuāsī, persuāsum] *[persuahdehre, persuahdeoh, persuahsih, persuahsum]* **(jmdn.) überzeugen, überreden;** Bild: Der Chef hatte mich **überzeugt** zu ge-hen und ich verabschiedete mich vom gesamten *Perso*nal mit »*Ade*«.

perterrere, perterreo, perterrui [perterrēre, perterrēo, perterruī] *[per-terrehre, perterreoh, perterruih]* **(hef-tig) erschrecken, einschüchtern;** Bild: Man hatte die *Pf*erde und *Re*he sehr **ein-geschüchtert**.

perturbare [perturbāre] *[perturbahre]* **(völlig) verwirren, beunruhigen;** Bild: *Peer* (z. B. Steinbrück) mit *Turba*n **ver-wirrt völlig** ein *Re*h. Bild: **Völlig ver-wirrt** fährt *Peer* einen *Turb*o.

pervenire, pervenio, perveni, perven-tum [pervenīre, perveniō, pervēnī, per-ventum] *[perwenihre, perwenioh, per-wehnih, perwentum]* **hinkommen, ankommen, (hin-)gelangen;** Bild: Der *Peer-Fan* spendet Peer (Steinbrück) eine *Niere*. Sie **kommt** gerade bei ihm **an**.

pes, pedis *m* [pēs, pedis] *[pehs, pedis]* **Fuß;** Bild: Er hat am **Fuß** noch *Pes*to vom Mittagessen. Bild: Im *Bett is*' der **Fuß** von der Puppe.

pessimus, pessima, pessimum [pessimus, pessima, pessimum] *[pessimus, pessima, pessimum] (der) Schlechteste, Schlimmste;* Bild: Der *Pessim*ist geht immer vom *Schlimmsten* aus.

petere, peto, petivi, petitum [petere, petō, petīvī, petītum] *[petere, petoh, petihwih, petihtum] bitten, verlangen, angreifen, aufsuchen;* Bild: Ich *verlange* Peter E. ans Telefon.

pietas, pietatis *f* [pietās, pietātis] *[pi'etahs, pi'etahtis] Frömmigkeit, Pflichtgefühl;* Bild: Der Herr Pfarrer hat *Bier* in der *Tas*se und täuscht *Frömmigkeit* vor.

pirata, piratae *m* [pīrāta, pīrātae] *[pihrahta, pihrahtä] Pirat, Seeräuber;* Bild: Der *Pirat* spülte sein *Bier*glas mit *Ata*-Scheuermittel (Marke).

pius, pia, pium [pius, pia, pium] *[pius, pia, pium] fromm, gewissenhaft;* Bild: *Pia* geht ganz *fromm* in die Kirche und raucht mit dem Pfarrer O*pium*.

placere, placeo, placui [placēre, placeō, placuī] *[plazehre, plazeoh, plakuih] gefallen, Spaß machen;* Bild: Auf dem Markt*platz* verkauft ein Händler (Weizen-)*Ähren*. Es *macht* ihm sichtlich *Spaß*.

plaudere, plaudo, plausi, plausum [plaudere, plaudō, plausī, plausum] *[plaudere, plaudoh, plausih, plausum] Beifall klatschen;* Bild: Als er *plauder*te, fingen alle an, *Beifall* zu *klatschen*.

plebs, plebis *f* [plēbs, plēbis] *[plehbs, plehbis] (das einfache) Volk;* Bild: Du *bleibs*t bei deinem *Volk*. Bild: Du *leb*st bei deinem *Volk, bis* sie dich verstoßen.

plenus, plena, plenum [plēnus, plēna, plēnum] *[plehnus, plehna, plehnum] voll;* Bild: Das *Plenum* ist eine *Voll*versammlung. (Alle sind *voll* und *plä*rre*n* r*um*.)

plerique, pleraeque, pleraque [plērīque, plēraeque, plēraque] *[plehrihkwe, plehräkwe, plehrakwe] sehr viele, die meisten;* Bild: *Die meisten plärr*en mich an und ich (*ik*) *we*nde mich ab.

plurimi, plurimae, plurima [plūrimī, plūrimae, plūrima] *[pluhrimi, pluhrimä, pluhrima] sehr viele, die meisten;* Bild: *Die meisten* Namenwörter im *Plur*al haben hinten *imm*er ein paar Buchstaben mehr.

plus, pluris [plūs, plūris] *[pluhs, pluhris] mehr;* Bild: In dieser *Blus*e ist *mehr* drin als in anderen.

poculum, poculi *n* [pōculum, pōculī] *[pohkulum, pohkulih] Becher;* Bild: Ein *Becher* kreist *cool um* den *Po*. Bild: Aus dem *Po* einen *Kuli* ziehen und in den *Becher* stellen.

poena, poenae *f* [poena, poenae] *[po'ena, po'enä]* **Strafe;** Bild: Der *Po* is' *eh* schon *na*ckt. Also bekommst du als **Strafe** Schläge auf den Po.

polliceri, polliceor, pollicitus sum [pollicērī, polliceor, pollicitus sum] *[pollizehrih, pollizeor, pollizitus sum]* **versprechen;** Bild: Ich **verspreche** der *Poliz*ei meinen *Ehe*ring, wenn sie mir helfen kann.

ponere, pono, posui [pōnere, pōnō, posuī] *[pohnere, pohnoh, posuih]* **setzen, stellen, legen;** Bild: Ich *bohnere* im **Sitzen** das Treppenhaus. Bild: *Bono* (Sänger von U2) **legt** sich auf die Bühne zum Singen.

pons, pontis, pontium (Gen. Pl.) *m* [pōns, pontis, pontium] *[pohns, pontis, ponzium]* **Brücke;** Bild: Alle James *Bond*s springen von der **Brücke.** Bild: James *Bond is*' von der **Brücke** gesprungen.

populus, populi *m* [populus, populī] *[populus, populih]* **Volk, Publikum;** Bild: Jeder im **Publikum** muss über den *Po* einen *Pulli* ziehen.

porrigere, porrigo, porrexi, porrectum [porrigere, porrigō, porrēxī, porrēctum] *[porrigere, porrigoh, porrehksih, porrehktum]* **ausstrecken, ausbreiten, ausdehnen;** Bild: Auf den Boden sind die Blätter vom *Porree* (Lauch) **ausgebreitet.** Nach einer gewissen Zeit fangen sie an zu *gäre*n.

porta, portae *f* [porta, portae] *[porta, portä]* **Tor, Tür;** Bild: Wer *bohrt da* an der **Tür**? Bild: *Bohrt der* immer noch an der **Tür**?

portare [portāre] *[portahre]* **tragen, bringen;** Bild: Er *bohrt Haare* an und **bringt** sie dem Perückenmacher.

portus, portus *m* [portus, portūs] *[portus, portuhs]* **Hafen;** Bild: Im **Hafen** arbeitet die *Bohr-Tuss*i.

poscere, posco, poposci [poscere, poscō, poposcī] *[poszere, poskoh, poposzih]* **fordern, verlangen;** Bild: Am Gemüsestand **verlange** ich einen *Bosko*p (Apfel).

posse, possum, potui [posse, possum, potuī] *[posse, possum, potuih]* **können;** Bild: Alle *Bosse* **können** nichts. Bild: Ich **kann** den *Boss um*hauen.

post [post] *[post]* **nach, hinter;** Bild: Die Postmitarbeiter gehen **hinter** die *Post*, um zu rauchen.

post (Adv.) [post] *[post]* **später, danach;** Bild: Der *Post*bote bringt heute den Brief etwas **später**.

postea [posteā] *[posteah]* **später, nachher;** Bild: Das *Poster* hänge ich **später** auf.

posterus, postera, posterum [posterus, postera, posterum] *[posterus, postera, posterum]* **(nach-)folgend;** Bild: Alle

*folgen d*em *Poster* mit dem Abbild des Gurus *nach*.

postquam (m. Perf.) [postquam] *[post-kwam] nachdem;* Bild: *Nachdem* die *Post*(filiale) ausgebrannt war, sah man nur noch *Qua*lm.

postremo [postrēmō] *[postrehmoh] schließlich, zuletzt;* Bild: *Zuletzt* kauft in einer *Post* ein *Re*h *Mo*hnkuchen.

postulare [postulāre] *[postulahre] fordern;* Bild: Von der *Post* Form*ulare* anfordern.

potentia, potentiae *f* [potentia, potentiae] *[potenzia, potenziä] Macht, Herrschaft;* Bild: Mit seiner *Potenz* demonstriert er die *Herrschaft*.

potestas, potestatis *f* [potestās, potestātis] *[potestahs, potestahtis] Möglichkeit, Macht, Amtsgewalt;* Bild: Auf dem Sieger-*Potest* steht das Sport-*Ass* und zeigt seine *Macht*.

potiri, potior, potitus sum (m. Abl.) [potīrī, potior, potītus sum] *[potihrih, potior, potihtus sum] in seine Gewalt bringen, sich einer Sache bemächtigen;* Bild: Den *Pott* Kaffee von *Iri*s (z. B. Berben) musste er unbedingt *in seine Gewalt bringen*.

potius/potissimum [potius/potissimum] *[pozius/potissimum] eher, lieber, gerade, hauptsächlich;* Bild: *Gerade* im Achter*boot* is' d*ie* 7 *um*gefallen.

praebere, praebeo, praebui [praebēre, praebeō, praebuī] *[präbehre, präbeoh, präbu'ih] reichen, darreichen, gewähren;* Bild: Auf einem *Bre*tt werden die Wald*beere*n *dargereicht*.

praeceps, praecipitis (Gen.) [praeceps, praecipitis] *[präzeps, präzipitis] schnell, überstürzt, steil;* Bild: Der Bi*zep*s ist hart wie ein *Brett* und zeigt *steil* nach oben.

praeceptum, praecepti *n* [praeceptum, praeceptī] *[präzeptum, präzepti] Vorschrift, Regel, Lehre;* Bild: Das *P*fannkuchen*rezept* enthält *Regel*n der Zubereitung.

praecipere, praecipio, praecepi, praeceptum [praecipere, praecipiō, praecēpī, praeceptum] *[präzipere, präzipioh, präzehpih, präzeptum] (be-)lehren, vorschreiben, anordnen;* Bild: Alle werden darüber *belehrt*, wie man mit einem *Bre*tt und einer *Zip*felmütze einen *Bäre*n fängt.

praecipitare [praecipitāre] *[präzipitahre] stürzen, stoßen, hinabstürzen;* Bild: Er musste *hinabstürzen*, weil eine *Bre*-*z*el in *Pitt*s (Brad Pitts) H*aare*n war.

praeclarus, praeclara, praeclarum [praeclārus, praeclāra, praeclārum] *[präklahrus, präklahra, präklahrum] ausgezeichnet, sehr bekannt, herrlich;* Bild: Der Bundes*präs*ident trinkt immer einen *klar*en *Rus*sen (Wodka) oder *Rum*. Daher ist er *sehr bekannt*.

praemium, praemii *n* [praemium, praemiī] *[prämium, prämi'ih]* **Belohnung, Auszeichnung;** Bild: Als *Prämi*e gibt es 1000 € zur **Belohnung**.

praesentia, praesentiae *f* [praesentia, praesentiae] *[präsenzia, präsenziä]* **Gegenwart;** Bild: Was ist die **Gegenwart**? Die Vergangenheit und die Zukunft *pressen sie a*ns Bewusstsein.

praesidium, praesidii *n* [praesidium, praesidiī] *[präsidium, präsidi'ih]* **Schutz, Schutztruppe;** Bild: Im Polizei*präsidium* suche ich **Schutz** vor meinen Verfolgern.

praestare, praesto, praestiti [praestāre, praestō, praestitī] *[prästahre, prästoh, prästitih]* **übertreffen, leisten;** Bild: *Presst H*a*are* zu Platten zusammen, dann **übertrefft** ihr sogar die Spanplatten.

praeter (m. Akk.) [praeter] *[präter]* **außer;** Bild: Du kannst alle *Bretter* verbauen **außer** dieses eine.

praeterea [praetereā] *[prätereah]* **außerdem;** Bild: **Außerdem** gibt es 10-Meter-Sprung*bretter* in der *Reha*.

praeterire, praetereō, praeterii, praeteritum [praeterīre, praetereō, praeteriī, praeteritum] *[präterihre, prätereoh, präteri'ih, präteritum]* **vorbeigehen, vergehen;** Bild: *Ihre Bretter* nehm ich im **Vorbeigehen** mit.

praetermittere, praetermitto, praetermisi, praetermissum [praetermittere, praetermittō, praetermīsī, praetermissum] *[prätermittere, prätermittoh, prätermihsih, prätermissum]* **verstreichen lassen;** Bild: *Bretter* in der *Mitte* (**ver-**)**streichen lassen**.

precari, precor, – [precārī, precor, –] *[prekahrih, prekor, –]* **flehen, bitten;** Bild: Die Schotten **bitten** die Regierung, einen eigenen Euro zu *präg*en mit einem *kari*erten Schottenmuster.

preces, precum *f* [precēs, precum] *[prezehs, prekum]* **Bitten, Gebet;** Bild: Zum **Gebet** muss man eine *Breze*l *es*sen.

premere, premo, pressi, pressum [premere, premō, pressī, pressum] *[premere, premoh, pressih, pressum]* **unterdrücken, drücken, bedrängen;** Bild: Der *Premiere*-Sender wird **unterdrückt**. Bild: Wenn du es nicht **unterdrücken**

willst, musst du auf die Toilette gehen und *press*en.

pretium, pretii *n* [pretium, pretiī] *[prezium, prezi'ih]* **Preis;** Bild: *Um* die *Brez*el sind **Preis**schilder aufgestellt.

primo [prīmō] *[pihmoh]* **zuerst, zunächst;** Bild: **Zuerst** schneide ich die *Prim*el ab, *oh*.

primum (Adv.) [prīmum] *[prihmum]* **zuerst, zum ersten Mal;** Bild: Zu meinem Geburtstag bekam ich **zuerst** *Prim*eln und eine Flasche *Mumm*-Sekt (Marke) geschenkt.

primus, prima, primum [prīmus, prīma, prīmum] *[prihmus, prihma, prihmum]* **(der) Erste;** Bild: Die *Prima*ballerina ist die **Erste**, die auf die Bühne kommt. Bild: Der Klassen*primus* ist der Klassen**erste**.

princeps, principis *m* [prīnceps, prīncipis] *[prihnzeps, prihnzipis]* **Herrscher, führender Mann;** Bild: Der *Prinz* mit seinem Bi*zeps* ist der **Herrscher**.

prior, prioris (Gen.) [prior, priōris] *[prior, priohris]* **(der) erste, (der) frühere;** Bild: Urban *Prio*l (Kabarettist) war **der erste** Langhaarige mit Glatze im Fernsehen.

prius [prius] *[prius]* **zuerst, früher;** Bild: **Früher** hat der *Brie* (Käse) *uns* gehört. Heute gehört er den Nachbarn.

priusquam [priusquam] *[priuskwam]* **bevor (nach verneintem Satz);** Bild: Ein Klassen*primus qua*lmt nicht, **bevor** er volljährig ist.

privare (m. Abl.) [prīvāre] *[prihwahre]* **berauben (einer Sache), um etw. bringen;** Bild: Sie hat mich **um** mein *priva*tes *Re*h **gebracht**.

privatus, privata, privatum [prīvātus, prīvāta, prīvātum] *[prihwahtus, prihwahta, prihwahtum]* **persönlich, privat;** Bild: Ob du es *privat tus*t oder nicht, ist sehr **persönlich**.

pro [prō] *[proh]* **für, vor, anstelle (von);** Bild: Ich esse *Bro*t **anstelle von** Wurst.

probare [probāre] *[probahre]* **billigen, gutheißen;** Bild: Kann man das **gutheißen**, dass jeder *pro*beliegen darf auf der Kranken*bahre*?

probus, proba, probum [probus, proba, probum] *[probus, proba, probum]* **anständig, rechtschaffen;** Bild: Die Band*probe* im *Bus* verläuft **anständig**.

procedere, procedo, processi, processum [prōcēdere, prōcēdō, prōcessī, prōcessum] *[prohzehdere, prohzehdoh, prohzessih, prohzessum]* **vorrücken, vorankommen;** Bild: Das *Brot* hinter der *Zede*r wird vom *Re*h nicht entdeckt. Leider kann es nicht **vorankommen**, wenn es nichts frisst.

procul [procul] *[prokul]* **von Weitem, in der Ferne, weit weg;** Bild: Ich schaue durch ein Fernglas und sehe **in der Ferne** einen *Broccol*i.

proelium, proelii *n* [proelium, proeliī] *[pro'elium, pro'eli'ih]* **Kampf, Schlacht;** Bild: Die Römer *pro*bierten H*elium* in einer **Schlacht** aus. Alle Soldaten atmeten Helium ein und hörten sich wie Micky Maus an.

profecto [profectō] *[profektoh]* **tatsächlich, auf alle Fälle;** Bild: Der Hund vom *Prof.* heißt **tatsächlich** H*ecto*r.

proficisci, proficiscor, profectus sum [proficīscī, proficīscor, profectus sum] *[profizihszih, profizihskor, profektus sum]* **aufbrechen, (ab)reisen, abstammen;** Bild: Der *Prof*i, der die *Zist*erne immer gereinigt hatte, ist **abgereist**.

profugere, profugio, profugi [profugere, profugiō, profūgī] *[profugere, profugioh, profuhgih]* **(sich) flüchten, Zuflucht suchen;** Bild: Der *Prof.* **flüchtet sich** in eine Fliesen*fuge*.

prohibere, prohibeo, prohibui [prohibēre, prohibeō, prohibuī] *[prohibehre, prohibeoh, prohibuih]* **abhalten, hindern;** Bild: Er **hindert** mich daran (hält mich am Hintern fest), in mein *Bro*t mit *Hi*m*beere*n zu beißen.

proicere, proicio, proieci [prōicere, prōiciō, prōiēcī] *[prohizere, prohizioh, prohi'ehzih]* **(nieder-, vor-)werfen;** Bild: Der *Preuß'* **wirft** seine *Ähre* **vor** auf die Leinwand.

proinde [proinde] *[proinde]* **also, daher;** Bild: **Also** schreibt man ab heute F*reunde* mit »*P*«.

promittere, promitto, promisi [prōmittere, prōmittō, prōmīsī] *[prohmittere, pohmittoh, prohmihsih]* **versprechen;** Bild: *Bro*t für alle **verspricht** *Mitter*meier (z.B. Michael). Bild: Man hat uns *Bro*t *mi*t *To*maten **versprochen**.

prope (Adv.) [prope] *[prope]* **nahe, in der Nähe, beinahe;** Bild: Meister *Prope*r (Werbefigur) ist immer *in der Nähe*.

properare [properāre] *[properahre]* **eilen, sich beeilen;** Bild: *Beeil dich* und steig ins Flugzeug, sonst bekommst du die H*aare* in den *Prope*ller (*Prope*ller-H*aare*).

propinquus, propinqua, propinquum [propinquus, propinqua, propinquum] *[propinkwus, propinkwa, propinkwum]* **nahe, benachbart, der Verwandte;** Bild: Die **nahe Verwandte** muss die *Prob*e *in Kuss*techniken über sich ergehen lassen.

propior, propior, prupius (m. Dat.) [propior, propior, propius] *[propior, propior, propius]* **(einer Sache) näher;** Bild: Wenn ich **näher** an das Flugzeug komme, kann es sein, dass sich der *Prop*eller *i*ns *Ohr* schraubt.

propius (Adv.) [propius] *[propius]* **näher;** Bild: Die Blut*prob*e von *Jus*tus wurde **näher** untersucht.

proponere, propono, proposui, propositum [prōpōnere, prōpōnō, prōposuī, prōpositum] *[prohpohnere, prohpohnoh, prohposuih, prohpositum]* **vorschlagen, in Aussicht stellen;** Bild: Ich **schlage vor**: Ich *bohnere* mit *Bro*t. Bild: Ich **schlage vor**: Nur Wasser und *Bro*t für *Bono* (U2-Sänger).

propter (m. Akk.) [propter] *[propter]* **wegen;** Bild: **Wegen** des Tests *probt er*.

prosper, prospera, prosperum [prosper, prospera, prosperum] *[prosper, prospera, prosperum]* **günstig, glücklich;** Bild: Der Speerwerfer hat Glück: *Pro Spe*er hat er **günstig**e Windverhältnisse.

protegere, protego, protexi, protectum [prōtegere, prōtegō, prōtēxī, prōtēctum] *[prohtegere, prohtegoh, prohtehksih, prohtehktum]* **schützen;** Bild: Im *Brot-Eck* wird das Brot **geschützt**.

protinus [prōtinus] *[prohtinus]* **sofort;** Bild: Wenn du ein *Brot in* der *Nuss*(schale) findest, musst du das **sofort** melden.

provincia, provinciae *f* [prōvincia, prōvinciae] *[prohwinzia, prohwinziä]* **Provinz, Amtsbereich;** hört sich im Deutschen ähnlich an.

proximus, proxima, proximum [proximus, proxima, proximum] *[proksimus, proksima, proksimum]* **(der) Nächste, Letzte;** Bild: Die **Nächste** muss Eingebrocktes essen (Einge*brockt's sie muss* essen).

prudens, prudentis [prūdēns, prūdentis] *[pruhdehns, pruhdentis]* **klug, sachverständig;** Bild: Mein *Brude*r ist sehr **klug**. Bild: Die *Brut-Ent*e *is*t **klug** und verlässt ihr Nest nicht.

prudentia, prudentiae *f* [prūdentia, prūdentiae] *[pruhdenzia, pruhdenziä] Klugheit, Vorsicht;* Bild: Auf einem *Vorsicht*-Schild wird darauf hingewiesen, dass zwischen der *Brut Enzia*n wächst.

publicus, publica, publicum [pūblicus, pūblica, pūblicum] *[puhblikus, puhblika, puhblikum] öffentlich, staatlich;* Bild: Michael *Bublé* (Sänger) hat in der *Öffentlich*keit einen *Kuss* bekommen.

puella, puellae *f* [puella, puellae] *[pu'ella, pu'ellä] Mädchen;* Bild: »*Puh* der Bär« ist *Ella*s Lieblingsbuch. Alle *Mädchen* mögen es.

puer, pueri *m* [puer, puerī] *[pu'er, pu'erih] Junge;* Bild: Im Bayerischen ist der »*Bua*« der *Junge*.

pugna, pugnae *f* [pūgna, pūgnae] *[puhgna, puhgnä] Kampf;* Bild: Willy *Bogner* (Skirennfahrer, Designer, Filmemacher) hat den *Kampf* verloren.

pugnare [pūgnāre] *[puhgnahre] kämpfen;* Bild: Am *Bug* des Schiffes *kämpfen* die Hof*narre*n.

pulcher, pulchra, pulchrum [pulcher, pulchra, pulchrum] *[pulcher, pulchra, pulchrum] schön;* Bild: Rosamunde Pilcher (Schriftstellerin) heißt eigentlich *Pulcher*, weil sie so *schön*e Romane schreibt.

pulchritudo, pulchritudinis *f* [pulchritūdō, pulchritūdinis] *[pulchrituhdoh, pulchrituhdinis] Schönheit;* Bild: Der *Bull*e machte einen S*chritt* auf die *Schönheit* zu und wollte J*udo* kämpfen. Bild: Der *Bull*e machte einen S*chritt* auf die *Schönheit* zu und sagte: »Ich *tu di*r *nix*!«

putare [putāre] *[putahre] glauben, meinen;* Bild: Viele *glauben*, dass in *Buta*r*is*-Bratf*e*tt (Marke) Butter sei.

Q

quaerere, quaero, quaesivi, quaesitum [quaerere, quaerō, quaesīvī, quaesītum] *[kwärere, kwäroh, kwäsihwih, kwäsihtum] suchen, erwerben, fragen;* Bild: Quer über den Acker gehen und die letzte Ähre (*Quer-Ähre*) nach der Ernte *suchen.* Bild: Ich *frage*, wo von meinem *G'wehr* (Gewehr) das *Ro*hr ist.

quaeso [quaesō] *[kwäsoh] ich bitte dich; bitte;* Bild: *Ich bitte dich* um ein bisschen mehr *Käs'so*ße für meine Nudeln.

qualis, qualis, quale [quālis, quālis, quāle] *[kwahlis, kwahlis, kwahle] was für ein, wie (beschaffen);* Bild: *Was für ein Quali-Z*eugnis. Bild: *Was für eine Qual is'* das?

quam [quam] *[kwam] wie, wie sehr;* Bild: »*Wie sehr* hat es ge*qual*mt, bevor es explodierte?«, wollte der Feuerwehrmann wissen.

quam [quam] *[kwam] als (nach Komparativ), möglichst (vor Superlativ);* Bild: Beim Rauchen kommt es darauf an, *möglichst* viel *Qual*m zu machen.

quamobrem [quamobrem] *[kwamobrem] weswegen, deswegen;* Bild: *Weswegen* ich lieber einen *Qual*m *o' Brem*er (Fischburger, der qualmt) bevorzuge? *Deswegen.*

quamquam [quamquam] *[kwamkwam] obwohl, obgleich;* Bild: *Obwohl* zusätzlicher *Qual*m vor dem *Qual*m zu sehen ist, handelt es sich um einen einzigen Brandherd.

quamvis (m. Konj.) [quamvīs] *[kwamwihs] auch wenn;* Bild: *Auch wenn* der *Qual*m über der *Wies'* nicht mehr zu sehen ist, besteht weiterhin Brandgefahr.

quando [quandō] *[kwandoh] wann;* »Sag mir *quando,* sag mir *wann*?« – Alter Schlager, den jeder singt.

quantopere [quantopere] *[kwandopere] wie sehr;* Bild: Zieh das *G'wand* (Gewand) *o* (an) mit der großen Erd*beere* darauf. *Wie sehr* ich das liebe, kann ich dir gar nicht sagen.

quantus, quanta, quantum [quantus, quanta, quantum] *[kwantus, kwanta, kwantum] wie groß, was für ein;* Bild: *Was für ein* großes *G'wand* (XXL)!

quare [quārē] *[kwahreh] weshalb, wodurch;* Bild: *Weshalb* halb*i*erst du mit der Schub*karre* die Wespe?

quasi [quasi] *[kwasi] gewissermaßen, als ob;* Bild: *Quasi*modo (der Bucklige aus »Der Glöckner von Notre Dame«) tut so, *als ob* er ein Frauenheld wäre.

quattuor [quattuor] *[kwattuor] vier;* Bild: *Vier*mal der Ä*quator*umfang (ca. 160.000 km) ist der Weg, den mein Auto mittlerweile zurückgelegt hat.

quemadmodum [quemadmodum] *[kwe-madmodum]* **wie, auf welche Weise;** Bild: **Auf welche Weise** läuft die Made rum? *Que*r läuft die *Mad*e mit *Mo-d*e r*um*.

qui [quī] *[kwih]* **wie;** Bild: Wie *quie*ken die Schweine? – Uink, uink.

qui, quae, quod [quī, quae, quod] *[kwih, kwä, kwod]* **der, die, das, welcher, welche, welches;** Bild: Der, **der** *quie*kt wie ein Schwein, ist der Mann. Die, **die** ihn *quä*lt, ist seine Frau.

quia [quia] *[kia]* **weil;** Bild: **Weil** du einen *KIA* (Automarke) fährst, liebe ich dich.

quicumque, quaecumque, quodcumque [quīcumque, quaecumque, quod-cumque] *[kwihkumkwe, kwäkumkwe, kwodkumkwe]* **wer auch immer, jeder, der/alles, was;** Bild: *Wie kumm* ich zur *Que*lle? – **Jeder** weiß das.

quidam, quaedam, quoddam [quīdam, quaedam, quoddam] *[kwihdam, kwä-dam, kwoddam]* **ein (gewisser), einige, etliche;** Bild: **Etliche** Schweine *quie*t-schen und *quä*ken, wenn sie quer über den *Damm* getrieben werden.

quidem [quidem] *[kwidem]* **allerdings, zwar;** Bild: **Allerdings** schmeckt alles nach *Quitte*n. (Alle Dinge im Quitten-fachgeschäft.)

quies, quietis *f* [quiēs, quiētis] *[kwi'ehs, kwi'ehtis]* **Ruhe, Erholung;** Bild: Um sich zu **erholen,** schaut sie immer eine *Quiz*show im Fernsehen.

quiescere, quiesco, quievi [quiēscere, quiēsco, quiēvī] *[kwi'ehskere, kwi'ehsko, kwi'ehwih]* **schlafen, ausruhen;** Bild: Nachdem ich den *Kies* von der *Kehre* (Richtungsänderung um 180° z. B. bei Serpentinen) gekehrt hatte, durfte ich mich **ausruhen.**

quin [quīn] *[kwihn]* **warum nicht?;** Bild: **Warum nicht** in *Wien* mal Urlaub machen?

quinque [quīnque] *[kwihnque]* **fünf;** Bild: Die *Queen quä*len, indem man ihr alle **5** Finger abschneidet.

quis/quid [quis/quid] *[kwis/kwid]* **wer?/was?;** Bild: »**Was** bin ich?« war das beliebteste Fernseh*quiz* aller Zeiten.

quisque [quisque] *[kwiskwe]* **(ein) jeder;** Bild: **Ein jeder** musste in der *Quiz*show aus einer *Que*lle trinken.

quisquis/quidquid [quisquis/quidquid] *[kwiskwis/kwidkwid]* **jeder, der/alles, was;** Bild: **Jeder, der** an einem *Quiz* teilnimmt, hat ein schlechtes *G'wiss*en.

quo [quō] *[kwoh]* **wohin;** Bild: *Quo* vadis? (**Wohin** gehst du?) – Alter Hollywoodstreifen.

quod [quod] *[quod]* **weil;** Bild: **Weil** die (Einschalt-)*quot*e schlecht war, wurde »Wetten, dass …« aus dem Programm genommen.

quondam [quondam] *[kwondam]* **einst;** Bild: **Einst** hat die *Dam*e immer *g'wonn*en.

quoniam [quoniam] *[kwoniam]* **da … ja, wo … doch;** Bild: **Wo** ichs **doch** *g'wohn*t bin zu *jam*mern.

quoque (nachgestellt) [quoque] *[kwokwe]* **auch;** Bild: **Auch** sie wirkt *koke*tt.

R

rapere, rapio, rapui, raptum [rapere, rapiō, rapuī, raptum] *[rapere, rapioh, rapuih, raptum]* **rauben, an sich reißen, wegreißen;** Bild: Der *Rapper* **raubt** das *Re*h.

ratio, rationis *f* [ratiō, ratiōnis] *[razioh, raziohnis]* **Art und Weise, Vernunft, der vernünftige Grund;** Bild: Die Ratz (Ratte) lebt ohne **Vernunft**.

recipere, recipio, recepi, receptum [recipere, recipiō, recēpī, receptum] *[rezipere, rezipioh, rezehpih, rezeptum]* **aufnehmen, zurücknehmen, sich zurückziehen;** Bild: Das *Re*h wird wieder in die *Sippe* **aufgenommen.**

recitare [recitāre] *[rezitahre]* **vortragen, vorlesen;** Bild: Ein *Reh* mit zwei *Sitare* (indischen Gitarren) **trägt** traditionelle indische Musik **vor.**

recreare [recreāre] *[rekreahre]* **wiederherstellen;** Bild: Das *Re*h muss die *Krea*tur **wiederherstellen.**

rectus, recta, rectum [rēctus, rēcta, rēctum] *[rehktus, rehkta, rehktum]* **gerade, direkt, richtig;** Bild: Auf **gerade**m Weg zum *Rei*ch*tum.*

recusare [recūsāre] *[rekuhsahre]* **verweigern, sich weigern;** Bild: Ich **weigere mich,** mich in den Regen zu stellen, denn durch den *Reg*en*guss* werden meine schönen H*aare* nass.

reddere, reddo, reddidi [reddere, reddō, reddidī] *[reddere, reddoh, reddidih]* **zurückgeben, machen zu;** Bild: *Rett*e die *Ähre* und **gib** sie wieder **zurück.** Bild: *Rett*e das *O* (Osterei) und **gib** es wieder **zurück.**

redire, redeo, redii [redīre, redeō, rediī] *[redihre, redeoh, redi'ih]* **zurückgehen, zurückkehren;** Bild: Sie **geht zurück** und *red'* (redet) mit den *Tiere*n.

reducere, reduco, reduxi [redūcere, redūcō, redūxī] *[reduhzere, reduhkoh, reduhksih]* **zurückführen, zurückbringen;** Bild: Nachdem das Reh den Knochen **zurückbrachte,** wird es von jedem geduzt (*Reh-duze*n).

referre, refero, rettuli, relatum [referre, referō, rettulī, relātum] *[referre, referoh, retullih, relahtum]* **(zurück-)bringen, berichten;** Bild: Nachdem der *Refere*nt seinen Vortrag gehalten hatte, **brachte** er die Tafel wieder **zurück**.

regere, rego, rexi, rectum [regere, regō, rēxī, rēctum] *[regere, regoh, rehksie, rehktum]* **(be-)herrschen;** Bild: Angela Merkel **beherrscht** Deutschland vom Stufen*reck* aus mit einer Weizen*ähre* im Haar.

regina, reginae *f* [rēgīna, rēgīnae] *[rehgihna, rehgihnä]* **Königin;** Bild: *Regina* Halmich (Boxerin) wird zur **Königin** von England gekrönt.

regio, regionis *f* [regiō, regiōnis] *[regioh, regiohnis]* **Gebiet, Gegend;** hört sich im Deutschen ähnlich an.

regius, regia, regium [rēgius, rēgia, rēgium] *[rehgius, rehgia, rehgium]* **königlich;** Bild: Bob Marley (Sänger) singt einen **königlich**en *Reggae*.

regnum, regni *n* [rēgnum, rēgnī] *[rehgnum, rehgnih]* **(König-)Reich, Königsherrschaft;** Bild: Es *regn*et im gesamten **Königreich.** Bild: Es *regn*et *nie* in diesem **Königreich**.

religio, religionis *f* [religiō, religiōnis] *[religioh, religiohnis]* **(Gottes-)Verehrung, Glaube, Aberglaube;** hört sich im Deutschen ähnlich an.

relinquere, relinquo, reliqui [relinquere, relinquō, relīquī] *[relinkwere, relinkwoh, relihkwih]* **zurücklassen, verlassen;** Bild: Ich **verlasse** das Schiff, indem ich die *Reling* über*quere*. Bild: Auf einem Schiff: »*Wo* ist die *Reling*?« – Ich muss euch mal kurz **verlassen** (um zu kotzen).

reliquiae, reliquiarum (Pluralwort) *f* [reliquiae, reliquiārum] *[relikwiä, relikwiahrum]* **Reste, Trümmer;** Bild: Am Ende der *Rallye* waren alle Piloten in die **Trümmer** ihrer Rennwagen einge*que*tscht.

reliquus, reliqua, reliquum [reliquus, reliqua, reliquum] *[relikwus, relikwa, relikwum]* **übrig, künftig;** Bild: **Künftig** ist es ihm verboten, ihr in *Reli* (Religionsunterricht) einen *Kuss* zu geben.

remedium, remedii *n* [remedium, remediī] *[remedium, remedi'ih]* **Heilmittel;** Bild: Im Restaurant: Das *Reh – medium* durch – ist ein All**heilmittel.**

remittere, remitto, remisi, remissum [remittere, remittō, remīsī, remissum] *[remittere, remittoh, remihsih, remissum]* **zurückschicken, los-/nachlassen, verzeihen;** Bild: *Reh-Mitte-Reh*. Dem Reh-Mann in der Mitte kann man **verzeihen**.

repellere, repello, repulli, repulsum [repellere, repellō, repullī, repulsum] *[repellere, repelloh, repullih, repulsum]* **zurückstoßen, vertreiben, abweisen;** Bild: Die *Re*he, die *belle*n, werden

vertrieben. Bild: Ein *Re*h heißt *Bello* (Hund) und wird als Erstes *vertrieben.*

repente [repente] *[repente] plötzlich, unerwartet;* Bild: *Plötzlich* und *unerwartet* tauchte die gefürchtete *Reeb-Ente* aus dem Nichts im Weinberg auf und zerfraß alle Rebstöcke.

reperire, reperio, repperi, repertum [reperīre, reperiō, repperī, repertum] *[reperihre, reperioh, repperih, repertum] finden, wiederfinden;* Bild: *Finde* den falschen Buchstaben und *repa*riere das Wort: »*reperire*«.

repetere, repeto, repetivi, repetitum [repetere, repetō, repetīvī, repetītum] *[repetere, repetoh, repetihwih, repetihtum] wiederholen, zurückverlangen;* Bild: Der *Rap Peter* muss das Schuljahr *wiederholen.*

reri, reor, ratus sum [rērī, reor, ratus sum] *[rehrih, reor, ratus sum] meinen;* Bild: In der P*rärie* fand man vor Kurzem ein *Re*h-*Oh*r. Die Wissenschaftler *meinen* aber, es sei von einer *summe*nden *Ratte*.

res publica, rei publicae *f* [rēs pūblica, reī pūblicae] *[rehs puhblika, re'ih puhblikä] Staat;* Bild: Der *Res*t vom *Publi*kum gründet einen *Staat.*

res, rei *f* [rēs, reī] *[rehs, rehi] Sache, Ereignis;* Bild: Die *Sache* mit der *Res*i vergessen wir mal ganz schnell wieder. Bild: *Rei* in der Tube (Marke) macht Waschen zum *Ereignis.*

resistere, resisto, resisti [resistere, resistō, resistī] *[resistere, resistoh, resistih] Widerstand leisten;* Bild: Die *Reh-Sister* (Schwester) leistet *Widerstand.*

respicere, respicio, respexi [respicere, respiciō, respexī] *[respizere, respizioh, respeksih] denken an, berücksichtigen;* Bild: Man muss *berücksichtigen,* dass ein *Reh spitzi*ge *Re*hgeweihe hat.

respondere, respondeo, respondi, responsum [respondēre, respondeō, respondī, respōnsum] *[respondehre, respondeoh, respondih, respohnsum] antworten, entgegnen;* Bild: Es *antwortete* das *Reh spo*ntan den *andere*n.

restare, resto, restiti [restāre, restō, restitī] *[restahre, restoh, restitih] übrig sein, übrig bleiben, überleben;* Bild: Bei einer Glatze *bleiben* nur ein paar *Resthaare übrig.*

restituere, restituo, restitui, restitutum [restituere, restituō, restituī, restitūtum] *[restituere, restituoh, restituih, restituhtum] wiederherstellen;* Bild: *Rest*everwertung: *I*ch *tue Re*ste nie wegwerfen. Fast immer kann man den Ursprungszustand *wiederherstellen.*

retinere, retineo, retinui, retentum [retinēre, retineō, retinuī, retentum] *[retinehre, retineoh, retinuih, retentum] behalten, festhalten, zurückhalten;* Bild: Den *Retti*ch *hält* die *Erd*e *fest.*

reus, rei *m* [reus, reī] *[re'us, re'i]* **Angeklagte;** Bild: Der bayerische **Angeklagte** soll einen P*reuß*' beleidigt haben: »Du Sau*preuß*', du *preuß*ischer.« Bild: Der **Angeklagte** soll eine Tube *Rei*-Waschmittel (Marke) geklaut haben.

reverti, revertor, reverti, reversus [revertī, revertor, revertī, reversus] *[rewertih, rewertor, rewertih, rewersus]* **zurückkehren;** Bild: Erst nachdem du mit dem *Ref*erat *ferti*g bist, kannst du **zurückkehren** (rückwärts mit Besen).

rex, regis *m* [rēx, rēgis] *[rehks, rehgis]* **König;** Bild: *Rex* Gildo war ein großer Schlager*könig.* Bild: Alle **König**e sind in einem Hänge*regis*ter abgelegt.

ridere, rideo, risi, risum [rīdēre, rīdeō, rīsī, rīsum] *[rihdehre, rihdeoh, rihsih, rihsum]* **lachen;** Bild: Der *Ritter* **lacht** (die Rüstung klappert) nicht »ha ha«, sondern »*e* e«.

ripa, ripae *f* [rīpa, rīpae] *[rihpa, rihpä]* **Ufer;** Bild: Am **Ufer** liegt eine *Rippe*l in Ge*rippe*.

robustus, robusta, robustum [rōbustus, rōbusta, rōbustum] *[rohbustus, rohbusta, rohbustum]* **kräftig, stark;** Bild: Wenn du Sport (z. B. Klimmzüge) in einem *ro*ten *Bus tus*t, dann wirst du immer **kräftig**er.

rogare [rogāre] *[rogahre]* **fragen, bitten;** Bild: Es ist unzulässig zu **fragen,** ob auf dem *Rock Haare* sind.

ruere, ruo, rui [ruere, ruō, ruī] *[ru'ere, ruoh, ruih]* **losstürzen (auf jmdn.), zustürmen;** Bild: Auf dem Grabstein steht: »*Ruhe, Re*h« und alle **stürmen** darauf **zu.**

ruina, ruinae *f* [ruīna, ruīnae] *[ruihna, ruihnä]* **Einsturz, Sturz, Fall;** Bild: Es besteht **Einsturz**gefahr bei der *Ruine.*

rumpere, rumpo, rupi, ruptum [rumpere, rumpō, rūpī, ruptum] *[rumpere, rumpoh, ruhpih, ruptum]* **(zer-)brechen;** Bild: Das Glas mit *Rum* und Erd*beere*n ist leider **zerbrochen.** Bild: Ich hab das *Rum*glas mit dem *Po* **zerbrochen.**

rursus [rūrsus] *[ruhrsus]* **wieder;** Bild: Im *Ruhr*pott gibt es **wieder** *Su*shi.

S

sacer, sacra, sacrum [sacer, sacra, sacrum] *[sazer, sakra, sakrum]* **heilig, geweiht;** Bild: Ein *Satz*, der mit »*Er*« beginnt, ist immer **heilig.** Bild: Die *Sackra*tten sind **heilig** (Heiligenschein).

sacerdos, sacerdotis *m/f* [sacerdōs, sacerdōtis] *[sazerdohs, sazerdohtis]* **Priester(in);** Bild: Der **Priester** sagte nur einen *Satz* und die *Erd*e war *o*ffen und der Weg zur Hölle war nun für alle frei.

sacrificare [sacrificāre] *[sakrifikahre]* **opfern;** Bild: In der *Sakri*stei steht eine *Fi*sch*karre*, die man **opfern** möchte.

saeculum, saeculi *n* [saeculum, saeculī] *[säkulum, säkulih]* **Jahrhundert, Welt;** Bild: Zur **Jahrhundert**wende wurden auf der ganzen **Welt** *Säck*e voller *Kuli*s verschenkt.

saepe [saepe] *[säpe]* **oft;** Bild: *Seppe*l (Kasperltheater) kommt *oft* auf die Bühne.

saevire, saevio, –, saevitum [saevīre, saeviō, –, saevītum] *[säwihre, säwioh, –, säwihtum]* **wüten, toben;** Bild: Wenn ich *servieren* müsste, würde ich *toben.*

saevitia, saevitiae *f* [saevitia, saevitiae] *[säwizia, säwitziä]* **Härte, Strenge;** Bild: Obwohl er uns mit **Strenge** erzieht, kann er auch *sehr witzig* sein.

salus, salutis [salūs, salūtis] *[saluhs, saluhtis]* **Rettung, Wohl, Gesundheit;** Bild: *Sal*ami mit Waln*uss* fördert die **Gesundheit.**

salutare [salūtāre] *[saluhtahre]* **begrüßen, grüßen;** Bild: Sie **begrüßten** mich im *Saal* und überreichten mir einen H*ut* voller H*aare.*

salve/salvete [salvē/salvēte] *[salwe/salwete]* **sei/seid gegrüßt;** Bild: Die Fee im Saal (*Saalfee*) sprach: »**Sei gegrüßt!**« und machte mir mit einer *Salbe* einen Punkt mitten auf meine Stirn. Bild: Der Gastgeber begrüßte uns alle: »**Seid gegrüßt**, die *Saalfete* kann nun beginnen.«

salvus, salva, salvum [salvus, salva, salvum] *[salwus, salwa, salwum]* **wohlbehalten, gesund;** Bild: Ich hatte mir im *Saal* meinen *Fuß* verletzt. Jetzt bin ich wieder **gesund.** Bild: *Salva*tor Dalí (Maler) ist **wohlbehalten** im Jenseits angekommen.

sanare [sanāre] *[sanahre]* **heilen;** Bild: Gib *Sahn*e in die H*aare,* das soll Haarausfall **heilen.**

sanctus, sancta, sanctum [sānctus, sāncta, sānctum] *[sahnktus, sahnkta, sahnktum]* **ehrwürdig, heilig;** Bild: Der *Sanka* (Sanitäter) wird vom Papst **heilig**gesprochen.

sanguis, sanguinis *m* [sanguis, sanguinis] *[sanguis, sanguinis]* **Blut;** Bild: Der gesamte Ge*sang*sverein ist mit **Blut** überströmt.

sapiens, sapientis (Gen.) [sapiēns, sapientis] *[sapi'ehns, sapi'entis]* **weise, vernünftig;** Bild: Homo *sapiens* bedeutet: **vernünftig**er Mensch.

sapientia, sapientiae *f* [sapientia, sapientiae] *[sapi'enzia, sapi'enziä]* **Weisheit, Verstand;** Bild: Der Homo *sapiens* ist mit **Verstand** ausgestattet, er kann aber nur »*Ja*« oder »*yeah*« sagen.

satis [satis] *[satis]* **genug;** Bild: Der *Sa*dis*t* hat nie **genug.**

saxum, saxi *n* [saxum, saxī] *[saksum, saksih]* **Stein, Fels;** Bild: Auf einem **Fels** sitzt ein Wanderer mit Ruck*sack* und *summ*t. Bild: Sie sprach zum **Stein**: »*Sag* ›*Sie*‹ zu mir statt ›Du‹‹«!

scelus, sceleris *n* [scelus, sceleris] *[skelus, skeleris]* **Verbrechen;** Bild: Nach dem **Verbrechen** blieb nur noch ein *Ske*-*l*ett übrig.

scilicet (Adv.) [scīlicet] *[szihlizet]* **selbstverständlich, natürlich;** Bild: Das **selbstverständlich**e *Ziel i*s »*Z*« im Alphabet.

scribere, scribo, scripsi, scriptum [scrībere, scrībō, scrīpsī, scrīptum] *[skrihbere, skrihboh, skrihpsih, skrihptum]* **schreiben, verfassen;** Bild: Auf meinem *Skrip*t **schreibe** ich mit Blau*beer*saft.

se praebere [sē praebēre] *[seh präbehre]* **(sich) zeigen, (sich) erweisen als;** Bild: Auf einem *See pre*digen *Bäre*n. Es hat **sich gezeigt**, dass es sich um eine Sekte handelt.

se, sibi, secum [sē, sibī, sēcum] *[seh, sibih, sehkum]* **sich, mit sich, bei sich;** Bild: Er dachte **bei sich**: Ein *See* mit Haus in *Sibi*rien wäre erstrebenswert.

secundus, secunda, secundum [secundus, sekunda, secundum] *[sekundus, sekunda, sekundum]* **(der) zweite, (der) folgende, günstig;** Bild: **Der zweite** Offizier an Bord kannte sich mit der *Seekunde* besser aus als der Kapitän.

sed [sed] *[sed]* **aber, jedoch, sondern;** Bild: »… **aber** die *SED* (Partei) hatte immer etwas dagegen.«

sedere, sedeo, sedi, sessum [sedēre, sedeō, sēdī, sessum] *[sedehre, sedeoh, sehdih, sessum]* **(da)sitzen;** Bild: *Seht her*, wie sie alle nur **dasitzen** und nichts tun.

sedes, sedis, sedium (Gen. Pl.) *f* [sēdēs, sēdis, sēdium] *[sehdehs, sehdis, sehdium]* **Sitz, Siedlungsgebiet, Heimat;** Bild: Meine **Heimat** habe ich mit einem Mer*cedes* verlassen.

seditio, seditionis *f* [sēditiō, sēditiōnis] *[sehdizioh, sehdiziohnis]* **Aufstand, Aufruhr;** Bild: *Seh*r *tie*f unten in der Erde gab es einen **Aufstand** der Bergleute.

semper [semper] *[semper]* **immer;** Bild: Die *Semper*oper in Dresden stand schon **immer** da.

senator, senatoris *m* [senātor, senātōris] *[senahtor, senahtohris]* **Senator;** hört sich im Deutschen ähnlich an.

senatus, senatus *m* [senātus, senātūs] *[senahtus, senahtuhs]* **Senat, Senatsversammlung;** hört sich im Deutschen ähnlich an.

senectus, senectutis *f* [senectūs, senectūtis] *[senektuhs, senektuhtis]* **Alter;** Bild: Im **Alter** bekomme ich auf meine Achilles*sehne* einen *Kuss*.

senex, senis *m* [senex, senis] *[seneks, senis]* **Greis, alter Mann;** Bild: Ganz aufgeregt sagte der **alte Mann** zu sich selbst: »Ich *seh nix* mehr!«

sententia, sententiae *f* [sententia, sententiae] *[setenzia, sentenziä]* **Meinung, Ansicht;** Bild: Wir *senden* die *Ziehha*monika auf der Ansichtskarte (zur **Ansicht**) an unseren Freund.

sentire, sentio, sensi, sensum [sentīre, sentiō, sēnsī, sēnsum] *[sentihre, sentioh, sehnsih, sensum]* **fühlen, merken, meinen;** Bild: Wenn von *zehn Tieren* eines fehlt. Das **merkt** doch keiner.

sepulcrum, sepulcri *n* [sepulcrum, sepulcrī] *[sepulkrum, sepulkrih]* **Grab;** Bild: Um den *See* lief der *Pulk* (Kolonne) *rum*. Einige landeten vor Erschöpfung direkt im **Grab**.

sequi, sequor, secutus sum [sequī, sequor, secūtus sum] *[sekwih, sekwor, sekuhtus sum]* **(jmdm.) folgen;** Bild: Der

Schüler *folgt* dem Lehrer zum Sekretariat (*Seki*).

sermo, sermonis *m* [sermō, sermōnis] *[sermoh, sermohnis]* **Gespräch, Gerede, Sprache;** Bild: Das **Gespräch** war *sehr mo*derat.

servare [servāre] *[serwahre]* **retten, bewahren;** Bild: Der *Serv*er **rettete** den Schwimmer und zog ihn an den H*aare*n aus dem Wasser.

servire, servio, –, – [servīre, serviō, –, –] *[serwihre, serwioh, –, –]* **Sklave sein, dienen;** Bild: Wenn du mein **Sklave sein** willst, musst du perfekt *servie*-*re*n können.

servitus, servitutis *f* [servitūs, servitūtis] *[serwituhs, serwituhtis]* **Sklaverei, Knechtschaft;** Bild: In Sachen **Sklaverei** waren die *U.S.* Amerikaner *sehr fit*.

servus/serva *m/f* [servus/serva] *[serwus/serwa]* **Sklave/Sklavin;** Bild: **Diener, Dienerin;** Bild: Der **Sklave** wäscht mir *sehr* intensiv den *Fuß*.

si [sī] *[sih]* **wenn, falls;** Bild: **Wenn Sie** wollen, dann lade ich Sie zu einem Kaffee ein.

sic [sīc] *[sihk]* **so, auf diese Weise;** Bild: **Auf diese Weise** ist uns der *Sieg* sicher.

sicut [sīcut] *[sihkut]* **(so) wie;** Bild: Sie *sieh*t *gut* mit Brille **so wie** ohne Brille.

significare [sīgnificāre] *[sihgnifikahre]* ***bezeichnen, anzeigen;*** Bild: *Sie kniet* sich auf eine *Viehkarre* und ***bezeichnet*** dies als Kunst.

signum, signi *n* [sīgnum, sīgnī] *[sihgnum, sihgnih]* ***Zeichen, Merkmal;*** Bild: »*Sie Gnom*!« sagt man nicht. Das ist ein ***Zeichen*** von Unhöflichkeit. Bild: *Sieg niemals* – ein typisches ***Merkmal.***

silentium, silentii *n* [silentium, silentiī] *[silenzium, silenzi'ih]* ***Ruhe, Stille, Schweigen;*** Bild: *Sie lenkt sie* um in aller ***Ruhe.***

similis, similis, simile [similis, similis, simile] *[similis, similis, simile]* ***ähnlich;*** Bild: *Simil* und Semmel klingt ***ähnlich.***

simplex, simplicis (Gen.) [simplex, simplicis] *[simpleks, simplizis]* ***aufrichtig, offen, einfach;*** Bild: Ich bin ***offen*** und ***aufrichtig:*** »Die *7 Plex*iglasscheiben habe ich zerstört.«

simul [simul] *[simul]* ***gleichzeitig, zugleich;*** Bild: ***Gleichzeitig*** zum Flug*simul*ator läuft das Fernsehprogramm.

simulacrum, simulacri *n* [simulācrum, simulācrī] *[simulahkrum, simulahkrih]* ***Bild;*** Bild: *Sie muss Lack rum*malen – ums ***Bild.*** Bild: *Sie muss Lakri*tze aufs ***Bild*** spucken.

simulare [simulāre] *[simulahre]* ***vortäuschen, so tun, als ob;*** Bild: *Sie*eben *Mul*is (Kreuzung zwischen Pferd und Esel) mit *Haare*n haben ***so getan, als ob*** sie Esel wären.

sin [sīn] *[sihn]* ***wenn aber;*** Bild: ***Wenn aber*** nur ein *Sinn* fehlt, tun wir uns im Alltag schwer.

sine [sine] *[sine]* ***ohne;*** Bild: Eine Apfel*sine* ***ohne*** Kerne schmeckt besser.

sinere, sino, sivi, situm [sinere, sinō, sīvī, situm] *[sinere, sinoh, sihwih, situm]* ***(zu-)lassen, erlauben;*** Bild: Die Heavy-Metal-Band »*Sinner*« ***erlaubt*** einem *Reh* mitzutouren.

singulus, singula, singulum [singulus, singula, singulum] *[singulus, singula, singulum]* ***jeweils einer, jeder Einzeln(e);*** Bild: ***Jeder Einzelne*** *sing*t für sich allein.

sinister, sinistra, sinistrum [sinister, sinistra, sinistrum] *[sinister, sinistra, sinistrum]* ***links, (als Subst.:) die linke Hand, die linke Seite;*** Bild: *Sie niest rum* und hält sich ***die linke Hand*** an den Mund.

situs, sita, situm [situs, sita, situm] *[situs, sita, situm]* ***gelegen, befindlich;*** Bild: Die Villa von Catherine *Zeta*-Jones (Schauspielerin) ist außerhalb ***gelegen.***

socius, socii *m* [socius, sociī] *[sozius, sozi'ih]* **Gefährte, Verbündeter;** Bild: Der *Sozi*alkundelehrer ist ein **Verbündeter** der USA und schwenkt eine *US*-Flagge.

sol, solis m [sōl, sōlis] *[sohl, sohlis]* **Sonne;** Bild: Die **Sonne** scheint *so* he*ll*. Bild: An meiner *Sohl*e klebt die **Sonne**.

solere, soleo, solitus sum [solēre, soleō, solitus sum] *[solehre, soleoh, solitus sum]* **gewohnt sein, (etw.) normalerweise (tun), (etw. zu tun) pflegen;** Bild: Der Sonderschullehrer **ist** es **gewohnt,** *So-Lehre*r genannt zu werden.

sollicitare [sollicitāre] *[sollizitahre]* **beunruhigen, aufhetzen, aufwiegeln;** Bild: *Soll i Sitare* (indische Gitarren) spielen? – Das **beunruhigt** die Fans.

solum (Adv.) [sōlum] *[sohlum]* **nur;** Bild: Ich hab **nur** die *Sohl*e *um* den Fuß gewickelt.

solus, sola, solum [sōlus, sōla, sōlum] *[sohlus, sohla, sohlum]* **allein, bloß;** Bild: Das **Allein**-Sein kann *so lus*tig sein. Bild: Ich geh immer **allein** ins *So-la*rium.

solvere, solvo, solvi, solutum [solvere, solvō, solvī, solūtum] *[solwere, solwoh, solwih, soluhtum]* **(auf-)lösen, bezahlen;** Bild: Man *soll* auf der *Fähre* immer den Fährmann, aber nicht den *Wo*lf und das *Vieh* **bezahlen**. Das wäre *dumm*.

somnus, somni *m* [somnus, somnī] *[somnus, somnih]* **Schlaf;** Bild: Im *Som*mer fällt mir unter einem Nussbaum eine *Nuss* auf den Kopf und reißt mich aus dem **Schlaf**.

soror, sororis *f* [soror, sorōris] *[soror, sororis]* **Schwester;** Bild: *So* ein *Rohr* möchte auch die **Schwester** haben.

sors, sortis, sortium (Gen. Pl.) *f* [sors, sortis, sortium] *[sors, sortis, sorzium]* **Schicksal, Los;** Bild: Das **Schicksal** eines jeden Tre*sors*: Er wird geknackt.

spargere, spargo, sparsi, sparsum [spargere, spargō, sparsī, sparsum] *[spargere, spargoh, sparsih, sparsum]* **bespritzen, verbreiten;** Bild: »*Sparge*l mit *Re*hrücken – **bespritzt** mit Sahne« ist ein weit**verbreitet**es Rezept. Bild: Der Slogan »*Spar Go*ld (für deine Rente)« ist weit **verbreitet**.

species, speciei *f* [speciēs, speciēī] *[spezi'ehs, spezieh'ih]* **Aussehen, Anblick, Schein;** Bild: Das **Aussehen** von *Spezi* ist *spezi*ell.

spectaculum, spectaculi *n* [spectāculum, spectāculī] *[spektahkulum, spektahkuli]* **Schauspiel, Veranstaltung;** Bild: Die **Veranstaltung** ist ziemlich langweilig. Aber mit *Speck* kriegt man den *Tag cool* r*um*.

spectare [spectāre] *[spektahre]* **betrachten, (an)schauen;** Bild: Ich muss mal **schauen**, ob du ver*speckt*e *Haare* hast.

sperare [spērāre] *[spehrahre]* **(er)hoffen, erwarten;** Bild: Der *Speer* ging durch seine H*aare*. Wir **hoffen** alle, dass ihm nichts passiert ist.

spcs, spci *f* [spēs, speī] *[spehs, speh'i]* **Hoffnung;** Bild: Meine **Hoffnung** ist, dass die *Spes*en übernommen werden. Bild: Beim Saufgelage: Meine **Hoffnung** ist, dass ich nicht *spei*.

spirare [spīrāre] *[spihrahre]* **(aus-)atmen, verbreiten;** Bild: Beim Rauchen eine *Spira*le **ausatmen**.

spoliare [spoliāre] *[spoliahre]* **plündern, berauben;** Bild: Die Sonderpolizei (*S-Poli*zei) **plündert** alle *Jahre* die Kaufhäuser.

sponte [sponte] *[sponte]* **freiwillig, aus eigenem Antrieb;** Bild: *Spont*an und **freiwillig** ging sie an die Arbeit.

stare [stāre] *[stahre]* **(da)stehen;** Bild: Die *Stare* **stehen** alle auf einem Bein.

statim [statim] *[statim]* **sofort, auf der Stelle;** Bild: Ab **sofort** ist die *Stadt im* Notzustand.

statuere, statuo, statui, statutum [statuere, statuō, statuī, statūtum] *[statu'ere, statuoh, statuih, statuhtum]* **beschließen, entscheiden, aufstellen, festsetzen;** Bild: Es wurde **entschieden**, dass in der *Stadt* alle *Uhre*n abgeschafft werden.

strenuus, strenua, strenuum [strēnuus, strēnua, strēnuum] *[strehnu'us, strehnua, strehnu'um]* **kräftig, entschlossen, munter;** Bild: Sie war **entschlossen**, an ihrer Haar*strähn*e eine Kokos*nuss* zu befestigen.

stringere, stringo, strinxi, strictum [stringere, stringō, strīnxī, strictum] *[stringere, stringoh, strihnksih, striktum]* **ziehen, streifen;** Bild: Bei der Schwimmmeisterschaft gab es einen *String*tanga zur Sieger*ehr*ung. Wer wollte, konnte ihn gleich über**streifen**.

studere, studeo, studui (m. Dat.) [studēre, studeō, studuī] *[studehre, studeoh, studuih]* **sich bemühen (um), wollen, sich bilden;** Bild: Wenn man *stud*iere*n* will, muss man sich **bemühen**.

studium, studii *n* [studium, studiī] *[studium, studi'ih]* **Eifer, Bemühung;** hört sich im Deutschen genauso an.

stultus, stulta, stultum [stultus, stulta, stultum] *[stultus, stulta, stultum]* **dumm, einfältig, (als Subst.) Dummkopf;** Bild: Auf dem *Stuhl* sitzt 'ne *Tuss*i. Man sieht ihr an, dass sie **dumm** ist.

suadere, suadeo, suasi, suasum [suādēre, suādeō, suāsī, suāsum] *[suahdehre, suahdeoh, suahsih, suahsum]* **raten, zureden;** Bild: Ich **rate** dir, die *Schwar*te vom *Re*h zu nehmen, die schmeckt besser als die Schwarte vom Schwein.

sub (m. Abl.) [sub] *[sub]* **unter;** Bild: Ein Schiff geht in der *Sup*pe **unter.**

subire, subeo, subii, subitum [subīre, subeō, subiī, subitum] *[subihre, subeoh, subi'ih, subitum]* **herangehen, auf sich nehmen;** Bild: Alle Gäste **gehen** ganz nah an die *Sup*pen-*Biere* **heran.**

subito [subitō] *[subitoh]* **plötzlich;** Bild: Zauberer: **Plötzlich** war der *Suppentop*f (*Subito*) verschwunden.

succedere, succedo, successi, successum [succēdere, succēdō, successī, successum] *[sukzehdere, sukzehdoh, sukzessih, sukzessum]* **anrücken (gegen), (nach-)folgen, nachrücken;** Bild: *Such* die *Zeder* mit dem *Re*h. Erst dann können wir **nachrücke**n.

sumere, sumo, sumpsi, sumptum [sūmere, sūmō, sūmpsī, sūmptum] *[suhmere, suhmoh, suhmpsih, suhmp-*

tum] **nehmen;** Bild: Schiffbrüchiger: »Soll ich *sum*men auf dem *Meere* oder mir das Leben **nehmen**?« Bild: Der *Sumo*ringer **nimmt** das Geschenk des Gegners an.

summus, summa, summum [summus, summa, summum] *[summus, summa, summum]* **höchste, oberste, äußerste;** Bild: Die **höchste** Biene *summ*t um das *Mus.* Bild: Der **oberste** Drogenboss lebt heute noch auf *Suma*tra.

super (m. Akk./Abl.) [super] *[super]* **über, oben auf;** Bild: *Super*man fliegt **über** unsere Köpfe hinweg.

superare [superāre] *[superahre]* **siegen, besiegen, übertreffen;** Bild: Du wirst beim Kochduell nicht **siegen**, weil du in deiner *Suppe* H*aare* hast.

superbus, superba, superbum [superbus, superba, superbum] *[superbus, superba, superbum]* **hochmütig, stolz;** Bild: Ich bin **stolz** auf meinen *Superbus.* Bild: Sie ist **stolz** auf ihre *Super-Ba*r.

superior, superior, superius [superior, superior, superius] *[superior, superior, superius]* **überlegen, höher stehend, früher;** Bild: Wer *super Ohr*en oder ein *super Rohr* hat, **steht höher.**

supplex, supplicis (Gen.) [supplex, supplicis] *[suppleks, supplizis]* **bittend, flehend;** Bild: Er **flehte** mich an, dass ich die *Suppe* auf*leck.*

supplicium, supplicii *n* [supplicium, suppliciī] *[supplizium, supplizi'ih]* **Hinrichtung, (Todes-)Strafe;** Bild: Bei der **Hinrichtung** musste er *Supp*e mit *Lizium* löffeln.

supremus, suprema, supremum [suprēmus, suprēma, suprēmum] *[suprehmus, suprehma, suprehmum]* **letzte, höchste, oberste;** Bild: Das **höchste** der Gefühle ist das *super* Apfel*mus*.

surgere, surgo, surrexi, surrectum [surgere, surgō, surrēxī, surrēctum] *[surgere, surgoh, surrehxih, surrehktum]* **aufstehen, sich erheben;** Bild: Ich mache mir *Sorge*n, weil er nicht mehr **aufsteht**.

suscipere, suscipio, suscepi, susceptum [suscipere, suscipiō, suscēpī, susceptum] *[suszipere, suszipioh, suszehpih, suszeptum]* **unternehmen, sich (einer Sache) annehmen, auf sich nehmen;** Bild: *Sus*i *zie*pt an den *Beere*n. Lustlos hat sie **sich der Sache angenommen**.

suspicio, suspicionis *f* [suspīciō, suspīciōnis] *[suspihzioh, suspihziohnis]* **Argwohn, Verdacht;** Bild: Der *SU* (Sowjetunion-)*Spitze*l bespitzelte nicht nur die, die unter **Verdacht** standen.

sustinere, sustineo, sustinui [sustinēre, sustineō, sustinuī] *[sustinehre, sustineoh, sustinuih]* **aushalten, ertragen;** Bild: *Su*ch*s*t du *di*e *Nähr*w*e*rttabelle? So lange, bis du sie wiederfindest, musst du es **aushalten**, etwas zu essen, ohne zu

wissen, wie viel Gramm Fett darin enthalten ist.

suus, sua, suum [suus, sua, suum] *[su'us, su'a, su'um]* **sein, ihr;** Bild: *Sus*i probt den Text: »**Sein** oder nicht **sein**!« Bild: Bei **ihm** machte es sofort »*zoom*«, als er sie sah.

T

tabula, tabulae *f* [tabula, tabulae] *[tabula, tabulä]* **Gemälde, Tafel, Aufzeichnung;** Bild: Eine *Tab*-Taste malt *Ulla* an die **Tafel**.

tacere, taceo, tacui [tacēre, taceō, tacuī] *[tazehre, tazeoh, takuih]* **schweigen, still sein;** Bild: Wenn man die *Tatze* eines *Re*hs behandelt, muss man ganz **still sein**.

talis, talis, tale [tālis, tālis, tāle] *[tahlis, tahlis, tahle]* **derartig, so beschaffen, (ein) solcher;** Bild: Ein *so beschaffen*er *Talis*man kann nur helfen.

tam [tam] *[tam]* **so;** Bild: **So** sitzt man am *So*nntag auf dem *Damm*.

tamen [tamen] *[tamen]* **dennoch, trotzdem;** Bild: **Trotzdem** sie sich so benehmen, sind sie *Damen*.

tamquam [tamquam] *[tamkwam]* **wie, wie wenn, als ob;** Bild: Es sieht so aus, **als ob** der *Damm* qua*lm*t.

tandem [tandem] *[tandem]* **endlich,
schließlich;** Bild: **Endlich** bekamen wir
das *Tandem* (Fahrrad für zwei). Bild: *Tan-
te M.* schenkte uns **endlich** das *Tandem*.

tangere, tango, tetigi, tactum [tangere,
tangō, tétigī, tāctum] *[tangere, tangoh,
tetigih, taktum]* **berühren;** Bild: Wenn
man *Tango* tanzt, **berührt** man sich in-
tensiver.

tantum (Adv.) [tantum] *[tantum]* **nur;**
Bild: Ich hab doch **nur** *Tant* (Nippes)
um den Hals.

tantus, tanta, tantum [tantus, tanta, tan-
tum] *[tantus, tanta, tantum]* **so groß, so
viel;** Bild: Du hast **so viel** Geld. *Dann
tu's* doch ausgeben.

tegere, tego, texi, tectum [tegere, tegō,
tēxī, tēctum] *[tegere, tegoh, tehksih,
tehktum]* **bedecken, schützen;** Bild:
Am *Tegern*see **bedecken** sich alle mit
einer Decke, um sich vor den Strahlen
aus dem Weltraum zu **schützen.** Bild:
Weil es regnete, **bedeckte** sie sich mit
einer Decke und trank erst dann ihren
Tee to *go*.

tellus, telluris *f* [tellūs, tellūris] *[telluhs,
telluhris]* **Erde, Erdboden;** Bild: Der
*Tell*er fällt aus einem B*us* auf den **Erd-
boden**.

tempestas, tempestatis *f* [tempestās,
tempestātis] *[tempestahs, tempestahtis]*
Sturm, Wetter; Bild: Die *Tempel*sta*d*t
wurde vom **Sturm** verwüstet.

temptare [temptāre] *[temptahre]* **prü-
fen, versuchen, angreifen;** Bild: Im
Tempel **prüft** man Gi*tarre*n.

tempus, temporis *n* [tempus, tempo-
ris] *[tempus, temporis]* **Zeit, Zeitpunkt;**
Bild: Wenn du nicht zum richtigen **Zeit-
punkt** ein *Tem*po (Marke) im *Bus* be-
kommst, niest du alle an.

tendere, tendo, tetendi, tentum [tende-
re, tendō, tetendī, tentum] *[tendere, ten-
doh, tetendih, tentum]* **(aus-)strecken,
spannen;** Bild: Zwischen zwei Kleider-
s*tänder*n des *Re*hs einen Gummi **span-
nen.** Bild:; Ich **strecke** mich **aus** und
spiele Nin*tendo*.

tener, terera, tenerum [tener, tenera, te-
nerum] *[tener, tenera, tenerum]* **jung,
zart, zärtlich;** Bild: Auf *Tener*iffa gibt
es **junge** und **zarte** Suppenhühner im
*Zehner*pack.

tenere, teneō, tenui [tenēre, teneō, tenuī]
[tenehre, teneoh, tenuih] **zurückhalten,
sich erinnern;** Bild: Die 10 *Tenör*e kön-
nen sich nicht **zurückhalten.** Bild: *De*r
*Neo*nazi kann sich nicht mehr **erinnern**.

tergum, tergi *n* [tergum, tergī] *[tergum,
tergih]* **Rücken;** Bild: Nachdem ich auf
der Straße geschlafen hatte, klebte am
Rücken der *Teer-* (Kau-)*gumm*i.

terra, terrae *f* [terra, terrae] *[terra, ter-
rä]* **Erde, Land;** Bild: *Terra* X (TV-Sen-
dung) zeigt uns die unbekannte **Erde**.

Bild: Im **Land** von Benjamin Blümchen hören alle Tiere auf »*Tärääh*«.

terrere, terreo, terrui [terrēre, terreō, terruī] *[terrehre, terreoh, terruih]* **(jmdn.) erschrecken;** Bild: Mutter *Tere*sa (Nonne) reitet auf einem *Re*h und **erschreckt** alle.

terribilis, terribilis, terribile [terribilis, terribilis, terribile] *[terribilis, terribilis, terribile]* **schrecklich;** Bild: Mein *Terri*er *Billy* (benannt z.B. nach Billy the Kid) ist wirklich ein **schrecklicher** Hund.

terror, terroris *m* [terror, terrōris] *[terror, terrohris]* **Schrecken, Schreckensnachricht;** hört sich im Deutschen ähnlich an.

testis, testis, testium (Gen. Pl.) [testis, testis, testium] *[testis, testis, testium]* **Zeuge;** Bild: Der *Test is*' wie ein **Zeuge.**

timere, timeo, timui [timēre, timeō, timuī] *[timehre, timeoh, timu'ih]* **(sich) fürchten, Angst haben (vor);** Bild: *Die Meere* **fürchten** den Menschen.

timidus, timida, timidum [timidus, timida, timidum] *[timidus, timida, timidum]* **ängstlich, scheu;** Bild: Alle schrien: »*Timi, tu's*!« – Aber Timi (z.B. der kleine Tim Bendzko) war zu **ängstlich.**

timor, timoris *m* [timor, timōris] *[timor, timohris]* **Angst, Furcht;** Bild: *Die Moor*leiche starb einst aus **Angst** vor

Moorleichen. Bild: *Die Moor*leiche *is*' aus **Furcht** gestorben.

tolerare [tolerāre] *[tolerahre]* **ertragen, fristen;** Bild: Die *Tolle* an deinen *Haare*n muss ich **ertragen.**

tollere, tollo, sustuli, sublatum [tollere, tollō, sústulī, sublātum] *[tollere, tolloh, sustulih, sublahtum]* **hochheben, aufheben, beseitigen, vernichten;** Bild: Das *tolle Reh* wird **beseitigt.** Bild: Man muss mich schon zu den *Dolo*miten **hochheben.**

tot (indekl.) [tot] *[tot]* **so viele;** Bild: **So viele** sind schon *tot.*

totus, tota, totum [tōtus, tōta, tōtum] *[tohtus, tohta, tohtum]* **ganz;** Bild: Ich schau mir immer TV-*Tota*l (mit Stefan Raab) **ganz** an. Bild: Ich könnte *tot* umfallen: Ich bin **ganz** erschöpft.

tradere, trado, tradidi [trādere, trādō, trādidī] *[trahdere, trahdoh, trahdidih]* **übergeben, überliefern;** Bild: Seit Jahrhunderten **überliefert**: *Draht* um die *Ähre.*

trahere, traho, traxi, tractum [trahere, trahō, trāxī, tractum] *[trahere, trahoh, trahksih, traktum]* **ziehen, schleppen;** Bild: Mit einem *Draht* alle *Heere* ab**schleppen.**

traicere, traicio, traieci, traiectum [trāicere, trāiciō, trāiēcī, trāiectum] *[trahizere, trahizioh, trahi'ehzih,*

trahi'ektum] **hinüberbringen, überset-zen;** Bild: *Dreizehn Re*he müssen über den Fluss **übergesetzt** werden.

trans (m. Akk.) [trāns] *[trahns]* **über (... hinüber), jenseits;** Bild: Der Schwer*trans*porter *trans*portiert die To-ten ins **Jenseits hinüber.**

transgredi, transgredior, transgres-sus sum [trānsgredi, trānsgredior, trānsgressus sum] *[trahnsgredi, trahns-gredior, trahnsgressus sum]* **hinüberge-hen, überschreiten;** Bild: *I*ch hab grad mit der *Trans g'red.* Wir wollen erho-benen Hauptes ins Jenseits **hinüber-schreiten.**

transire, transeo, transii, transitum [trānsīre, trānseō, trānsiī, trānsitum] *[trahnsihre, trahnseoh, trahnsi'ih, trahnsitum]* **hinübergehen, herüber-kommen, überschreiten;** Bild: Immer wenn ich zum Nachbarn **hinübergehe,** fängt die *Trans*e an zu schreien wie ei-ne *Sire*ne.

tres, tres, tria [trēs, trēs, tria] *[trehs, trehs, tria]* **drei;** Bild: Im *Tres*or waren nur noch **drei** Euro. Bild: Der *Tria*ngel hat **drei** Ecken.

tribuere, tribuo, tribui, tributum [tribu-ere, tribuō, tribuī, tribūtum] *[tribu'ere, tribuoh, tribuih, tribuhtum]* **zuteilen, schenken, erweisen;** Bild: Düsenan-*trieb* für *Uhre*n will keiner **geschenkt** haben.

tribunus, tribuni *m* [tribūnus, tribūnī] *[tribuhnus, tribuhnih]* **Militärtribun;** Bild: An der *Trieb-Uni* wurde der **Mi-litärtribun** (höherer Offizier der römi-schen Armee) ausgebildet.

triginta [trīgintā] *[trihgintah]* **dreißig;** Bild: Alle *dr*ei *Kinder* sind schon über **dreißig** Jahre alt.

tristis, tristis, triste [trīstis, trīstis, trīste] *[trihstis, trihstis, trihste]* **traurig, uner-freulich;** Bild: *Trist* (Tristan) *is'* **trau-rig.**

tu, te [tū, tē] *[tuh, teh]* **du/dich;** Bild: **Du** *tu*st sowieso, was du willst.

tum [tum] *[tum]* **da, dann, darauf, damals;** Bild: **Damals** war ich noch *dumm.*

tunc [tunc] *[tunk]* **da, damals, zu die-sem Zeitpunkt, dann;** Bild: **Damals** s*t*ankt der *Dung* mehr als heute.

turba, turbae *f* [turba, turbae] *[turba, turbä]* **(Menschen-)Menge, Durchei-nander;** Bild: In der **Menschenmenge** trägt einer keinen *Turba*n. Alle anderen tragen *Turbä*ne.

turpis, turpis, turpe [turpis, turpis, tur-pe] *[turpis, turpis, turpe]* **schändlich, hässlich;** Bild: Die Rad*tour bis* nach Hause war **hässlich.** Überall überfahre-ne Häschen.

turris, turris, turrim (Akk. Sg.), turri (Abl. Sg.), turrium (Gen. Pl.) *f* [turris, turris, turrim, turrī, turrium] *[turris, turris, turrim, turrih, turrium]* **Turm;** Bild: Alle *Touris* wollen auf den **Turm**.

tutari, tutor, tutatus sum [tūtārī, tūtor, tūtātus sum] *[tuhtahrih, tuhtor, tuhtatus sum]* **beschützen, in Schutz nehmen;** Bild: Der *Tudor* (als Bogenschütze) **beschützt** die Schüler.

tutus, tuta, tutum [tūtus, tūta, tūtum] *[tuhtus, tuhta, tuhtum]* **sicher, geschützt;** Bild: Macht man mit der Hupe »*tut*«, dann fühlt man sich im Straßenverkehr **sicher**.

tuus, tua, tuum [tuus, tua, tuum] *[tu'us, tua, tu'um]* **dein;** Bild: »*Tu's* oder *tu's* nicht!« Es ist **dein**e Entscheidung.

U

ubi [ubi] *[ubi]* **wo?;** Bild: **Wo** geht's zum *Ubi*-Baumarkt?

ubi (m. Perf.) [ubī] *[ubih]* **sobald;** Bild: **Sobald** der *Obi* zumacht, brechen wir ein.

ubique [ubīque] *[ubihkwe]* **überall;** Bild: **Überall** ist es *unbeque*m.

ulcisci, ulciscor, ultus sum (m. Akk.) [ulcīscī, ulcīscor, ultus sum] *[ulzihszih, ulzihskor, ultus sum]* **(etw./jmdn.) rächen, sich rächen (an);** Bild: *U*lla, du *ziehst sie* durch den Kakao, um dich zu **rächen**.

ultro [ultrō] *[ultroh]* **darüber hinaus, noch dazu, von sich aus;** Bild: **Darüber hinaus** höre ich aber auch noch K*ultro*ck.

umerus, umeri *m* [umerus, umerī] *[umerus, umerih]* **Oberarm, Schulter;** Bild: Der B*umer*ang des *Rus*sen traf ihn am **Oberarm**.

umquam [umquam] *[umkwam]* **jemals;** Bild: Wenn **jemals** einer wieder *um* den *Qua*lm läuft, wird sich das Feuer erneut entfachen.

una (cum) [ūnā (cum)] *[uhnah kum]* **zusammen (mit);** Bild: *Komm* nach *Unna* (Stadt) **zusammen mit** deiner ganzen Familie.

unde [unde] *[unde]* **woher?;** Bild: **Woher** soll ich wissen, wo *unte*n ist?

undique [undique] *[undikwe]* **von überall her;** Bild: … *und Dicke* kommen **von überall her**.

universus, universa, universum [ūniversus, ūniversa, ūniversum] *[uhniwersus, uhniwersa, uhniwersum]* **ganz, gesamt, alle zusammen;** Bild: Wir reisen **alle zusammen** ins *Universum*. Bild: **Alle zusammen** müssen in der *Uni* einen *Vers* aufsagen.

unus, una, unum [ūnus, ūna, ūnum] *[uhnus, uhna, uhnum]* **ein, ein einziger;** Bild: **Ein einziger** Fahrgast isst in der U-Bahn eine *U-Nuss*.

unusquisque [ūnusquisque] *[uhnuskwiskwe]* **jeder Einzelne;** Bild: **Jeder Einzelne** bekommt eine *Nuss* und m*uss* im *Quiz* aus der *Que*lle trinken.

urbs, urbis, urbium (Gen. Pl.) *f* [urbs, urbis, urbium] *[urbs, urbis, urbium]* **Stadt;** Bild: In der ganzen **Stadt** liegen K*urbis* (Kürbisse) herum.

usque ad (m. Akk.) [ūsque ad] *[uhskwe ad]* **bis zu;** Bild: **Bis zu** fünf B*us*se standen *que*r auf der *A*utobahn *D*.

usus, usus *m* [ūsus, ūsūs] *[uhsus, uhsuhs]* **Gebrauch, Nutzen, Erfahrung;** Bild: Das Wort »*Usus*« wird auch im Deutschen **gebrauch**t.

ut [ut] *[ut]* **wie;** Bild: Meine *Ut*ensilien wurden **wie** Müll behandelt.

ut (m. Konj.) [ut] *[ut]* **dass, damit, sodass;** Bild: Schneide vom H*ut* das »H« weg, **damit** er wieder passt.

uter, utra, utrum, utiris (Gen.), utri (Dat.) [uter, utra, utrum, utrī] *[uter, utra, utrum, utrih]* **wer? (von zwei Personen);** Bild: **Wer** von uns beiden verträgt keine B*utter*?

uterque, utraque, utrumque, utriusque (Gen.), utrique (Dat.) [uterque, utraque, utrumque, utrīusque, utrīque] *[uterkwe, utrakwe, utrumkwe, utrihuskwe, utrihkwe]* **jeder (von zwei Personen), beide;** Bild: **Jeder** von uns beiden darf aus der B*utter-Que*lle trinken.

uti, utor, usus sum (m. Abl.) [ūtī, ūtor, ūsus sum] *[uhtih, uhtor, uhsus sum]* **(etw.) benutzen, gebrauchen;** Bild: M*utti* **benutzt** ihren M*ut* im *Tor* richtig und hält den Ball.

utilis, utilis, utile [ūtilis, ūtilis, ūtile] *[uhtilis, uhtilis, uhtile]* **nützlich, brauchbar;** Bild: M*utti* lie*st* mir **nützliche** Tipps aus dem Benutzerhandbuch vor.

utinam (m. Konj.) [utinam] *[utinam]* **hoffentlich, wenn doch (bloß);** Bild: Ich sah, wie er sich die *Uzi* (Maschinenpistole) *nahm*. **Hoffentlich** macht er keinen Blödsinn damit.

utrum [utrum] *[utrum]* **ob (indirekte Frage);** Bild: Frage: **Ob** u*nten*r*um* alles in Ordnung ist?

uxor, uxoris *f* [uxor, uxōris] *[uksor, uksohris]* **Ehefrau, Gattin;** Bild: Meine **Ehefrau** hat Ohren wie ein Lux (L*u*-

xohr). Bild: Am L*uxohr is'* meine **Ehe-frau** und flüstert dem Lux etwas zu.

V

vacare [vacāre] *[wakahre]* **frei sein;** Bild: Wenn du **frei sein** willst, dann schneide die *Fuck*-H*aare* doch einfach ab.

valde [valdē] *[waldeh]* **sehr;** Bild: Im *Walde* ist es **sehr** dunkel.

vale!/valete! [valē!/valēte!] *[waleh!/walehte]* **leb/lebt wohl;** Bild: **Lebt wohl,** ihr *Wale.* Meine Zeit ist vorbei.

valere, valeo, valui [valēre, valeō, valuī] *[walehre, waleoh, walu'ih]* **gesund sein, Einfluss haben;** Bild: Wenn du **gesund sein** willst, dann iss regelmäßig *Wal* mit Getreide-*Ähre*n.

varius, varia, varium [varius, varia, varium] *[warius, waria, warium]* **verschieden(-artig), wankelmütig;** Bild: *War i*ch **verschieden** gekleidet genug?

vas, vasis, (Pl.:) vasa, vasorum *n* [vās, vāsis, vāsa, vāsōrum] *[wahs, wahsis, wahsa, wahsohrum]* **Gefäß;** Bild: *Was ist* das für ein **Gefäß,** in dem *Wasa*-Knäckebrot (Marke) aufbewahrt wird?

vastare [vāstāre] *[wahstahre]* **verwüsten;** Bild: *Wast*ls (Dackel) H*aare* sind total **verwüstet** (in der Wüste).

vehemens, vehementis (Gen.) [vehemēns, vehementis] *[wehemehns, wehementis]* **heftig;** Bild: *Wer hämme*rt da so **heftig** auf seinen Schulheft herum?

vehere, veho, vexi, vectum [vehere, vehō, vēxī, vectum] *[wehere, wehoh, wehksih, wektum]* **fahren, tragen, ziehen;** Bild: *Wehe* dem, der das tote *Re*h von der Straße **zieht.** Das kann *verhee-re*nde Folgen haben.

vel [vel] *[wel]* **oder;** Bild: *Wähl* ich die Partei **oder** die andere Partei?

velle, volo, volui [velle, volō, voluī] *[welle, woloh, woluih]* **wollen;** Bild: Du musst es nur **wollen,** dann kannst du auf *Welle*n reiten.

velut [velut] *[welut]* **wie, wie zum Beispiel;** Bild: *We*r *lut*scht **wie** ich den Lutscher? (Drehen, ziehen und schlürfen!)

vendere, vendo, vendidi [vendere, vendō, vendidī] *[wendere, wendoh, wendidih]* **verkaufen;** Bild: Die kunstvoll bemalten Höhlen*wände* mit den *Re*hen wollte man **verkaufen.**

venire, venio, veni, ventum [venīre, veniō, vēnī, ventum] *[wenihre, wenioh, wehnih, wentum]* **kommen;** Bild: *Wenn Niere*n versagen, **kommt** der Notarzt.

ventus, venti *m* [ventus, ventī] *[wentus, wentih]* **Wind, Sturm;** Bild: Die **Winde** wehen das Fahrrad*venti*l um.

ver, veris *n* [vēr, vēris] *[wehr, wehris]* **Frühling;** Bild: Im **Frühling** macht die Feuer*wehr* eine Übung (schon ganz früh).

verberare [verberāre] *[werberahre]* **schlagen;** Bild: Der Be*werber* **schlägt** im Bewerbungsgespräch mit der Faust auf den Tisch und seine H*aare* fallen ab.

verbum, verbi *n* [verbum, verbī] *[werbum, werbih]* **Wort;** Bild: *Wer* »*bum*sen« sagt, darf kein einziges **Wort** mehr sagen. Bild: *Wer bi*n ich? – Mir fehlt das **Wort**.

vereri, vereor, veritus sum [verērī, vereor, veritus sum] *[werehrih, wereor, weritus sum]* **fürchten, verehren;** Bild: *Wehre* dich *ri*chtig, dann musst du niemanden **fürchten**.

vero [vērō] *[wehroh]* **aber, wirklich;** Bild: … **aber** die *Währu*ng ist nichts mehr Wert.

versari, versor, versatus sum [versāri, versor, versātus sum] *[wersahri, wersor, wersahtus sum]* **(sich) aufhalten, leben, sich beschäftigen;** Bild: *Wer* einen *Sari* (traditionelles indisches Bekleidungsstück für Frauen) trägt, **hält sich** wahrscheinlich auch in Indien **auf**.

versus, versus *m* [versus, versūs] *[wersus, wersuhs]* **Vers;** hört sich im Deutschen ähnlich an.

vertere, verto, verti [vertere, vertō, vertī] *[wertere, wertoh, wertih]* **wenden, drehen, verwandeln;** Bild: Der Gefängnis*wärter* **dreht** sich im Kreis, um alles beobachten zu können.

verus, vera, verum [vērus, vēra, vērum] *[wehrus, wehra, wehrum]* **wahr, echt;** Bild: Der **echt**e *Virus* taucht nicht mehr auf. Bild: Die **echt**e *Vera* (z.B. Int-Veen) steht im Wachsfigurenkabinett.

vester, vestra, vestrum [vester, vestra, vestrum] *[wester, westra, westrum]* **euer;** Bild: Das ist **euer** *Wester*n (Film). Bild: **Euer** *Westra*dio war damals besser als unser Ostradio.

vestis, vestis *f* [vestis, vestis] *[westis, westis]* **Kleidung, Kleidungsstück;** Bild: Die *West*e *is*t ein **Kleidungsstück**.

vetus, veteris (Gen.), **vetere** (Abl. Sg.), **vetera** (Nom. Pl.), **veterum** (Gen. Pl.) [vetus, veteris, vetere, vetera, veterum] *[wetus, weteris, wetere, wetera, weterum]* **alt, ehemalig, erfahren;** Bild: *Wenn du's* tust, wirst du schlagartig **alt/ erfahren**. Bild: Die *Feder is*t das **ehemalig**e Schreibgerät.

victor, victoris *m* [victor, victōris] *[wiktor, wiktohris]* **Sieger;** Bild: *Victor* (z.B. Vicco von Bülow) war **Sieger** beim 100-Meter-Lauf.

victoria, victoriae *f* [victōria, victōriae] *[wiktohria, wiktohriä]* **Sieg;** Bild: *Victoria* Beckham feiert den **Sieg** über ihren Mann David.

vicus, vici *m* [vīcus, vīcī] *[wihkus, wihzih]* **Gasse, Stadtviertel, Dorf;** Bild: In der **Gasse** gibt sich das *Vieh* einen *Kuss.* – Wie *witzi*g!

videre, video, vidi, visum [vidēre, videō, vīdī, vīsum] *[widehre, wideoh, wihdih, wihsum]* **sehen;** Bild: Wir **sehen** schon *wieder Re*he. Bild: Kommt, lasst uns ein *Video* **sehen.**

videtur/videntur (m. Inf.) [vidētur/videntur] *[widehtur/widentur]* **er/sie/es scheint, sie scheinen;** Bild: **Es scheint,** dass er *wiede*r auf *Tour* geht.

vigilia, vigiliae *f* [vigilia, vigiliae] *[wigilia, wigiliä]* **Nachtwache;** Bild: *Wicki* hängt an einer *Lia*ne und stürzt sich auf die **Nachtwache.**

villa, villae *f* [vīlla, vīllae] *[wihlla, wihllä]* **Haus, Landhaus, Landgut;** Bild: Christoph Martin *Wiela*nd (Dichter) wohnte in diesem **Haus.** Bild: *Wie la*ng wohnte er in diesem **Haus**?

vincere, vinco, vici, victum [vincere, vincō, vīcī, victum] *[winzere, winkoh, wihzih, wiktum]* **(be-)siegen, übertreffen;** Bild: Der *Winzer* hat das *Re*h im Weinberg **besiegt.**

vindicare [vindicāre] *[windikahre]* **beanspruchen;** Bild: Die *windi*ge *Karre* wurde bei dem Test (Windkanal) enorm **beansprucht.**

vinum, vini *n* [vīnum, vīnī] *[wihnum, wihnih]* **Wein;** Bild: Um *Wien* her*um* trinkt man **Wein.** Bild: *Winnie* Puuh, der Bär, trinkt auch **Wein.**

vir, viri *m* [vir, virī] *[wir, wirih]* **Mann;** Bild: Der **Mann** bekommt eine *Vir*usinfektion.

virgo, virginis *f* [virgō, virginis] *[wirgoh, wirginis]* **junge Frau (unverheiratet), Jungfrau;** Bild: *Wir ko*mmen alle zum 18. Geburtstag der **Jungfrau.** Bild: *Wir genieß*en noch die Zeit als **Jungfrau**en.

virtus, virtutis *f* [virtūs, virtūtis] *[wirtuhs, wirtuhtis]* **Tüchtigkeit, Tapferkeit, Tugend, (Pl.:) gute Eigenschaften;** Bild: *Wir tu*n *dies* und wollen mit **Tapferkeit** glänzen.

vis, vim (Akk.), vi (Abl.), (Pl.:) vires, virium *f* [vīs, vim, vī, vīrēs, vīrium] *[wihs, wim, wih, wihres, wihrium] Gewalt, Kraft, Menge, (Pl.:) Streitkräfte;* Bild: Der Hund strullt mit viel *Kraft* auf die *Wiese*. Bild: *SSSStreitkräfte* schreibt man mit *vier »S«.*

visere, viso, – [vīsere, vīsō, –] *[wihsere, wihsoh, –] besichtigen, besuchen;* Bild: Die *Wiese* mit *Re*h *besichtigen.*

vita, vitae *f* [vīta, vītae] *[wihta, wihtä] Leben;* Bild: *Vita*li Klitschko (Boxer) kämpft um sein *Leben.*

vitare [vītāre] *[wihtahre] (ver-)meiden;* Bild: Du kannst *Fit-Haare* bekommen, wenn du es *vermeidest, Fett* in die *Haare* zu schmieren.

vitium, vitii *n* [vitium, vitiī] *[wizium, wizi'ih] Fehler, schlechte Eigenschaft;* Bild: *Wi*r *zieh*en *um*. Ob das nicht ein *Fehler* ist? Bild: Meine *schlechte Eigenschaft* ist, dass ich nicht *witzi*g bin.

vivere, vivo, vixi [vīvere, vīvō, vīxī] *[wihwere, wihwoh, wihksih] leben;* Bild: *Wie wäre* es zu *leben?*

vivus, viva, vivum [vīvus, vīva, vīvum] *[wihwus, wihwa, wihwum] lebendig, zu Lebzeiten;* Bild: Am toten *Vie*h ist nur noch der *Fuß lebendig.* Bild: Die *FIFA* ist ein sehr *lebendig*er Fußballverband.

vix [vix] *[wiks] kaum;* Bild: Die Schuhe sind *kaum* ge*wichs*t und werden auch wieder gleich angezogen.

vocare [vocāre] *[wokahre] rufen, nennen;* Bild: »*Wo* ist die Schub*karre*?«, *ruft* der Gärtner.

voluntas, voluntatis *f* [voluntās, voluntātis] *[woluntahs, woluntahtis] Wille, Absicht;* Bild: Mit *Absicht* ist er hacke*voll und assi*g.

voluptas, voluptatis *f* [voluptās, voluptātis] *[woluptahs, woluptahtis] Vergnügen, Spaß, Lust;* Bild: In der *Woll*e mit *Lup*e die *Tass*e zu suchen ist ein wahres *Vergnügen.*

volvere, volvo, volvi, volutum [volvere, volvō, volvī, volūtum] *[wolwere, wolwoh, wolwih, woluhtum] rollen, wälzen, überlegen;* Bild: Nachdem der *Wolf* eine Weizen*ähre* gefressen hatte, *wälzte* er sich auf der Wiese. Bild: Ein *Volvo* (Automarke) *rollt* den Hang hinunter.

vos [vōs] *[wos] ihr (Nom.), euch (Akk.);* Bild: *Ihr* könnt alle in die *FOS* (Fachoberschule).

votum, voti *n* [vōtum, vōtī] *[wohtum, wohtih] Wunsch, Gelübde;* Bild: *Wo Dum*mheit herrscht, verlässt man sich auf den *Wunsch.* Bild: Er stellte sich auf den *Wo*hnzimmer*ti*sch und legte sein *Gelübde* ab.

vox, vocis *f* [vōx, vōcis] *[wohks, woh-zis]* **Stimme, Laut;** Bild: Wenn man mehrere *Woks* (Pfannen in der asiatischen Küche) vor den Mund hält, wird die **Stimme** lauter.

vulgus, vulgi *n* [vulgus, vulgī] *[wulgus, wulgih]* **Volk;** Bild: Der *Vulk*an gibt dem **Volk** manchmal einen *Kuss*.

vulnus, vulneris *n* [vulnus, vulneris] *[wulnus, wulneris]* **Wunde;** Bild: Die Römer legten immer eine *Wa*l*nuss* auf die **Wunde**.

vultus, vultus *m* [vultus, vultūs] *[wultus, wultuhs]* **Gesicht, Gesichtsausdruck;** Bild: *Wohl tu*t's im **Gesicht**, wenn man eine Salbe draufschmiert.

DEUTSCH   LATEIN

abbringen	**deducere** [dēdūcere] *[dehduhzere]*
Abendessen	**cena** *f* [cēna] *[zehna]*
aber	**at** [at] *[at]*
aber	**autem (nachgestellt**) [autem] *[autem]*
aber	**sed** [sed] *[sed]*
aber	**vero** [vērō] *[wehroh]*
aber … nicht	**neque** [neque] *[nekwe]*
Aberglaube	**religio** *f* [religiō] *[religioh]*
abhalten	**prohibere** [prohibēre] *[prohibehre]*
ablehnen	**negare** [negāre] *[negahre]*
Absicht	**consilium** *n* [cōnsilium] *[cohnsilium]*
Absicht	**voluntas** *f* [voluntās] *[woluntahs]*
abstammen	**proficisci** [proficīscī] *[profizihszih]*
abwehren	**arcere** [arcēre] *[arzehre]*
abwehren	**defendere** [dēfendere] *[dehfendere]*
abweisen	**repellere** [repellere] *[repellere]*
abwenden	**avertere** [āvertere] *[ahwertere]*
abwesend sein	**abesse** [abesse] *[abesse]*
nicht (be-)achten	**neglegere** [neglegere] *[neglegere]*
achtgeben	**cavere** [cavēre] *[kawehre]*
Acker	**ager** *m* [ager] *[ager]*
adlig	**nobilis** [nōbilis] *[nohbilis]*
ähnlich	**similis** [similis] *[similis]*
alle	*(Pl. von)* **omnis** [omnis] *[omnis]*
alle	**cuncti** [cūncti] *[kuhnkti]*
alle zusammen	**universus** [ūniversus] *[uhniwersus]*
allein	**solus** [sōlus] *[sohlus]*
allerdings	**quidem** [quidem] *[kwidem]*
alles darauf anlegen, dass …	**id agere, ut** [id agere, ut] *[id agehre, ut]*
alles, was	**quidquid** [quidquid] *[kwidkwid]*
allgemein	**communis** [commūnis] *[kommuhnis]*

allmählich	**paulatim** [paulātim] *[paulahtim]*
als	**cum (m. Ind.)** [cum] *[kum]*
als	**cum (m. Konj.)** [cum] *[kum]*
als (nach Komparativ)	**quam** [quam] *[kwam]*
als ob	**quasi** [quasi] *[kwasi]*
als ob	**tamquam** [tamquam] *[tamkwam]*
als plötzlich	**cum (m. Ind.)** [cum] *[kum]*
also	**ergo** [ergō] *[ergoh]*
also	**igitur** [igitur] *[igitur]*
also	**proinde** [proinde] *[proinde]*
alt	**antiquus** [antīquus] *[antihkwus]*
alt	**vetus** [vetus] *[wetus]*
Altar	**ara** *f* [āra] *[ahra]*
alter Mann	**senex** *m* [senex] *[seneks]*
Alter	**aetas** *f* [aetās] *[ätahs]*
Alter	**senectus** *f* [senectūs] *[senektuhs]*
am meisten	**maxime** [māximē] *[mahximeh]*
Amt	**munus** *n* [mūnus] *[muhnus]*
Amtsbereich	**provincia** *f* [prōvincia] *[prohwinzia]*
Amtsgewalt	**potestas** *f* [potestās] *[potestahs]*
an sich reißen	**rapere** [rapere] *[rapere]*
an	**ad** [ad] *[ad]*
an	**in (m. Abl.)** [in] *[in]*
an	**in (m. Akk.)** [in] *[in]*
anbieten	**offerre** [offerre] *[offerre]*
Anblick	**conspectus** *m* [cōnspectus] *[kohnspektus]*
Anblick	**species** *f* [speciēs] *[spezi'ehs]*
anblicken	**aspicere** [aspicere] *[aspizere]*
(der) andere (von zwei Personen)	**alter** [alter] *[alter]*
(ein) anderer	**alius** [alius] *[alius]*
andererseits	**contra** [contrā] *[kontrah]*
ändern	**mutare** [mūtāre] *[muhtahre]*
anders	**aliter** [aliter] *[aliter]*
anfangen	**incipere** [incipere] *[inzipere]*

anfeuern	**incitare** [incitāre] *[inzitahre]*
anflehen	**obsecrare** [obsecrāre] *[obsekrahre]*
anfügen	**iniungere** [iniungere] *[iniungere]*
anfüllen	**complere** [complēre] *[komplehre]*
Angeklagte	**reus** *m* [reus] *[re'us]*
angelaufen kommen	**accurrere** [accurrere] *[akurrere]*
Angelegenheit	**negotium** *n* [negōtium] *[negohtzium]*
angemessen	**aequus** [aequus] *[äkwu'us]*
(etw. ist) angemessen (für)	**decere/decet** [decēre/decet] *[dezehre/dezet]*
angemessen	**dignus** [dīgnus] *[dihgnus]*
angemessen	**honestus** [honestus] *[honestus]*
angenehm	**dulcis** [dulcis] *[dulzis]*
angenehm	**iucundus** [iūcundus] *[iuhkundus]*
angenehm	**mollis** [mollis] *[mollis]*
angesehen	**amplus** [amplus] *[amplus]*
angreifen	**aggredi** [aggredī] *[aggredih]*
angreifen	**oppugnare** [oppūgnāre] *[oppuhgnahre]*
angreifen	**petere** [petere] *[petere]*
angreifen	**temptare** [temptāre] *[temptahre]*
Angriff	**impetus** *m* [impetus] *[impetus]*
Angst haben (vor)	**timere** [timēre] *[timehre]*
Angst	**metus** *m* [metus] *[metus]*
Angst	**timor** *m* [timor] *[timor]*
ängstlich	**timidus** [timidus] *[timidus]*
anheften	**figere** [fīgere] *[fihgere]*
anklagen	**accusare** [accūsāre] *[akuhsahre]*
ankommen	**advenire** [advenīre] *[advenihre]*
ankommen	**pervenire** [pervenīre] *[perwenihre]*
Ankunft	**adventus** *m* [adventus] *[adwentus]*
annehmen	**accipere** [accipere] *[akzipere]*
sich (einer Sache) annehmen	**suscipere** [suscipere] *[suszipere]*
anordnen	**praecipere** [praecipere] *[präzipere]*
anpacken	**corripere** [corripere] *[korripere]*
(jmdn.) anreden	**appellare** [appellāre] *[appellahre]*

anrücken (gegen)	**succedere** [succēdere] *[sukzehdere]*
Anschlag	**insidiae (Pluralwort)** *f* [īnsidiae] *[ihnsidiä]*
anschließen	**adiungere** [adiungere] *[adiungere]*
ansehen	**aspicere** [aspicere] *[aspizere]*
Ansehen	**auctoritas** *f* [auctōritās] *[auktohritahs]*
Ansehen	**dignitas** *f* [dīgnitās] *[dihgnitahs]*
Ansicht	**opinio** *f* [opīniō] *[opihnioh]*
Ansicht	**sententia** *f* [sententia] *[setenzia]*
(der) Ansicht sein	**censere** [cēnsēre] *[zehnsehre]*
ansprechen	**adire** [adīre] *[adihre]*
anständig	**honestus** [honestus] *[honestus]*
anständig	**probus** [probus] *[probus]*
anstelle (von)	**pro** [prō] *[proh]*
Anstifter	**auctor** *m* [auctor] *[auktor]*
anstrengen (sich)	**laborare** [labōrāre] *[labohrahre]*
anstrengen (sich)	**contendere** [contendere] *[kontendere]*
Anstrengung	**labor** *m* [labor] *[labor]*
antreiben	**incitare** [incitāre] *[inzitahre]*
antworten	**respondere** [respondēre] *[respondehre]*
anvertrauen	**committere** [committere] *[kommittere]*
anvertrauen	**mandare** [mandāre] *[mandahre]*
Anwalt	**patronus** *m* [patrōnus] *[patrohnus]*
Anweisung	**institutum** *n* [īnstitūtum] *[ihnstituhtum]*
anwenden	**adhibere** [adhibēre] *[adhibehre]*
anwesend sein	**adesse** [adesse] *[adesse]*
(große) Anzahl	**multitudo** f [multitūdō] *[multituhdoh]*
anzeigen	**indicare** [indicāre] *[indikahre]*
anzeigen	**significare** [sīgnificāre] *[sihgnifikahre]*
anzünden	**incendere** [incendere] *[inzendere]*
Arbeit	**labor** *m* [labor] *[labor]*
Arbeit	**opera** *f* [opera] *[opera]*
Arbeit	**opus** *n* [opus] *[opus]*
arbeiten	**laborare** [labōrāre] *[labohrahre]*
Argwohn	**suspicio** *f* [suspīciō] *[suspihzioh]*

arm	**pauper** [pauper] *[pauper]*
armselig	**miser** [miser] *[miser]*
Art und Weise	**ratio** *f* [ratiō] *[razioh]*
Art	**genus** *n* [genus] *[genus]*
Art	**modus** *m* [modus] *[modus]*
Art	**mos** *m* [mōs] *[mohs]*
Arzt	**medicus** *m* [medicus] *[medikus]*
Asche	**cinis** *m* [cinis] *[zinis]*
(aus-)atmen	**spirare** [spīrāre] *[spihrahre]*
auch	**et** [et] *[et]*
auch	**etiam** [etiam] *[eziam]*
auch	**quoque** [quoque] *[kwokwe]*
auch … nicht	**neque** [neque] *[nekwe]*
auch wenn	**etsi** [etsī] *[etsih]*
auch wenn	**quamvis** [quamvīs] *[kwamwihs]*
auf	**in (m. Abl.)** [in] *[in]*
auf	**in (m. Akk.)** [in] *[in]*
auf alle Fälle	**profecto** [profectō] *[profektoh]*
auf der Stelle	**statim** [statim] *[statim]*
auf diese Weise	**ita** [ita] *[ita]*
auf diese Weise	**sic** [sīc] *[sihk]*
auf sich nehmen	**subire** [subīre] *[subihre]*
auf sich nehmen	**suscipere** [suscipere] *[suszipere]*
auf welche Weise	**quemadmodum** [quemadmodum] *[kwemadmodum]*
aufbewahren	**condere** [condere] *[kondere]*
aufbrechen	**proficisci** [proficīscī] *[profizihszih]*
aufdecken	**aperire** [aperīre] *[aperihre]*
Aufenthalt	**mora** *f* [mora] *[mora]*
auferlegen	**iniungere** [iniungere] *[iniungere]*
auffangen	**excipere** [excipere] *[ekszipere]*
auffordern	**hortari** [hortārī] *[hortahrih]*
auffordern	**monere** [monēre] *[monehre]*
Aufgabe	**munus** *n* [mūnus] *[muhnus]*

Aufgabe	**negotium** *n* [negōtium] *[negohtzium]*
aufgeben	**deponere** [dēpōnere] *[dehpohnere]*
aufgeben	**omittere** [omittere] *[omittere]*
(sich) aufhalten	**morari** [morārī] *[morahrih]*
(sich) aufhalten	**versari** [versārī] *[wersahri]*
aufhalten	**morari** [morārī] *[morahrih]*
aufheben	**tollere** [tollere] *[tollere]*
aufhetzen	**sollicitare** [sollicitāre] *[sollizitahre]*
aufhören	**desinere** [dēsinere] *[dehsinere]*
aufnehmen	**accipere** [accipere] *[akzipere]*
aufnehmen	**excipere** [excipere] *[ekszipere]*
aufnehmen	**recipere** [recipere] *[rezipere]*
aufregen	**accendere** [accendere] *[akzendere]*
aufrichtig	**simplex** [simplex] *[simpleks]*
Aufruhr	**seditio** *f* [sēditiō] *[sehdizioh]*
aufschieben	**differre** [differre] *[differe]*
Aufstand	**seditio** *f* [sēditiō] *[sehdizioh]*
aufstehen	**surgere** [surgere] *[surgere]*
aufstellen	**statuere** [statuere] *[statu'ere]*
aufsuchen	**petere** [petere] *[petere]*
Auftrag	**mandatum** *n* [mandātum] *[mandahtum]*
auftragen	**mandare** [mandāre] *[mandahre]*
aufwiegeln	**sollicitare** [sollicitāre] *[sollizitahre]*
Aufzeichnung	**tabula** *f* [tabula] *[tabula]*
Auge	**oculus** *m* [oculus] *[okulus]*
Augenlicht	**lumen** *n* [lūmen] *[luhmen]*
aus	**e, ex** [ē, ex] *[eh, ex]*
aus eigenem Antrieb	**sponte** [sponte] *[sponte]*
aus Gold	**aureus** [aureus] *[aure'us]*
ausbilden	**exercere** [exercēre] *[ekserzehre]*
ausbrechen	**erumpere** [ērumpere] *[ehrumpere]*
ausbreiten	**porrigere** [porrigere] *[porrigere]*
ausdehnen	**porrigere** [porrigere] *[porrigere]*
ausdenken (sich)	**fingere** [fingere] *[fingere]*

ausersehen	**destinare** [dēstināre] *[dehstinahre]*
ausführen	**perficere** [perficere] *[perfizere]*
Ausgang	**exitus** *m* [exitus] *[eksitus]*
ausgehen	**deficere** [dēficere] *[dehfizere]*
ausgezeichnet	**egregius** [ēgregius] *[ehgregius]*
ausgezeichnet	**praeclarus** [praeclārus] *[präklahrus]*
ausgraben	**effodere** [effodere] *[effodere]*
aushalten	**sustinere** [sustinēre] *[sustinehre]*
ausliefern	**dedere** [dēdere] *[dehdere]*
auslöschen	**exstinguere** [exstinguere] *[eks'stingu'ere]*
(eine) Ausnahme machen	**excipere** [excipere] *[ekszipere]*
ausruhen	**quiescere** [quiēscere] *[kwi'ehskere]*
Aussehen	**species** *f* [speciēs] *[spezi'ehs]*
außer	**nisi** [nisī] *[nisih]*
außer	**praeter (m. Akk.)** [praeter] *[präter]*
außer Acht lassen	**omittere** [omittere] *[omittere]*
außerdem	**praeterea** [praetereā] *[prätereah]*
außerhalb	**extra (m. Akk.)** [extrā] *[ekstrah]*
äußerste	**summus** [summus] *[summus]*
aussetzen	**exponere** [expōnere] *[ekspohnere]*
ausstatten	**ornare** [ōrnāre] *[ohrnahre]*
ausstechen	**effodere** [effodere] *[effodere]*
ausstellen	**exponere** [expōnere] *[ekspohnere]*
ausstrecken	**porrigere** [porrigere] *[porrigere]*
auswählen	**legere** [legere] *[legere]*
Auszeichnung	**praemium** *n* [praemium] *[prämium]*
bald (darauf)	**mox** [mox] *[moks]*
bald darauf	**brevi (Adv.)** [brevī] *[brewih]*
Barbar	**barbarus** [bárbarus] *[barbarus]*
barbarisch	**barbarus** [bārbarus] *[bahrbarus]*
bauen	**aedificare** [aedificāre] *[ädifikahre]*
bauen	**moliri** [mōlīrī] *[mohlihrih]*
Bauwerk	**aedificium** *n* [aedificium] *[ädifizium]*

beanspruchen	**vindicare** [vindicāre] *[windikahre]*
beauftragen	**iubere (m. Akk.)** [iubēre] *[iubehre]*
bebauen	**colere** [colere] *[kolere]*
Becher	**poculum** *n* [pōculum] *[pohkulum]*
bedauern	**dolere** [dolēre] *[dolehre]*
bedecken	**tegere** [tegere] *[tegere]*
bedeutend	**amplus** [amplus] *[amplus]*
bedeutend	**magnus** [māgnus] *[mahgnus]*
Bedingung	**condicio** *f* [conditiō] *[kondizioh]*
bedrängen	**obsidere** [obsidēre] *[obsidehre]*
bedrängen	**premere** [premere] *[premere]*
bedrohlich	**infestus** [īnfēstus] *[ihnfehstus]*
beeinflussen	**movere** [movēre] *[mowehre]*
beenden	**conficere** [cōnficere] *[kohnfizere]*
befallen	**incedere** [incēdere] *[inzehdere]*
Befehl	**imperium** *n* [imperium] *[imperium]*
(auf) Befehl	**iussu** [iussū] *[iussuh]*
befehlen	**imperare** [imperāre] *[imperahre]*
befehlen	**iubere** [iubēre] *[iubehre]*
befestigen	**figere** [fīgere] *[fihgere]*
befestigen	**munire** [mūnīre] *[muhnihre]*
befeuchten	**fundere** [fundere] *[fundere]*
befindlich	**situs** [situs] *[situs]*
befragen	**consulere** [cōnsulere] *[kohnsulere]*
befragen	**interrogare** [interrogāre] *[interrogahre]*
befreien	**liberare** [līberāre] *[lihberahre]*
befürchten	**metuere** [metuere] *[metuere]*
begegnen	**occurrere** [occurere] *[okkurere]*
begehren	**cupere** [cupere] *[kupere]*
Begeisterung	**admiratio** *f* [admīrātiō] *[admihrazioh]*
Begeisterung	**ardor** *m* [ārdor] *[ahrdor]*
beginnen	**incipere** [incipere] *[inzipere]*
beginnen	**inire** [inīre] *[inihre]*
beginnen	**instituere** [īnstituere] *[ihnstituere]*

Begleiter(in)	**comes** *m/f* [comes] *[komes]*
Begriff	**nomen** *n* [nōmen] *[nohmen]*
begrüßen	**salutare** [salūtāre] *[saluhtahre]*
(jmdn.) begünstigen	**favere** [favēre] *[fawehre]*
behalten	**retinere** [retinēre] *[retinehre]*
(ich, er/sie/es) behaupte(t)	**aio/ait** [āiō, ait] *[ahioh, ait]*
behaupten	**affirmare** [affirmāre] *[affirmahre]*
behaupten	**obtinere** [obtinēre] *[obtinehre]*
behaupten	**contendere** [contendere] *[kontendere]*
bei	**ad** [ad] *[ad]*
bei	**apud** [apud] *[apud]*
bei sich	**se, sibi, secum** [sē, sibī, sēcum] *[seh, sibih, sehkum]*
beide	**ambo** [ambō] *[amboh]*
beide	**uterque** [uterque] *[uterkwe]*
(sich) beeilen	**properare** [properāre] *[properahre]*
Beifall klatschen	**plaudere** [plaudere] *[plaudere]*
Bein	**crus** *n* [crūs] *[kruhs]*
beinahe	**fere** [ferē] *[fereh]*
beinahe	**paene** [paene] *[päne]*
beinahe	**prope (Adv.)** [prope] *[prope]*
Beispiel	**exemplum** *n* [exemplum] *[eksemplum]*
(es ist) bekannt	**constat** [cōnstat] *[kohnstat]*
bekennen	**fateri** [fatērī] *[fatehrih]*
bekräftigen	**confirmare** [cōnfirmāre] *[kohnfirmahre]*
bekräftigen	**confirmare** [cōnfirmāre] *[kohnfirmahre]*
belagern	**obsidere** [obsidēre] *[obsidehre]*
Belagerung	**obsidio** *f* [obsidiō] *[obsidioh]*
beleidigen	**offendere** [offendere] *[offendere]*
beleidigend	**asper** [asper] *[asper]*
beliebt	**gratus** [grātus] *[grahtus]*
Beliebtheit	**gratia** *f* [grātia] *[grahzia]*
Belohnung	**praemium** *n* [praemium] *[prämium]*
sich (einer Sache) bemächtigen	**potiri** [potīrī] *[potihrih]*

bemerken	**animadvertere** [animadvertere] [*animadwertere*]
(sich) bemühen (um)	**studere** [studēre] [*studehre*]
Bemühung	**studium** *n* [studium] [*studium*]
benachbart	**finitimus** [fīnitimus] [*fihnitimus*]
benachbart	**propinquus** [propinquus] [*propinkwus*]
benehmen (sich)	**gerere (se)** [gerere] [*gerere*]
benutzen (etw.)	**uti** [ūtī] [*uhtih*]
berauben (einer Sache)	**privare** [prīvāre] [*prihwahre*]
berauben	**spoliare** [spoliāre] [*spoliahre*]
bereit	**paratus** [parātus] [*parahtus*]
(vor-, zu-)bereiten	**parare** [parāre] [*parahre*]
bereits	**iam** [iam] [*iam*]
bereitwillig	**libens** [libēns] [*libehns*]
Berg	**mons** *m* [mōns] [*mohns*]
berichten	**ferre** [ferre] [*ferre*]
berichten	**referre** [referre] [*referre*]
berücksichtigen	**respicere** [respicere] [*respizere*]
berühmt	**clarus** [clārus] [*klahrus*]
berühmt	**nobilis** [nōbilis] [*nohbilis*]
berühren	**tangere** [tangere] [*tangere*]
Beschaffenheit	**natura** *f* [nātūra] [*nahtuhra*]
(sich) beschäftigen	**versari** [versāri] [*wersahri*]
beschäftigt (mit etw.)	**occupatus** [occupātus] [*okupahtus*]
beschließen	**constituere** [cōnstituere] [*kohnstitu'ere*]
beschließen	**statuere** [statuere] [*statu'ere*]
Beschluss	**consultum** *n* [cōnsultum] [*kohnsultum*]
beschützen	**tutari** [tūtārī] [*tuhtahrih*]
beschuldigen	**accusare** [accūsāre] [*akuhsahre*]
beschwerlich	**molestus, molesta, molestum** [molestus, molestsa, molestum] [*molestus, molesta, molestum*]
beseitigen	**tollere** [tollere] [*tollere*]
besichtigen	**visere** [vīsere] [*wihsere*]

besiegen	superare [superāre] *[superahre]*
besonders	imprimis [imprīmīs] *[imprihmihs]*
besonders	maxime [māximē] *[mahksimeh]*
bespritzen	spargere [spargere] *[spargere]*
besser	melior [melior] *[melior]*
bestatten	condere [condere] *[kondere]*
(der) beste	optimus [optimus] *[optimus]*
bestechen	corrumpere [corrumpere] *[korrumpere]*
bestimmen	destinare [dēstināre] *[dehstinahre]*
bestimmt	certe [certē] *[zerteh]*
bestimmt	certus [certus] *[zertus]*
bestrebt	cupidus [cupidus] *[kupidus]*
bestürmen	oppugnare [oppūgnāre] *[oppuhgnahre]*
besuchen	visere [vīsere] *[wihsere]*
beten	orare [ōrāre] *[ohrahre]*
betrachten (aus der Nähe genau)	contemplari [contemplārī] *[kontemplahrih]*
betrachten	spectare [spectāre] *[spektahre]*
betreten	intrare [intrāre] *[intrahre]*
betrügen	fallere [fallere] *[fallere]*
Betrug	fraus f [fraus] *[fraus]*
Bett	lectus m [lectus] *[lektus]*
beunruhigen	permovere [permovēre] *[permowehre]*
beunruhigen	perturbare [perturbāre] *[perturbahre]*
beunruhigen	sollicitare [sollicitāre] *[sollizitahre]*
bevor (nach verneintem Satz)	priusquam [priusquam] *[priuskwam]*
bevorstehen	instare [īnstāre] *[ihnstahre]*
bewachen	custodire [custōdīre] *[kustohdihre]*
Bewachung	custodia f [custōdia] *[kustohdia]*
bewaffnet	armatus [armātus] *[armahtus]*
bewahren	servare [servāre] *[serwahre]*
bewegen	commovere [commovēre] *[kommowehre]*
bewegen	movere [movēre] *[mowehre]*
beweglich	mobilis [mōbilis] *[mohbilis]*
beweisen	demonstrare [dēmōnstrāre] *[dehmohnstrahre]*

bewirken	**efficere** [efficere] *[effizere]*
bewundern	**admirari** [admīrārī] *[admihrahrih]*
Bewunderung	**admiratio** *f* [admīrātiō] *[admihrazioh]*
Bewusstsein	**mens** *f* [mēns] *[mehns]*
bezahlen	**solvere** [solvere] *[solwere]*
bezeichnen	**significare** [sīgnificāre] *[sihgnifikahre]*
Bild	**simulacrum** *n* [simulācrum] *[simulahkrum]*
(sich) bilden	**studere** [studēre] *[studehre]*
Bildung	**humanitas** *f* [hūmānitās] *[huhmahnitahs]*
billigen	**probare** [probāre] *[probahre]*
bis dahin	**adhuc** [adhūc] *[adhuhk]*
bis jetzt	**adhuc** [adhūc] *[adhuhk]*
bis zu	**usque ad (m. Akk.)** [ūsque ad] *[uhskwe ad]*
bisweilen	**interdum** [interdum] *[interdum]*
bitte	**quaeso** [quaesō] *[kwäsoh]*
bitten	**obsecrare** [obsecrāre] *[obsekrahre]*
bitten	**orare** [ōrāre] *[ohrahre]*
bitten	**petere** [petere] *[petere]*
bitten	**precari** [precārī] *[prekahrih]*
Bitten	**preces** *f* [precēs] *[prezehs]*
bitten	**rogare** [rogāre] *[rogahre]*
ich bitte dich	**quaeso** [quaesō] *[kwäsoh]*
bittend	**supplex** [supplex] *[suppleks]*
bleiben	**manere** [manēre] *[manehre]*
bloß	**solus** [sōlus] *[sohlus]*
blühen	**florere** [flōrēre] *[flohrehre]*
Blut	**sanguis** *m* [sanguis] *[sanguis]*
Boden (Erd-)	**humus** *f* [humus] *[humus]*
böse	**improbus** [improbus] *[improbus]*
Bote	**nuntius** *m* [nūntius] *[nuhnzius]*
Botschaft	**nuntius** *m* [nūntius] *[nuhnzius]*
Brand	**ignis** *m* [īgnis] *[ihgnis]*
Brand	**incendium** *n* [incendium] *[inzendium]*
Brauch	**mos** *m* [mōs] *[mohs]*

brauchbar	**utilis** [ūtilis] *[uhtilis]*
(zer-)brechen	**rumpere** [rumpere] *[rumpere]*
breit	**latus** [lātus] *[lahtus]*
brennen	**ardere** [ārdēre] *[ahrdehre]*
Brief	**epistula** *f* [epistula] *[epistula]*
Brief	**litterae** *f* [litterae] *[litterä]*
bringen (herbei-)	**affere** [affere] *[affere]*
bringen	**ferre** [ferre] *[ferre]*
bringen	**portare** [portāre] *[portahre]*
(über-)bringen	**perferre** [perferre] *[perferre]*
(zurück-)bringen	**referre** [referre] *[referre]*
Bruder	**frater** *m* [frāter] *[frahter]*
Brücke	**pons** *m* [pōns] *[pohns]*
Brust	**pectus** *n* [pectus] *[pektus]*
Buch	**liber** *m* [liber] *[liber]*
Buchstabe	**litterae** *f* [litterae] *[litterä]*
Bündnis	**foedus** *n* [foedus] *[fo'edus]*
Bürger/in	**civis** *m/f* [cīvis] *[zihwis]*
Burg	**arx** *f* [arx] *[arks]*
da	**ibi** [ibī] *[ibih]*
da	**tum** [tum] *[tum]*
da	**tunc** [tunc] *[tunk]*
da … ja	**quoniam** [quoniam] *[kwoniam]*
da sein	**adesse** [adesse] *[adesse]*
dagegen	**at** [at] *[at]*
dagegen	**contra** [contrā] *[kontrah]*
daher	**inde** [inde] *[inde]*
daher	**itaque** [itaque] *[itakwe]*
daher	**proinde** [proinde] *[proinde]*
daliegen	**iacere** [iacēre] *[iazehre]*
damals	**tum** [tum] *[tum]*
damals	**tunc** [tunc] *[tunk]*
damit	**ut (m. Konj.)** [ut] *[ut]*

danach	**post (Adv.)** [post] *[post]*
Dank	**gratia** *f* [grātia] *[grahzia]*
dankbar	**gratus** [grātus] *[grahtus]*
dann	**deinte** [deinte] *[de'inte]*
dann	**tum** [tum] *[tum]*
dann	**tunc** [tunc] *[tunk]*
darauf	**deinte** [deinte] *[de'inte]*
darauf	**tum** [tum] *[tum]*
(jmd.) darf	**licet** [licet] *[lizet]*
darlegen	**demonstrare** [dēmōnstrāre] *[dehmohnstrahre]*
darlegen	**exponere** [expōnere] *[ekspohnere]*
darreichen	**praebere** [praebēre] *[präbehre]*
darüber hinaus	**ultro** [ultrō] *[ultroh]*
dass	**ut (m. Konj.)** [ut] *[ut]*
dauerhaft	**perpetuus** [perpetuus] *[perpetu'us]*
dein	**tuus** [tuus] *[tu'us]*
dein, euer	**iste** [iste] *[iste]*
demütig	**humilis** [humilis] *[humilis]*
denken an	**respicere** [respicere] *[respizere]*
denken	**cogitare** [cōgitāre] *[kohgitahre]*
Denkmal	**monumentum** *n* [monumentum] *[monumentum]*
Denkweise	**mens** *f* [mēns] *[mehns]*
denn	**enim (nachgestellt)** [enim] *[enim]*
denn	**nam** [nam] *[nam]*
denn nicht?	**nonne** [nōnne] *[nohnne]*
dennoch	**tamen** [tamen] *[tamen]*
der, die, das (da)	**iste, ista, istud** [iste, ista, istud] *[iste, ista, istud]*
der, die, das	**qui, quae, quod** [quī, quae, quod] *[kwih, kwä, kwod]*
der/alles, was	**quicumque** [quīcumque] *[kwihkumkwe]*
derartig	**eiusmodi** [ēiusmodī] *[ehiusmodih]*
derartig	**talis** [tālis] *[tahlis]*

166

der-/die-/dasselbe	**idem, eadem, idem** [idem, eadem, idem] *[idem, äadem, idem]*
deshalb	**itaque** [itaque] *[itakwe]*
deswegen	**quamobrem** [quamobrem] *[kwamobrem]*
dich	**te** [tē] *[teh]*
dicht (gedrängt)	**densus** [dēnsus] *[dehnsus]*
Dieb	**fur** m [fūr] *[fuhr]*
dienen	**servire** [servīre] *[serwihre]*
Dienst	**officium** n [officium] *[offizium]*
dieser, diese, dieses (da)	**iste, ista, istud** [iste, ista, istud] *[iste, ista, istud]*
dieser, diese, dieses	**hic, haec, hoc** [hic, haec, hoc] *[hik, häk, hok]*
dieser, diese, dieses	**is, ea, id** [is, ea, id] *[is, ea, id]*
direkt	**rectus** [rēctus] *[rehktus]*
Dorf	**vicus** m [vīcus] *[wihkus]*
dort	**ibi** [ibī] *[ibih]*
dorthin	**eo (Adv.)** [eō] *[eoh]*
drehen	**vertere** [vertere] *[wertere]*
drei	**tres** [trēs] *[trehs]*
dreißig	**triginta** [trīgintā] *[trihgintah]*
drohen	**impendere** [impendēre] *[impendehre]*
drohen	**instare** [īnstāre] *[ihnstahre]*
drücken	**premere** [premere] *[premere]*
du	**tu** [tū] *[tuh]*
düster	**ater** [āter] *[ahter]*
dumm	**stultus** [stultus] *[stultus]*
Dummkopf	**stultus** [stultus] *[stultus]*
dunkel	**fuscus** [fuscus] *[fuskus]*
(ziemlich) dunkel	**obscurus** [obscūrus] *[obskuhrus]*
durch (... hindurch)	**per (m. Akk.)** [per] *[per*
Durcheinander	**turba** f [turba] *[turba]*
durchschauen	**perspicere** [perspicere] *[perspizere]*
man darf	**oportet** [oportet] *[oportet]*

ebenbürtig	**par** [pār] *[pahr]*
Ebene	**aequor** *n* [aequor] *[äkwor]*
ebenfalls	**item** [item] *[item]*
ebenso	**item** [item] *[item]*
ebenso	**pariter** [pariter] *[pariter]*
echt	**verus** [vērus] *[wehrus]*
Ehe	**coniugium** *n* [coniugium] *[koniugium]*
Ehefrau	**coniunx** *f/m* [coniūnx] *[koniuhnx]*
Ehefrau	**uxor** *f* [uxor] *[uksor]*
ehemalig	**vetus** [vetus] *[wetus]*
Ehemann	**coniunx** *f/m* [coniūnx] *[koniuhnx]*
Ehemann	**maritus** *m* [marītus] *[marihtus]*
eher	**potius/potissimum** [potius/potissimum] *[pozius/potissimum]*
Ehre	**gloria** *f* [glōria] *[glohria]*
Ehre	**honos/honor** *m* [honōs/honor] *[honohs/honor]*
Ehrenamt	**honos/honor** *m* [honōs/honor] *[honohs/honor]*
ehrenhaft	**honestus** [honestus] *[honestus]*
ehrwürdig	**antiquus** [antīquus] *[antihkwus]*
ehrwürdig	**sanctus** [sānctus] *[sahnktus]*
Eifer	**alacritas** *f* [alacritās] *[alakritahs]*
Eifer	**studium** *n* [studium] *[studium]*
Eigenschaften	**virtutes** *f* [virtūtes] *[wirtuhtes]*
eilen	**currere** [currere] *[kurrere]*
eilen	**properare** [properāre] *[properahre]*
eilen	**contendere** [contendere] *[kontendere]*
ein	**unus** [ūnus] *[uhnus]*
ein (gewisser)	**quidam** [quīdam] *[kwihdam]*
ein einziger	**unus** [ūnus] *[uhnus]*
eindringen	**invadere** [invādere] *[inwahdere]*
einerseits … andererseits	**et … et** [et … et] *[et … et]*
einfach	**simplex** [simplex] *[simpleks]*
einfältig	**stultus** [stultus] *[stultus]*
Einfluss haben	**valere** [valēre] *[walehre]*

Einfluss	**auctoritas** *f* [auctōritās] *[auktohritahs]*
Einfluss	**ops** *f* [ops] *[ops]*
einfügen	**iniungere** [iniungere] *[iniungere]*
(hin-)einführen	**inducere** [indūcere] *[induhzere]*
eingreifen	**invadere** [invādere] *[inwahdere]*
einhalten	**conservare** [cōnservāre] *[kohnserwahre]*
einhergehen	**incedere** [incēdere] *[inzehdere]*
einige	**complures** [complūrēs] *[kompluhrehs]*
einige	**nonnulli** [nōnnūllī] *[nohnuhllih]*
einige	**quidam** [quīdam] *[kwihdam]*
einladen	**invitare** [invitāre] *[inwitahre]*
einnehmen	**capere** [capere] *[kapere]*
einräumen	**concedere** [concēdere] *[konzehdere]*
einrichten	**instituere** [īnstituere] *[ihnstituere]*
Einrichtung	**institutum** *n* [īnstitūtum] *[ihnstituhtum]*
einschließen	**includere** [inclūdere] *[inkluhdere]*
einschüchtern	**perterrere** [perterrēre] *[perterrehre]*
einsehen	**intellegere** [intellegere] *[intellegere]*
(sich dafür) einsetzen	**id agere, ut** [id agere, ut] *[id agehre, ut]*
einst	**aliquando** [aliquandō] *[alikandoh]*
einst	**quondam** [quondam] *[kwondam]*
Einsturz	**ruina** *f* [ruīna] *[ruihna]*
Eintracht	**concordia** *f* [concordia] *[konkordia]*
eintreten	**intrare** [intrāre] *[intrahre]*
Eisen	**ferrum** *n* [ferrum] *[ferrum]*
elend	**miser** [miser] *[miser]*
Eltern	**parentes** *m* [parentēs] *[parentehs]*
empfangen	**accipere** [accipere] *[akzipere]*
Ende	**exitus** *m* [exitus] *[eksitus]*
Ende	**finis** *m* [fīnis] *[fihnis]*
enden (be-)	**finire** [fīnīre] *[fihnihre]*
endlich	**tandem** [tandem] *[tandem]*
eng	**angustus** [angustus] *[angustus]*
Enkel	**nepos** *m* [nepōs] *[nepohs]*

entbrannt sein	**ardere** [ārdēre] *[ahrdehre]*
entdecken	**animadvertere** [animadvertere] *[animadwertere]*
entdecken	**deprehendere** [dēprehendere] *[dehprehendere]*
entfernt sein	**abesse** [abesse] *[abesse]*
entflammen	**accendere** [accendere] *[akzendere]*
entflammen	**incendere** [incendere] *[inzendere]*
entfliehen	**effugere** [effugere] *[effugere]*
entgegenbringen	**offerre** [offerre] *[offerre]*
entgegenkommen	**occurrere** [occurrere] *[okkurrere]*
entgegnen	**respondere** [respondēre] *[respondehre]*
entgehen	**evadere** [ēvādere] *[ehwahdere]*
enthalten (sich)	**abstinere** [abstinēre] *[abstinehre]*
enthalten sein	**inesse** [inesse] *[inesse]*
enthalten	**(se) continere** [(sē) continēre] *[(seh) kontinehre]*
entkommen	**evadere** [ēvādere] *[ehwahdere]*
entlassen	**dimittere** [dīmittere] *[dihmittere]*
entreißen	**eripere** [ēripere] *[ehripere]*
entrüstet sein	**indignari** [indīgnārī] *[ihndihgnahrih]*
entscheiden	**statuere** [statuere] *[statu'ere]*
Entscheidung	**momentum** *n* [mōmentum] *[mohmentum]*
entschlossen	**strenuus** [strēnuus] *[strehnu'us]*
Entschluss	**consilium** *n* [cōnsilium] *[cohnsilium]*
entsprechend	**e, ex** [ē, ex] *[eh, ex]*
entstehen	**oriri** [orīrī] *[orihrih]*
entweder … oder	**aut … aut** [aut … aut] *[aut … aut]*
er, sie, es	**is, ea, id** [is, ea, id] *[is, ea, id]*
erbauen	**exstruere** [cxstruere] *[eksstru'ere]*
erblicken	**conspicere** [cōnspicere] *[kohnspizere]*
Erdboden	**tellus** *f* [tellūs] *[telluhs]*
Erde	**tellus** *f* [tellūs] *[telluhs]*
Erde	**terra** *f* [terra] *[terra]*
erdichten	**fingere** [fingere] *[fingere]*

ereignen (sich)	**accidere** [accidere] *[akzidere]*
Ereignis	**res** *f* [rēs] *[rehs]*
erfahren	**cognoscere** [cognōscere] *[kognohszere]*
erfahren	**comperire** [comperīre] *[komperihre]*
erfahren	**vetus** [vetus] *[wetus]*
Erfahrung	**usus** *m* [ūsus] *[uhsus]*
(in) Erfahrung bringen	**comperire** [comperīre] *[komperihre]*
erfassen	**capere** [capere] *[kapere]*
erfassen	**complecti** [complectī] *[komplektih]*
erfreuen	**delectare** [dēlectāre] *[dehlektahre]*
erfreuen	**iuvare** [iuvāre] *[iuwahre]*
(sich) erfreuen an	**frui** [fruī] *[fruih]*
erfreulich	**iucundus** [iūcundus] *[iuhkundus]*
erfüllen	**complere** [complēre] *[komplehre]*
ergreifen	**capere** [capere] *[kapere]*
ergreifen	**comprehendere** [comprehendere] *[komprehendere]*
ergreifen	**deprehendere** [dēprehendere] *[dehprehendere]*
erhalten	**conservare** [cōnservāre] *[kohnserwahre]*
(sich) erheben	**oriri** [orīrī] *[orihrih]*
(sich) erheben	**surgere** [surgere] *[surgere]*
Erholung	**quies** *f* [quiēs] *[kwi'ehs]*
erinnern (sich)	**tenere** [tenēre] *[tenehre]*
erinnern	**monere** [monēre] *[monehre]*
Erinnerung	**memoria** *f* [memoria] *[memoria]*
erkennen	**cernere** [cernere] *[zernere]*
erkennen	**cognoscere** [cognōscere] *[kognohszere]*
erkennen	**intellegere** [intellegere] *[intellegere]*
erkennen	**perspicere** [perspicere] *[perspizere]*
erklären	**explanare** [explānāre] *[eksplahnahre]*
erlangen	**obtinere** [obtinēre] *[obtinehre]*
erlauben	**concedere** [concēdere] *[konzehdere]*
erlauben	**sinere** [sinere] *[sinere]*
es ist erlaubt	**licet** [licet] *[lizet]*

erledigen	**conficere** [cōnficere] *[kohnfizere]*
ermahnen	**hortari** [hortārī] *[hortahrih]*
ermuntern	**excitare** [excitāre] *[exzitahre]*
ermuntern	**hortari** [hortārī] *[hortahrih]*
ernähren	**alere** [alere] *[alere]*
ernst	**gravis** [gravis] *[grawis]*
erobern	**capere** [capere] *[kapere]*
erobern	**expugnare** [expūgnāre] *[ekspuhgnahre]*
erörtern	**disserere** [disserere] *[disserere]*
erproben	**experiri** [experīrī] *[eksperihrih]*
erregen	**commovere** [commovēre] *[kommowehre]*
erregen	**excitare** [excitāre] *[exzitahre]*
erreichen	**consequi** [cōnsequī] *[kohnsekwih]*
erreichen	**efficere** [efficere] *[effizere]*
errichten	**exstruere** [exstruere] *[eksstru'ere]*
errichten	**moliri** [mōlīrī] *[mohlihrih]*
erscheinen	**apparere** [appārēre] *[appahrehre]*
(jmdn.) erschrecken	**terrere** [terrēre] *[terrehre]*
erschrecken (vor)	**horrere** [horrēre] *[horrehre]*
(heftig) erschrecken	**perterrere** [perterrēre] *[perterrehre]*
erstaunlich	**mirus** [mīrus] *[mihrus]*
(der) Erste	**prior** [prior] *[prior]*
(der, die, das) Erste	**primus** [prīmus] *[prihmus]*
(sich) erstrecken	**patere** [patēre] *[patehre]*
erstürmen	**expugnare** [expūgnāre] *[ekspuhgnahre]*
Ertrag	**fructus** *m* [frūctus] *[fruhktus]*
ertragen	**ferre** [ferre] *[ferre]*
ertragen	**pati** [patī] *[patih]*
ertragen	**perferre** [perferre] *[perferre]*
ertragen	**sustinere** [sustinēre] *[sustinehre]*
ertragen	**tolerare** [tolerāre] *[tolerahre]*
erwähnen	**memorare** [memorāre] *[memorahre]*
erwarten	**exspectare** [exspectāre] *[ekspektahre]*
erwarten	**manere** [manēre] *[manehre]*

erwarten	**sperare** [spērāre] *[spehrahre]*
erweisen	**tribuere** [tribuere] *[tribu'ere]*
(sich) erweisen als	**se praebere** [sē praebēre] *[seh präbehre]*
erwerben	**parere** [parere] *[parere]*
erwerben	**quaerere** [quaerere] *[kwärere]*
erzählen	**narrare** [nārrāre] *[nahrrahre]*
Erzählung	**fabula** *f* [fābula] *[fahbula]*
Esel	**asinus** *m* [asinus] *[asinus]*
Essen	**cena** *f* [cēna] *[zehna]*
essen	**cenare** [cenāre] *[zenahre]*
etliche	**quidam** [quīdam] *[kwihdam]*
etwa?	**num** [num] *[num]*
etwa nicht?	**nonne** [nōnne] *[nohnne]*
euch (Akk.)	**vos** [vōs] *[wos]*
euer	**vester** [vester] *[wester]*
ewig	**aeternus** [aeternus] *[äternus]*
ewig	**perpetuus** [perpetuus] *[perpetu'us]*
fähig	**idoneus** [idōneus] *[idohne'us]*
fahren	**vehere** [vehere] *[wehere]*
Fall	**casus** *m* [cāsus] *[kahsus]*
Fall	**ruina** *f* [ruīna] *[ruihna]*
Falle	**insidiae** *f* [īnsidiae] *[ihnsidiä]*
fallen	**cadere** [cadere] *[kadere]*
falls	**si** [sī] *[sih]*
falsch	**falsus** [falsus] *[falsus]*
Familie	**familia** *f* [familia] *[familia]*
fast	**fere** [ferē] *[fereh]*
fast	**paene** [paenc] *[päne]*
fehlen	**abesse** [abesse] *[abesse]*
fehlen	**deesse** [dēesse] *[deh'esse]*
Fehler	**vitium** *n* [vitium] *[wizium]*
feiern	**celebrare** [celebrāre] *[zelebrahre]*
Feind	**adversarius** *m* [adversārius] *[adwersahrius]*

Feind	**hostis** *m* [hostis] *[hostis]*
Feind	**inimicus** [inimīcus] *[inimihkus]*
feindlich	**adversus** [adversus] *[adversus]*
feindlich	**infestus** [īnfēstus] *[ihnfehstus]*
feindlich	**inimicus** [inimīcus] *[inimihkus]*
Feld	**ager** *m* [ager] *[ager]*
Feld	**campus** [campus] *[kampus]*
Feldherr	**imperator** *m* [imperātor] *[imperatohr]*
Fels	**saxum** *n* [saxum] *[saksum]*
Fenster	**fenestra** *f* [fenestra] *[fenestra]*
fernhalten	**arcere** [arcēre] *[arzehre]*
festhalten	**(se) continere** [(sē) continēre] *[(seh) kontinehre]*
festhalten	**retinere** [retinēre] *[retinehre]*
festnehmen	**comprehendere** [comprehendere] *[komprehendere]*
festsetzen	**constituere** [cōnstituere] *[kohnstitu'ere]*
festsetzen	**statuere** [statuere] *[statu'ere]*
(es) steht fest	**constat** [cōnstat] *[kohnstat]*
Feuer	**flamma** *f* [flamma] *[flamma]*
Feuer	**ignis** *m* [īgnis] *[ihgnis]*
Feuer	**incendium** *n* [incendium] *[inzendium]*
(er-)finden	**invenire** [invenīre] *[inwenihre]*
finden	**reperire** [reperīre] *[reperihre]*
finster	**obscurus** [obscūrus] *[obskuhrus]*
Fläche	**aequor** *n* [aequor] *[äkwor]*
Flamme	**flamma** *f* [flamma] *[flamma]*
flehen	**precari** [precārī] *[prekahrih]*
flehend	**supplex** [supplex] *[suppleks]*
fliehen	**fugere** [fugere] *[fugere]*
fließen	**fluere** [fluere] *[fluere]*
Flotte	**classis** *f* [classis] *[klassis]*
Flucht	**fuga** *f* [fuga] *[fuga]*
flüchten	**fugare** [fugāre] *[fugahre]*

(sich) flüchten	**profugere** [profugere] *[profugere]*
Fluss	**flumen** *n* [flūmen] *[fluhmen]*
(jmdm.) folgen	**sequi** [sequī] *[sekwih]*
(nach-)folgen	**succedere** [succēdere] *[sukzehdere]*
(nach-)folgend	**posterus** [posterus] *[posterus]*
(der) folgende	**secundus** [secundus] *[sekundus]*
folglich	**igitur** [igitur] *[igitur]*
fordern	**poscere** [poscere] *[poszere]*
fordern	**postulare** [postulāre] *[postulahre]*
(ein-)fordern	**exigere** [exigere] *[eksigere]*
Form	**forma** *f* [fōrma] *[fohrma]*
formen	**fingere** [fingere] *[fingere]*
Forum	**forum** [forum] *[forum]*
fragen	**interrogare** [interrogāre] *[interrogahre]*
fragen	**quaerere** [quaerere] *[kwärere]*
fragen	**rogare** [rogāre] *[rogahre]*
(verheiratete) Frau	**matrona** *f* [mātrōna] *[mahtrohna]*
Frau	**femina** *f* [fēmina] *[fehmina]*
Frau	**mulier** *f* [mulier] *[muli'er]*
Frechheit	**audacia** *f* [audācia] *[audahzia]*
frei	**liber** [līber] *[lihber]*
frei sein (von etwas)	**carere** [carēre] *[carehre]*
frei sein	**vacare** [vacāre] *[wakahre]*
freigebig	**liberalis** [līberālis] *[lihberahlis]*
Freiheit	**libertas** *f* [lībertās] *[lihbertahs]*
freilassen	**dimittere** [dīmittere] *[dihmittere]*
freiwillig	**sponte** [sponte] *[sponte]*
fremd	**alienus** [aliēnus] *[ali'ehnus]*
Freude machen	**delectare** [dēlectāre] *[dehlektahre]*
Freude	**gaudium** *n* [gaudium] *[gaudium]*
Freude	**laetitia** *f* [laetitia] *[lätizia]*
(sich) freuen	**gaudere** [gaudēre] *[gaudehre]*
(sich) freuen	**laetari** [laetāri] *[lätahri]*
Freund	**amicus** *m* [amīcus] *[amihkus]*

Freundin	amica *f* [amīca] *[amica]*
freundlich	mollis [mollis] *[mollis]*
Freundschaft	amicitia *f* [amīcitia] *[amihzizia]*
freundschaftlich	familiaris [familiāris] *[familiahris]*
Frevel	nefas *n* [nefās] *[nefahs]*
Frieden	pax *f* [pāx] *[pahks]*
fristen	tolerare [tolerāre] *[tolerahre]*
froh	laetus [laetus] *[lätus]*
fröhlich sein	laetari [laetāri] *[lätahri]*
fröhlich	laetus [laetus] *[lätus]*
Fröhlichkeit	alacritas *f* [alacritās] *[alakritahs]*
fromm	pius [pius] *[pius]*
Frömmigkeit	pietas *f* [pietās] *[pi'etahs]*
Front	frons *f* [frōns] *[frohns]*
Frucht	fructus *m* [frūctus] *[fruhktus]*
früher	prius [prius] *[prius]*
früher	superior [superior] *[superior]*
(der) frühere	prior [prior] *[prior]*
Frühling	ver *n* [vēr] *[wehr]*
fühlen	sentire [sentīre] *[sentihre]*
(aus-)führen	(se) gerere [(sē) gerere] *[(seh) gerere]*
führen	ducere [dūcere] *[duhzere]*
führender Mann	princeps *m* [prīnceps] *[prihnzeps]*
Führer(in)	dux *m/f* [dux] *[duks]*
(an-, aus-, er-)füllen	explere [explēre] *[eksplehre]*
fünf	quinque [quīnque] *[kwihnque]*
für	pro [prō] *[proh]*
(sich) fürchten	timere [timēre] *[timehre]*
(sich) fürchten	metuere [metuere] *[metuere]*
fürchten	vereri [verērī] *[werehrih]*
Furcht	metus *m* [metus] *[metus]*
Furcht	timor *m* [timor] *[timor]*
Fuß	pes *m* [pēs] *[pehs]*

Gabe	**donum** *n* [dōnum] *[dohnum]*
ganz	**omnis** [omnis] *[omnis]*
ganz	**totus** [tōtus] *[tohtus]*
ganz	**universus** [ūniversus] *[uhniwersus]*
Garten	**hortus** *m* [hortus] *[hortus]*
Gasse	**vicus** *m* [vīcus] *[wihkus]*
Gast	**hospes** *m* [hospes] *[hospes]*
Gastgeber	**hospes** *m* [hospes] *[hospes]*
Gattin	**uxor** *f* [uxor] *[uksor]*
Gattung	**genus** *n* [genus] *[genus]*
Gebäude	**aedificium** *n* [aedificium] *[ädifizium]*
(von sich) geben	**dare** [dare] *[dare]*
Gebet	**preces** *f* [precēs] *[prezehs]*
Gebiet	**ager** *m* [ager] *[ager]*
Gebiet	**finis** *m* [fīnis] *[fihnis]*
Gebiet	**regio** *f* [regiō] [regioh]
gebildet	**humanus** [hūmānus] *[huhmahnus]*
geboren	**natus** [nātus] *[nahtus]*
Gebrauch	**usus** *m* [ūsus] *[uhsus]*
gebrauchen	**uti** [ūtī] *[uhtih]*
gebührend	**iustus** [iūstus] *[iuhstus]*
Gedächtnis	**memoria** *f* [memoria] *[memoria]*
Gedicht	**carmen** *n* [carmen] *[karmen]*
geeignet	**idoneus** [idōneus] *[idohne'us]*
geeignet	**opportunus** [opportūnus] *[opportuhnus]*
Gefahr	**periculum** *n* [perīculum] *[perihkulum]*
Gefährte	**socius** *m* [socius] *[sozius]*
gefallen	**placere** [placēre] *[plazehre]*
gefangen	**captivus** [captīvus] *[kaptihwus]*
Gefäß	**vas** *n* [vās] *[wahs]*
gegen	**adversus** [adversus] *[adwersus]*
gegen	**contra (m. Akk.)** [contrā] *[kontrah]*
gegen	**erga (m. Akk.)** [ergā] *[ergah]*
gegen den Willen	**invitus** [invītus] *[inwihtus]*

Gegend	**loca (Pluralwort)** *n* [loca] *[loka]*
Gegend	**regio** *f* [regiō] *[regioh]*
gegenüber	**adversus (m. Akk.)** [adversus] *[adwersus]*
gegenüber	**contra** [contrā] *[kontrah]*
gegenüber	**erga (m. Akk.)** [ergā] *[ergah]*
gegenüber	**in (m. Akk.)** [in] *[in]*
Gegenwart	**praesentia** *f* [praesentia] *[präsenzia]*
Gegner	**adversarius** *m* [adversārius] *[adwersahrius]*
geheim	**occultus** [occultus] *[okultus]*
gehen (aus)	**decedere** [dēcēdere] *[dehzehdere]*
gehen (spazieren)	**ambulare** [ambulāre] *[ambulahre]*
(weg-)gehen	**abire** [abīre] *[abihre]*
gehen lassen	**mittere** [mittere] *[mittere]*
gehen	**ire** [īre] *[ihre]*
(es) gehört (sich)	**oportet** [oportet] *[oportet]*
gehorchen	**parere** [pārēre] *[pahrehre]*
Geisel	**obses** *m/f* [obses] *[obses]*
Geist	**animus** *m* [animus] *[animus]*
Geist	**mens** *f* [mēns] *[mehns]*
Geiz	**avaritia** *f* [avāritia] *[awahrizia]*
(hin-)gelangen	**pervenire** [pervenīre] *[perwenihre]*
Geld	**argentum** *n* [argentum] *[argentum]*
Geld	**pecunia** *f* [pecūnia] *[pekuhnia]*
gelegen	**situs** [situs] *[situs]*
Gelegenheit	**facultas** *f* [facultās] *[fakultahs]*
Gelegenheit	**occasio** *f* [occāsiō] *[okahsioh]*
Gelübde	**votum** *n* [vōtum] *[wohtum]*
gemacht werden	**fieri** [fierī] *[fi'erih]*
Gemälde	**tabula** *f* [tabula] *[tabula]*
gemeinsam	**communis** [commūnis] *[kommuhnis]*
gemeinsam	**pariter** [pariter] *[pariter]*
gemeinsam haben	**communicare** [commūnicāre] *[kommuhnikahre]*
Gemeinschaft der Bürger	**civitas** *f* [cīvitās] *[zihwitahs]*

Gemüt	**mens** *f* [mēns] *[mehns]*
genau sehen	**perspicere** [perspicere] *[perspizere]*
(etw.) genießen	**frui** [fruī] *[fruih]*
genug	**satis** [satis] *[satis]*
gerade	**rectus** [rēctus] *[rehktus]*
gerecht	**aequus** [aequus] *[äkwu'us]*
gerecht	**iustus** [iūstus] *[iuhstus]*
Gerechtigkeit	**iustitia** *f* [iūstitia] *[juhstizia]*
Gerede	**sermo** *m* [sermō] *[sermoh]*
Gericht	**iudicium** *n* [iūdicium] *[juhdizium]*
Gerichtshof	**iudicium** *n* [iūdicium] *[juhdizium]*
geringer	**inferior** [īnferior] *[ihnferior]*
gern	**libens** [libēns] *[libehns]*
Gerücht	**fama** *f* [fāma] *[fahma]*
gesamt	**universus** [ūniversus] *[uhniwersus]*
Gesandter	**legatus** *m* [lēgātus] *[lehgahtus]*
Geschäft	**negotium** *n* [negōtium] *[negohtzium]*
geschehen lassen	**pati** [patī] *[patih]*
geschehen	**fieri** [fierī] *[fi'erih]*
Geschenk	**donum** *n* [dōnum] *[dohnum]*
Geschenk	**munus** *n* [mūnus] *[muhnus]*
Geschichte	**fabula** *f* [fābula] *[fahbula]*
Geschicklichkeit	**ars** *f* [ars] *[ars]*
Geschlecht	**gens** [gēns] *[gehns]*
Geschlecht	**genus** *n* [genus] *[genus]*
Geschrei	**clamor** *m* [clāmor] *[klahmor]*
geschützt	**tutus** [tūtus] *[tuhtus]*
Gesetz	**lex** *f* [lēx] *[lehks]*
Gesicht	**os** *n* [ōs] *[ohs]*
Gesicht	**vultus** *m* [vultus] *[wultus]*
Gesichtsausdruck	**vultus** *m* [vultus] *[wultus]*
Gespräch	**sermo** *m* [sermō] *[sermoh]*
Gestalt	**forma** *f* [fōrma] *[fohrma]*
gestalten	**fingere** [fingere] *[fingere]*

gestatten	dare [dare] *[dare]*
gestehen	fateri [fatērī] *[fatehrih]*
gestorben	mortuus [mortuus] *[mortu'us]*
gesund sein	valere [valēre] *[walehre]*
gesund	salvus [salvus] *[salwus]*
Gesundheit	salus [salūs] *[saluhs]*
Getreide	frumentum *n* [frūmentum] *[fruhmentum]*
gewähren	praebere [praebēre] *[präbehre]*
Gewalt	vis *f* [vīs] *[wihs]*
gewaltig	ingens [ingēns] *[ingehns]*
Gewalttat	iniuria *f* [iniūria] *[iniuhria]*
geweiht	sacer [sacer] *[sazer]*
gewichtig	gravis [gravis] *[grawis]*
gewinnen	conciliare [conciliāre] *[konziliahre]*
gewinnen	parere [parere] *[parere]*
gewiss	certus [certus] *[zertus]*
gewissenhaft	diligens [dīligēns] *[dihligehns]*
gewissenhaft	pius [pius] *[pius]*
Gewissenhaftigkeit	diligentia *f* [dīligentia] *[dihligenzia]*
gewissermaßen	quasi [quasi] *[kwasi]*
gewogen sein	favere [favēre] *[fawehre]*
gewohnt sein	solere [solēre] *[solehre]*
Gier	avaritia *f* [avāritia] *[awahrizia]*
(be-)gierig	cupidus [cupidus] *[kupidus]*
(aus-)gießen	fundere [fundere] *[fundere]*
glänzen	fulgere [fulgēre] *[fulgehre]*
Glaube	religio *f* [religiō] *[religioh]*
glauben	credere [crēdere] *[crehdere]*
glauben	arbitrari [arbitrārī] *[arbitrahrih]*
Glauben	fides *f* [fidēs] *[fidehs]*
glauben	putare [putāre] *[putahre]*
gleich	aequus [aequus] *[äkwu'us]*
gleich	par [pār] *[pahr]*

(der/die/das) Gleiche	**idem, eadem, idem** [idem, eadem, idem] *[idem, äadem, idem]*
gleichzeitig	**simul** [simul] *[simul]*
Glück	**fortuna** *f* [fortūna] *[fortuhna]*
glücklich	**beatus** [beātus] *[beahtus]*
glücklich	**felix** [fēlīx] *[fehlihkx]*
glücklich	**prosper** [prosper] *[prosper]*
Gold	**aurum** *n* [aurum] *[aurum]*
golden	**aureus** [aureus] *[aure'us]*
Gott	**deus** *m* [deus] *[de'us]*
Götterspruch	**oraculum** *n* [ōrāculum] *[ohrahkulum]*
Gottheit	**numen** *n* [nūmen] *[nuhmen]*
Göttin	**dea** *f* [dea] *[de'a]*
göttlich	**divinus** [dīvīnus] *[dihwihnus]*
Grab	**sepulcrum** *n* [sepulcrum] *[sepulkrum]*
grausam	**crudelis** [crūdēlis] *[kruhdehlis]*
Greis	**senex** *m* [senex] *[seneks]*
Grenze	**finis** *m* [fīnis] *[fihnis]*
grob	**asper** [asper] *[asper]*
groß	**magnus** [māgnus] *[mahgnus]*
groß(artig)	**amplus** [amplus] *[amplus]*
großartig	**magnus** [māgnus] *[mahgnus]*
Größe	**magnitudo** *f* [māgnitūdō] *[mahgnituhdoh]*
(der, die, das) Größte	**maximus** [māximus] *[mahksimus]*
Großvater	**avus** *m* [avus] *[awus]*
großziehen	**alere** [alere] *[alere]*
großzügig	**liberalis** [līberālis] *[lihberahlis]*
gründen	**condere** [condere] *[kondere]*
Gründer	**auctor** *m* [auctor] *[auktor]*
grüßen	**salutare** [salūtāre] *[saluhtahre]*
Grund	**causa** *f* [causa] *[kausa]*
(vernünftiger) Grund	**ratio** *f* [ratiō] *[razioh]*
Grundsatz	**institutum** *n* [īnstitūtum] *[ihnstituhtum]*
günstig	**opportunus** [opportūnus] *[opportuhnus]*

günstig	**prosper** [prosper] *[prosper]*
günstig	**secundus** [secundus] *[sekundus]*
gütig	**bonus** [bonus] *[bonus]*
gut	**bene** [bene] *[bene]*
gut	**bonus** [bonus] *[bonus]*
(das) Gute	**bonum** *n* [bonum] *[bonum]*
gutheißen	**probare** [probāre] *[probahre]*
Hab und Gut	**boni** *n* [bonī] *[bonih]*
haben	**habere** [habēre] *[habehre]*
Habsucht	**avaritia** *f* [avāritia] *[awahrizia]*
Hafen	**portus** *m* [portus] *[portus]*
Hals	**collum** *n* [collum] *[kollum]*
halten	**(se) continere** [(sē) continēre] *[(seh) kontinehre]*
halten	**habere** [habēre] *[habehre]*
halten für	**censere** [cēnsēre] *[zehnsehre]*
Hand	**manus** *f* [manus] *[manus]*
Handel	**commercium** *n* [commercium] *[kommerzium]*
handeln	**agere** [agere] *[agere]*
Handwerk	**ars** *f* [ars] *[ars]*
hängen über	**impendere** [impendēre] *[impendehre]*
hart	**acer** [ācer] *[ahker]*
hart	**asper** [asper] *[asper]*
hart	**durus** [dūrus] *[duhrus]*
Härte	**saevitia** *f* [saevitia] *[säwizia]*
hartherzig	**durus** [dūrus] *[duhrus]*
Hass	**invidia** *f* [invidia] *[inwidia]*
Hass	**odium** *n* [odium] *[odium]*
hässlich	**turpis** [turpis] *[turpis]*
häufig	**frequens** [frequēns] *[frekwehns]*
hauptsächlich	**potius/potissimum** [potius/potissimum] *[pozius/potissimum]*
Hauptstadt	**caput** *n* [caput] *[kaput]*

Haus (in der Stadt)	**domus** *f* [domus] *[domus]*
Haus	**aedis** *f* [aedis] *[ädis]*
Haus	**villa** *f* [vīlla] *[wihlla]*
Hausherr	**dominus** *m* [dominus] *[dominus]*
Hausherrin	**domina** *f* [domina] *[domina]*
Heer	**acies** *f* [aciēs] *[azi'ehs]*
Heer	**exercitus** *m* [exercitus] *[ekserzitus]*
Heereszug	**agmen** *n* [agmen] *[agmen]*
heftig	**acer** [ācer] *[ahker]*
heftig	**vehemens** [vehemēns] *[wehemehns]*
heil	**incolumis** [incolumis] *[inkolumis]*
heilen	**sanare** [sanāre] *[sanahre]*
heilig	**sacer** [sacer] *[sazer]*
heilig	**sanctus** [sānctus] *[sahnktus]*
Heilmittel	**remedium** *n* [remedium] *[remedium]*
Heimat	**patria** *f* [patria] *[patria]*
Heimat	**sedes** *f* [sēdēs] *[sehdehs]*
heimlich	**occultus** [occultus] *[okultus]*
Heirat	**nuptiae** *f* [nūptiae] *[nuhptiä]*
helfen	**adesse** [adesse] *[adesse]*
helfen	**iuvare** [iuvāre] *[iuwahre]*
hell	**clarus** [clārus] *[klahrus]*
herabblicken (auf etw.)	**despicere** [dēspicere] *[dehspizere]*
herabkommen	**descendere** [dēscendere] *[dehszendere]*
herabsteigen	**descendere** [dēscendere] *[dehszendere]*
heranbringen	**appellere** [appellere] *[appellere]*
heranführen	**adducere** [addūcere] *[adduhzere]*
herangehen	**subire** [subīre] *[subihre]*
herantreiben	**appellere** [appellere] *[appellerre]*
herantreten	**accedere** [accēdere] *[akzehdere]*
herantreten	**adire** [adīre] *[adihre]*
herantreten (an jmdn.)	**aggredi** [aggredī] *[aggredih]*
heraus	**e, ex** [ē, ex] *[eh, ex]*
heraus	**foras** [forās] *[forahs]*

herausgeben	**edere** [ēdere] *[ehdere]*
herausheben	**efferre** [efferre] *[efferre]*
heraustragen	**efferre** [efferre] *[efferre]*
herbeilaufen	**accurrere** [accurrere] *[akurrere]*
herbeirufen	**arcessere** [arcessere] *[arzessere]*
herbeitragen	**apportare** [apportāre] *[apportahre]*
Herd	**focus** *m* [focus] *[fokus]*
Herr	**dominus** *m* [dominus] *[dominus]*
Herrin	**domina** *f* [domina] *[domina]*
herrlich	**praeclarus** [praeclārus] *[präklahrus]*
Herrschaft	**imperium** *n* [imperium] *[imperium]*
Herrschaft	**potentia** *f* [potentia] *[potenzia]*
herrschen	**imperare** [imperāre] *[imperahre]*
(be-)herrschen	**regere** [regere] *[regere]*
Herrscher	**princeps** *m* [prīnceps] *[prihnzeps]*
herüberkommen	**transire** [trānsīre] *[trahnsihre]*
hervorbrechen	**erumpere** [ērumpere] *[ehrumpere]*
hervorbringen	**efferre** [efferre] *[efferre]*
hervorbringen	**gignere** [gignere] *[gignere]*
hervorragend	**egregius** [ēgregius] *[ehgregius]*
Herz	**animus** *m* [animus] *[animus]*
Herz	**cor** *n* [cor] *[kor]*
Herz	**pectus** *n* [pectus] *[pektus]*
heute	**hodie** [hodiē] *[hodi'eh]*
hier	**hic** [hīc] *[hihk]*
hierher	**huc** [hūc] *[huhk]*
Hilfe	**auxilium** *n* [auxilium] *[auksilium]*
Hilfe	**ops** *f* [ops] *[ops]*
Himmel	**caelum** *n* [caelum] *[zälum]*
hinabstürzen	**praecipitare** [praecipitāre] *[präzipitahre]*
hinaufklettern	**ascendere** [ascendere] *[aszendere]*
hinaufsteigen	**ascendere** [ascendere] *[aszendere]*
hinaus	**foras** [forās] *[forahs]*
hinausgehen	**egredi** [ēgredī] *[ehgredih]*

hinausgehen	**excedere** [excēdere] *[ekszehdere]*
hinausgehen	**exire** [exīre] *[eksihre]*
hindern	**prohibere** [prohibēre] *[prohibehre]*
hineingehen	**inire** [inīre] *[inihre]*
hineingehen	**intrare** [intrāre] *[intrahre]*
hineinschauen	**inspicere** [īnspicere] *[ihnspizere]*
hineintragen	**inferre** [īnferre] *[ihnferre]*
hingehen	**accedere** [accēdere] *[akzehdere]*
hingehen	**adire** [adīre] *[adihre]*
hinkommen	**pervenire** [pervenīre] *[perwenihre]*
Hinrichtung	**supplicium** *n* [supplicium] *[supplizium]*
hinter	**post** [post] *[post]*
Hinterhalt	**insidiae (Pluralwort)** *f* [īnsidiae] *[ihnsidiä]*
hinüberbringen	**traicere** [trāicere] *[trahizere]*
hinübergehen	**transgredi** [trānsgredi] *[trahnsgredi]*
hinübergehen	**transire** [trānsīre] *[trahnsihre]*
hinuntersteigen	**descendere** [dēscendere] *[dehszendere]*
hinzufügen	**addere** [addere] *[addere]*
hinzufügen	**adiungere** [adiungere] *[adiungere]*
hinzuziehen	**adhibere** [adhibēre] *[adhibehre]*
Hirte	**pastor** *m* [pāstor] *[pahstor]*
Hitze	**aestas** *f* [aestās] *[ästahs]*
Hitze	**ardor** *m* [ārdor] *[ahrdor]*
hitzig	**acer** [ācer] *[ahker]*
hoch	**altus** [altus] *[altus]*
hochheben	**tollere** [tollere] *[tollere]*
hochmütig	**superbus** [superbus] *[superbus]*
höchste	**summus** [summus] *[summus]*
höchste	**supremus** [suprēmus] *[suprehmus]*
Hochzeit	**nuptiae (Pluralwort)** *f* [nūptiae] *[nuhptiä]*
(er-)hoffen	**sperare** [spērāre] *[spehrahre]*
hoffentlich	**utinam (m. Konj.)** [utinam] *[utinam]*
Hoffnung	**spes** *f* [spēs] *[spehs]*
(die) Hoffnung aufgeben	**desperare** [dēspērāre] *[dehspehrahre]*

höher stehend	**superior** [superior] *[superior]*
holen	**arcessere** [arcessere] *[arzessere]*
(an-, er-, zu-)hören	**audire** [audīre] *[audihre]*
hübsch	**bellus** [bellus] *[bellus]*
(sich) hüten (vor)	**cavere** [cavēre] *[kawehre]*
Hund	**canis** *m* [canis] *[kanis]*

ich	**ego** [ego] *[ego]*
ihr (Nom.)	**vos** [vōs] *[wos]*
ihr	**suus** [suus] *[su'us]*
im Gegenteil	**immo** [immō] *[immoh]*
im Stich lassen	**deserere** [dēserere] *[dehserere]*
(etw.) im Überfluss haben	**abundare (m. Abl.)** [abundāre] *[abundahre]*
immer wenn	**cum (m. Ind.)** [cum] *[kum]*
immer	**semper** [semper] *[semper]*
in	**in (m. Abl.)** [in] *[in]*
in	**in (m. Akk.)** [in] *[in]*
in Aufregung versetzen	**incendere** [incendere] *[inzendere]*
in Aussicht stellen	**proponere** [prōpōnere] *[prohpohnere]*
in Bezug auf	**de** [dē] *[deh]*
in Brand setzen	**accendere** [accendere] *[akzendere]*
in der Ferne	**procul** [procul] *[prokul]*
in der Mitte (von)	**medius** [medius] *[medius]*
in der Nähe	**apud** [apud] *[apud]*
in der Nähe	**prope (Adv.)** [prope] *[prope]*
in Erfahrung bringen	**discere** [discere] *[diszere]*
in seine Gewalt bringen	**potiri** [potīrī] *[potihrih]*
innerhalb	**intra (m. Akk.)** [intrā] *[intrah]*
insbesondere	**imprimis** [imprīmīs] *[imprihmihs]*
Insel	**insula** *f* [īnsula] *[ihnsula]*
insgesamt	**omnino** [omnīnō] *[omnihnoh]*
inzwischen	**interim** [interim] *[interim]*
irgendetwas	**aliquid** [aliquid] *[alikwid]*
irgendjemand	**aliquis** [aliquis] *[alikwis]*

irgendwann (einmal)	**aliquando** [aliquandō] *[alikandoh]*
(sich) irren	**errare** [errāre] *[errahre]*
ja sogar	**immo** [immō] *[immoh]*
Jahr	**annus** *m* [annus] *[annus]*
Jahrhundert	**saeculum** *n* [saeculum] *[säkulum]*
jeder	**omnis** [omnis] *[omnis]*
jeder	**quicumque** [quīcumque] *[kwihkumkwe]*
jeder (von zwei Personen)	**uterque** [uterque] *[uterkwe]*
(ein) jeder	**quisque** [quisque] *[kwiskwe]*
jeder, der	**quisquis** [quisquis] *[kwiskwis]*
jeder Einzeln(e)	**singulus** [singulus] *[singulus]*
jeder Einzelne	**unusquisque** [ūnusquisque] *[uhnuskwiskwe]*
jedoch	**at** [at] *[at]*
jedoch	**autem (nachgestellt)** [autem] *[autem]*
jedoch	**sed** [sed] *[sed]*
jemals	**umquam** [umquam] *[umkwam]*
jener, jene, jenes	**ille, illa, illud** [ille, illa, illud] *[ille, illa, illud]*
(der-)jenige, (die-)jenige, (das-)jenige	**is, ea, id** [is, ea, id] *[is, ea, id]*
jenseits	**trans (m. Akk.)** [trāns] *[trahns]*
jetzt	**nunc** [nunc] *[nunk]*
jeweils einer	**singulus** [singulus] *[singulus]*
Jugend	**iuventus** *f* [iuventūs] *[juwentuhs]*
jung	**tener** [tener] *[tener]*
junge Frau (unverheiratet)	**virgo** *f* [virgō] *[wirgoh]*
Junge	**puer** *m* [puer] *[pu'er]*
Jungfrau	**virgo** *f* [virgō] *[wirgoh]*
Kaiser	**imperator** *m* [imperātor] *[imperatohr]*
Kampf	**proelium** *n* [proelium] *[pro'elium]*
Kampf	**pugna** *f* [pūgna] *[puhgna]*
kämpfen	**certare** [certāre] *[zertahre]*
kämpfen	**pugnare** [pūgnāre] *[puhgnahre]*
kämpfen	**contendere** [contendere] *[kontendere]*

Kapitulation	**deditio** *f* [dēditiō] *[dehdizioh]*
(Staats-)Kasse	**fiscus** *m* [fiscus] *[fiskus]*
kaufen	**emere** [emere] *[ehmere]*
kaum	**vix** [vix] *[wiks]*
kein	**nullus** [nūllus] *[nuhllus]*
kennen	**novisse** [nōvisse] *[nohwisse]*
kennenlernen	**cognoscere** [cognōscere] *[kognohszere]*
(das kleine) Kind	**infans** *m* [īnfāns] *[ihnfahns]*
Kinder	**liberi (Pluralwort)** *m* [līberī] *[lihberih]*
klar sein	**patere** [patēre] *[patehre]*
klar	**clarus** [clārus] *[klahrus]*
Kleidung	**vestis** *f* [vestis] *[westis]*
Kleidungsstück	**vestis** *f* [vestis] *[westis]*
klein	**parvus** [parvus] *[parvus]*
Klima	**caelum** *n* [caelum] *[zälum]*
klug	**prudens** [prūdēns] *[pruhdehns]*
Klugheit	**prudentia** *f* [prūdentia] *[pruhdenzia]*
Knechtschaft	**servitus** *f* [servitūs] *[serwituhs]*
kommen	**venire** [venīre] *[wenihre]*
König	**rex** *m* [rēx] *[rehks]*
Königin	**regina** *f* [rēgīna] *[rehgihna]*
königlich	**regius** [rēgius] *[rehgius]*
Königsherrschaft	**regnum** *n* [rēgnum] *[rehgnum]*
können	**posse** [posse] *[posse]*
Konsul	**consul** *m* [cōnsul] *[cohnsul]*
Kopf	**caput** *n* [caput] *[kaput]*
Korb	**fiscus** *m* [fiscus] *[fiskus]*
Körper	**corpus** *n* [corpus] *[korpus]*
Kraft	**vis** *f* [vīs] *[wihs]*
kräftig	**fortis** [fortis] *[fortis]*
kräftig	**robustus** [rōbustus] *[rohbustus]*
kräftig	**strenuus** [strēnuus] *[strehnu'us]*
kränken	**laedere** [laedere] *[lädere]*
Krankheit	**morbus** *m* [morbus] *[morbus]*

(Erd-)Kreis	**orbis** [orbis] *[orbis]*
Kreuz	**crux** *f* [crux] *[kruks]*
Krieg	**bellum** *n* [bellum] *[bellum]*
Kriegsgefangener	**captivus** [captīvus] *[kaptihwus]*
kühn	**audax** [audāx] *[audahks]*
Kühnheit	**audacia** *f* [audācia] *[audahzia]*
(sich) kümmern (um)	**curare** [cūrāre] *[kuhrahre]*
künftig	**reliquus** [reliquus] *[relikwus]*
Kunst	**ars** *f* [ars] *[ars]*
Kurie	**curia** *f* [cūria] *[kuhria]*
kurz	**brevis** [brevis] *[brewis]*
lachen	**ridere** [rīdēre] *[rihdehre]*
Lage	**condicio** *f* [conditiō] *[kondizioh]*
Lage	**fortuna** *f* [fortūna] *[fortuhna]*
Lager	**castra (Pluralwort)** *n* [castra] *[kastra]*
Land	**terra** *f* [terra] *[terra]*
landen (Pass.)	**appellere** [appellere] *[appellere]*
Landgut	**villa** *f* [vīlla] *[wihlla]*
Landhaus	**villa** *f* [vīlla] *[wihlla]*
lang	**longus** [longus] *[longus]*
lang andauernd	**longus** [longus] *[longus]*
lange Zeit	**diu** [diū] *[diuh]*
lange	**diu** [diū] *[diuh]*
länger	**diutius** [diūtius] *[diuhzius]*
(zu-)lassen	**sinere** [sinere] *[sinere]*
Last	**onus** *n* [onus] *[onus]*
lästig	**molestus** [molestus] *[molestus]*
laufen	**currere** [currere] *[kurere]*
Laut	**vox** *f* [vōx] *[wohks]*
leb/lebt wohl	**vale!/valete!** [valē!/valēte!] *[waleh!/walehte]*
leben	**versari** [versāri] *[wersahri]*
Leben	**vita** *f* [vīta] *[wihta]*
leben	**vivere** [vīvere] *[wihwere]*

lebendig	**vivus** [vīvus] *[wihwus]*
legen	**collocare** [collocāre] *[kollokahre]*
legen (an, auf, in)	**imponere** [impōnere] *[impohnere]*
legen	**ponere** [pōnere] *[pohnere]*
Legion	**legio** *f* [legio] *[legioh]*
Lehre	**disciplina** *f* [disciplīna] *[disziplihna]*
Lehre	**praeceptum** *n* [praeceptum] *[präzeptum]*
lehren	**docere** [docēre] *[dozehre]*
(be-)lehren	**praecipere** [praecipere] *[präzipere]*
Lehrer	**magister** *m* [magister] *[magister]*
Leib	**corpus** *n* [corpus] *[korpus]*
leicht	**facilis** [facilis] *[facilis]*
Leid	**labor** *m* [labor] *[labor]*
leiden	**laborare** [labōrāre] *[labohrahre]*
(er-)leiden	**pati** [patī] *[patih]*
leisten	**praestare** [praestāre] *[prästahre]*
lernen	**discere** [discere] *[diszere]*
lesen	**legere** [legere] *[legere]*
(der) Letzte	**supremus** [suprēmus] *[suprehmus]*
(der) Letzte	**proximus** [proximus] *[proksimus]*
leuchten	**fulgere** [fulgēre] *[fulgehre]*
leugnen	**negare** [negāre] *[negahre]*
Leute	**homines** *m* [homines] *[homines]*
Licht	**lumen** *n* [lūmen] *[luhmen]*
lieb	**carus** [cārus] *[kahrus]*
Liebe	**amor** *m* [amor] *[amor]*
lieben	**amare** [amāre] *[amahre]*
lieben	**diligere** [dīligere] *[dihligere]*
liebenswürdig	**iucundus** [iūcundus] *[iuhkundus]*
lieber	**potius/potissimum** [potius/potissimum] *[pozius/potissimum]*
lieblich	**dulcis** [dulcis] *[dulzis]*
Lied	**carmen** *n* [carmen] *[karmen]*
liegen	**cubare** [cubare] *[kubare]*

liegen	**iacere** [iacēre] *[iazehre]*
Liegesofa	**lectus** *m* [lectus] *[lektus]*
(die) linke Hand	**sinister** [sinister] *[sinister]*
(die) linke Seite	**sinister** [sinister] *[sinister]*
links	**sinister** [sinister] *[sinister]*
List	**dolus** [dolus] *[dolus]*
Literatur	**litterae** *f* [litterae] *[litterä]*
Lob	**laus** *f* [laus] *[laus]*
loben	**laudare** [laudāre] *[laudahre]*
(auf-)lösen	**solvere** [solvere] *[solwere]*
Los	**sors** *f* [sors] *[sors]*
loslassen	**remittere** [remittere] *[remittere]*
losstürzen (auf jmdn.)	**ruere** [ruere] *[ru'ere]*
Luft	**aer** *m* [ā'ēhr] *[aehr]*
Lust	**libido** *f* [lībīdō] *[lihbihdoh]*
Lust	**voluptas** *f* [voluptās] *[woluptahs]*
machen zu	**reddere** [reddere] *[reddere]*
machen	**facere** [facere] *[fazere]*
Macht	**potentia** *f* [potentia] *[potenzia]*
Macht	**potestas** *f* [potestās] *[potestahs]*
(göttliche) Macht	**numen** *n* [nūmen] *[nuhmen]*
Mädchen	**puella** *f* [puella] *[pu'ella]*
Mahlzeit	**cena** *f* [cēna] *[zehna]*
mahnen	**monere** [monēre] *[monehre]*
man berichtet	**ferunt** [ferunt] *[ferunt]*
manche	**nonnulli** [nōnnūllī] *[nohnuhllih]*
manchmal	**interdum** [interdum] *[interdum]*
Mangel	**inopia** *f* [inōpia] *[inohpia]*
(junger) Mann	**adulescens** *m* [adulēscēns] *[adulehszens]*
(junger) Mann	**iuvenis** *m* [iuvenis] *[juwenis]*
Mann	**homo** *m* [homō] *[homoh]*
Mann	**vir** *m* [vir] *[wir]*
Marktplatz	**forum** [forum] *[forum]*

Marsch	**iter** *n* [iter] *[iter]*
Maß	**modus** *m* [modus] *[modus]*
Matrose	**nauta** *m* [nauta] *[nauta]*
(Stadt-)Mauer	**moenia (Pluralwort)** *n* [moenia] *[mo'enia]*
Mauer	**murus** *m* [mūrus] *[muhrus]*
Meer	**aequor** *n* [aequor] *[äkwor]*
Meer	**mare** *n* [mare] *[mare]*
mehr	**plus** [plūs] *[pluhs]*
(ver-)meiden	**vitare** [vītāre] *[wihtahre]*
mein	**meus** [meus] *[me'us]*
meinen	**arbitrari** [arbitrārī] *[arbitrahrih]*
meinen	**existimare** [exīstimāre] *[eksihstimahre]*
meinen	**opinari** [opīnārī] *[opihnahrih]*
meinen	**putare** [putāre] *[putahre]*
meinen	**reri** [rērī] *[rehrih]*
meinen	**sentire** [sentīre] *[sentihre]*
Meinung	**opinio** *f* [opīniō] *[opihnioh]*
Meinung	**sententia** *f* [sententia] *[setenzia]*
(die) meisten	**plerique** [plērīque] *[plehrihkwe]*
(die) meisten	**plurimi** [plūrimī] *[pluhrimi]*
melden	**affere** [affere] *[affere]*
melden	**indicare** [indicāre] *[indikahre]*
melden	**nuntiare** [nūntiāre] *[nuhnziahre]*
Menge	**copia** *f* [cōpia] *[kohpia]*
Menge	**multitudo** *f* [multitūdō] *[multituhdoh]*
Menge	**numerus** *m* [numerus] *[numerus]*
Menge	**vis** *f* [vīs] *[wihs]*
(Menschen-)Menge	**turba** *f* [turba] *[turba]*
Mensch	**homo, hominis** *m* [homō] *[homoh]*
menschlich	**humanus** [hūmānus] *[huhmahnus]*
Menschlichkeit	**humanitas** *f* [hūmānitās] *[huhmahnitahs]*
merken	**sentire** [sentīre] *[sentihre]*
Merkmal	**signum** *n* [sīgnum] *[sihgnum]*
mich	**me** [mē] *[meh]*

mild	**clemens** [clēmēns] *[klehmehns]*
Militärdienst	**militia** *f* [mīlitia] *[mihlizia]*
Militärtribun	**tribunus** *m* [tribūnus] *[tribuhnus]*
(zusammen) mit	**cum (m. Abl.)** [cum] *[kum]*
mit sich	**se, sibi, secum** [sē, sibī, sēcum] *[seh, sibih, sehkum]*
mitbringen	**apportare** [apportāre] *[apportahre]*
Mitbürger/in	**civis** *m/f* [cīvis] *[zihwis]*
mithilfe	**per (m. Akk.)** [per] *[per]*
(der, die, das) mittlere	**medius** [medius] *[medius]*
es ist möglich	**licet** [licet] *[lizet]*
Möglichkeit	**facultas** *f* [facultās] *[fakultahs]*
Möglichkeit	**potestas** *f* [potestās] *[potestahs]*
möglichst (vor Superlativ)	**quam** [quam] *[kwam]*
Monat	**mensis** [mēnsis] *[mehnsis]*
morgen	**cras** [crās] *[krahs]*
Mühe	**labor** *m* [labor] *[labor]*
Mühe	**opera** *f* [opera] *[opera]*
mühelos	**facilis** [facilis] *[facilis]*
müssen	**debere** [dēbēre] *[dehbehre]*
Mund	**os** *n* [ōs] *[ohs]*
munter	**strenuus** [strēnuus] *[strehnu'us]*
Mut	**animus** *m* [animus] *[animus]*
mutig	**fortis** [fortis] *[fortis]*
Mutter	**mater** *f* [māter] *[mahter]*
nach	**in (m. Akk.)** [in] *[in]*
nach	**post** [post] *[post]*
nach draußen	**foras** [forās] *[forahs]*
nach Hause	**domum** [domum] *[domum]*
nach kurzer Zeit	**brevi (Adv.)** [brevī] *[brewih]*
nachahmen	**imitari** [imitārī] *[imitahrih]*
(Grenz-)Nachbar	**finitimus** [fīnitimus] *[fihnitimus]*
nachdem	**cum (m. Konj.)** [cum] *[kum]*

nachdem	**postquam (m. Perf.)** [postquam] *[postkwam]*
nachdenken	**cogitare** [cōgitāre] *[kohgitahre]*
nachgeben	**cedere** [cēdere] *[zehdere]*
nachher	**postea** [posteā] *[posteah]*
nachlassen	**remittere** [remittere] *[remittere]*
nachrücken	**succedere** [succēdere] *[sukzehdere]*
(der) Nächste	**proximus** [proximus] *[proksimus]*
Nacht	**nox** *f* [nox] *[noks]*
nächtlich	**nocturnus** [nocturnus] *[nokturnus]*
Nachtwache	**vigilia** *f* [vigilia] *[wigilia]*
nahe	**prope (Adv.)** [prope] *[prope]*
nahe	**propinquus** [propinquus] *[propinkwus]*
näher	**propius (Adv.)** [propius] *[propius]*
näher (einer Sache)	**propior** [propior] *[propior]*
näher kommen	**appropinquare** [appropinquāre] *[appropinkwahre]*
(sich) nähern	**appropinquare** [appropinquāre] *[appropinkwahre]*
Nahrung	**cibus** *m* [cibus] *[zibus]*
Name	**nomen** *n* [nōmen] *[nohmen]*
nämlich	**enim (nachgestellt)** [enim] *[enim]*
natürlich	**scilicet** [scīlicet] *[szihlizet]*
Natur	**natura** *f* [nātūra] *[nahtuhra]*
neben	**iuxta (m. Akk.)** [iūxtā] *[juhkstah]*
Neffe	**nepos** *m* [nepōs] *[nepohs]*
nehmen	**sumere** [sūmere] *[suhmere]*
Neid	**invidia** *f* [invidia] *[inwidia]*
nennen	**appellare** [appellāre] *[appellahre]*
nennen	**nominare** [nōmināre] *[nohminahre]*
nennen	**vocare** [vocāre] *[wokahre]*
neu	**novus** [novus] *[nowus]*
neuartig	**novus** [novus] *[nowus]*
neulich	**nuper** [nūper] *[nuhper]*
nicht	**haud** [haud] *[haud]*

nicht	**non** [nōn] *[nohn]*
nicht einmal	**ne ... quidem** [nē ... quidem] *[neh ... kwidem]*
nicht haben	**carere** [carēre] *[carehre]*
nicht kennen	**ignorare** [īgnōrāre] *[ihgnohrahre]*
nicht verstehen	**nescire** [nescīre] *[neszihre]*
nicht wissen	**ignorare** [īgnōrāre] *[ihgnohrahre]*
nicht wissen	**nescire** [nescīre] *[neszihre]*
nicht wollen	**nolle** [nōlle] *[nohlle]*
nichts	**nihil** [nihil] *[nihil]*
Niederlage	**calamitas** *f* [calamitās] *[kalamitahs]*
Niederlage	**clades** *f* [clādēs] *[klahdehs]*
(sich) niederlassen	**considere** [cōnsīdere] *[kohnsihdere]*
niederlegen	**deponere** [dēpōnere] *[dehpohnere]*
niederschlagen	**caedere** [caedere] *[zädere]*
niederschlagen	**occidere** [occīdere] *[okzihdere]*
niedrig	**humilis** [humilis] *[humilis]*
niemals	**numquam** [numquam] *[numkwam]*
niemand	**nemo** [nēmō] *[nehmoh]*
noch (immer)	**adhuc** [adhūc] *[adhuhk]*
noch dazu	**ultro** [ultrō] *[ultroh]*
noch nicht	**nondum** [nōndum] *[nohndum]*
es ist nötig	**oportet** [oportet] *[oportet]*
(etw.) normalerweise (tun)	**solere** [solēre] *[solehre]*
notwendig	**necessarius** [necessārius] *[nezesahrius]*
es ist notwendig	**necesse est** [necesse est] *[nezesse est]*
nützlich	**utilis** [ūtilis] *[uhtilis]*
nun	**nunc** [nunc] *[nunk]*
nur	**solum (Adv.)** [sōlum] *[sohlum]*
nur	**tantum (Adv.)** [tantum] *[tantum]*
Nutzen	**fructus** *m* [frūctus] *[fruhktus]*
Nutzen	**usus** *m* [ūsus] *[uhsus]*
ob (indirekte Frage)	**num** [num] *[num]*
ob (indirekte Frage)	**utrum** [utrum] *[utrum]*

obenauf	**super (m. Akk./Abl.)** [super] *[super]*
Oberarm	**umerus** *m* [umerus] *[umerus]*
oberste	**summus** [summus] *[summus]*
oberste	**supremus** [suprēmus] *[suprehmus]*
obgleich	**quamquam** [quamquam] *[kwamkwam]*
obwohl	**cum (m. Konj.)** [cum] *[kum]*
obwohl	**etsi** [etsī] *[etsih]*
obwohl	**quamquam** [quamquam] *[kwamkwam]*
oder (etwa)	**an** [an] *[an]*
oder	**aut** [aut] *[aut]*
oder	**vel** [vel] *[wel]*
offen	**simplex** [simplex] *[simpleks]*
offensichtlich sein	**apparere** [appārēre] *[appahrehre]*
offen stehen	**patere** [patēre] *[patehre]*
öffentlich	**publicus** [pūblicus] *[puhblikus]*
öffnen	**aperire** [aperīre] *[aperihre]*
oft	**saepe** [saepe] *[säpe]*
ohne	**sine** [sine] *[sine]*
Ohr	**auris** *f* [auris] *[auris]*
opfern	**sacrificare** [sacrificāre] *[sakrifikahre]*
Orakel	**oraculum** *n* [ōrāculum] *[ohrahkulum]*
Orakelstätte	**oraculum** *n* [ōrāculum] *[ohrahkulum]*
ordnen	**componere** [compōnere] *[komponehre]*
Ort	**locus** *m* [locus] *[lokus]*
passt (zu)	**decet** [decet] *[dezet]*
Patrizier	**patres (Plural)** *m* [patrēs] *[patrehs]*
persönlich	**ipse** [ipse] *[ipse]*
persönlich	**privatus** [prīvātus] *[prihwahtus]*
Pferd	**equus** *m* [equus] *[ekwuhus]*
pflegen (etw. zu tun)	**solere** [solēre] *[solehre]*
pflegen	**colere** [colere] *[kolere]*
Pflicht	**officium** *n* [officium] *[offizium]*
Pflichtgefühl	**pietas** *f* [pietās] *[pi'etahs]*

Pirat	**pirata** *m* [pīrāta] *[pihrahta]*
Plan	**consilium** *n* [cōnsilium] *[cohnsilium]*
planen	**moliri** [mōlīrī] *[mohlihrih]*
(freier) Platz	**campus** [campus] *[kampus]*
plötzlich	**repente** [repente] *[repente]*
plötzlich	**subito** [subitō] *[subitoh]*
plündern	**spoliare** [spoliāre] *[spoliahre]*
prahlen	**gloriari** [glōriāri] *[glohriahri]*
Preis	**pretium** *n* [pretium] *[prezium]*
preisen	**laudare** [laudāre] *[laudahre]*
Priester(in)	**sacerdos** *m/f* [sacerdōs] *[sazerdohs]*
privat	**privatus** [prīvātus] *[prihwahtus]*
Provinz	**provincia** *f* [prōvincia] *[prohwinzia]*
Prozess	**causa** *f* [causa] *[kausa]*
prüfen	**temptare** [temptāre] *[temptahre]*
Publikum	**populus** *m* [populus] *[populus]*
Quelle	**fons** *f* [fōns] *[fohns]*
(etw./jmdn.) rächen	**ulcisci** [ulcīscī] *[ulzihszih]*
(sich) rächen (an)	**ulcisci** [ulcīscī] *[ulzihszih]*
Rang	**gradus** *m* [gradus] *[gradus]*
rasch	**cito** [citō] *[zitoh]*
Raserei	**furor** *m* [furor] *[furor]*
(um) Rat fragen	**consulere** [cōnsulere] *[kohnsulere]*
Rat(schlag)	**consilium** *n* [cōnsilium] *[cohnsilium]*
raten	**suadere** [suādēre] *[suahdehre]*
rau	**asper** [asper] *[asper]*
rauben	**rapere** [rapere] *[rapere]*
Recht	**ius** *n* [iūs] *[iuhs]*
(die) rechte Hand	**dexter** [dexter] *[dexter]*
(die) rechte Seite	**dexter** [dexter] *[dexter]*
rechts	**dexter** [dexter] *[dexter]*
rechtschaffen	**probus** [probus] *[probus]*

Rede	**oratio** *f* [ōrātiō] *[ohrahzioh]*
reden	**loqui** [loquī] *[lokwih]*
Redner	**orator** *m* [ōrātor] *[ohrahtor]*
Regel	**praeceptum** *n* [praeceptum] *[präzeptum]*
reich	**beatus** [beātus] *[beahtus]*
reich	**dives** [dīves] *[dihwes]*
Reich	**imperium** *n* [imperium] *[imperium]*
(König-)Reich	**regnum** *n* [rēgnum] *[rehgnum]*
reichen	**praebere** [praebēre] *[präbehre]*
Reichtum	**divitiae (Pluralwort)** *f* [dīvitiae] *[dihwiziä]*
Reise	**iter** *n* [iter] *[iter]*
(ab-)reisen	**proficisci** [proficīscī] *[profizihszih]*
(an sich) reißen	**corripere** [corripere] *[korripere]*
Reiter	**eques** *m* [eques] *[ekwes]*
Reste	**reliquiae (Pluralwort)** *f* [reliquiae] *[relikwiä]*
retten	**conservare** [cōnservāre] *[kohnserwahre]*
retten	**servare** [servāre] *[serwahre]*
Rettung	**salus** [salūs] *[saluhs]*
richten (auf etw.)	**figere** [fīgere] *[fihgere]*
richten	**iudicare** [iūdicāre] *[juhdikahre]*
Richter	**iudex** *m* [iūdex] *[iuhdeks]*
richtig	**iustus** [iūstus] *[iuhstus]*
richtig	**rectus** [rēctus] *[rehktus]*
Richtung	**pars** *f* [pars] *[pars]*
riesig	**immanis** [immānis] *[immahnis]*
ringsum	**circum (m. Akk.)** [circum] *[zirkum]*
Ritter	**eques** *m* [eques] *[ekwes]*
rollen	**volvere** [volvere] *[wolwere]*
Rücken	**tergum** *n* [tergum] *[tergum]*
(sich) rühmen	**gloriari** [glōriāri] *[glohriahri]*
rühmen	**celebrare** [celebrāre] *[zelebrahre]*
rühmen	**iactare** [iactāre] *[i'aktahre]*
Ruf	**clamor** *m* [clāmor] *[klahmor]*
Ruf	**fama** *f* [fāma] *[fahma]*

rufen	**clamare** [clāmāre] *[clahmahre]*
rufen	**vocare** [vocāre] *[wokahre]*
Ruhe	**quies** *f* [quiēs] *[kwi'ehs]*
Ruhe	**silentium** *n* [silentium] *[silenzium]*
ruhen	**cubare** [cubare] *[kubare]*
Ruhm	**gloria** *f* [glōria] *[glohria]*
Ruhm	**laus** *f* [laus] *[laus]*
Sache	**res** *f* [rēs] *[rehs]*
sachverständig	**prudens** [prūdēns] *[pruhdehns]*
sage (ich, er/sie/es)	**aio/ait** [āiō, ait] *[ahioh, ait]*
sagen	**dicere** [dīcere] *[dihzere]*
sagen	**memorare** [memorāre] *[memorahre]*
man sagt, dass (er, sie) … *(etw. tut/tun)*	**dicitur** [dīcitur] *[dihzitur]*
(er, sie) sagt/sagte	**inquit** [inquit] *[inkwit]*
sammeln	**cogere** [cōgere] *[kohgere]*
sammeln	**legere** [legere] *[legere]*
sanft(mütig)	**clemens** [clēmēns] *[klehmehns]*
Schaden	**damnum** *n* [damnum] *[damnum]*
schaden	**nocere** [nocēre] *[nozehre]*
schädlich	**nocens** [nocēns] *[nozehns]*
schändlich	**turpis** [turpis] *[turpis]*
Schar	**agmen** *n* [agmen] *[agmen]*
Schar	**manus** *f* [manus] *[manus]*
scharf	**acer** [ācer] *[ahzer]*
(ein-)schätzen	**aestimare** [aestimāre] *[ästimahre]*
(ein-)schätzen	**censere** [cēnsēre] *[zehnsehre]*
schätzen	**diligere** [dīligere] *[dihligere]*
schätzen	**existimare** [exīstimāre] *[eksihstimahre]*
schau!/schaut!	**ecce!** [ecce] *[eckze]*
(an-)schauen	**spectare** [spectāre] *[spektahre]*
schaudern	**horrere** [horrēre] *[horehre]*
Schauspiel	**spectaculum** *n* [spectāculum] *[spektahkulumi]*

Schein	species *f* [speciēs] *[spezi'ehs]*
(sie) scheinen	videntur [videntur] *[widentur]*
(er/sie/es) scheint	videtur [vidētur] *[widehtur]*
schenken (be-)	donare [dōnāre] *[dohnahre]*
schenken	tribuere [tribuere] *[tribu'ere]*
scherzen	ludere [lūdere] *[luhdere]*
scheu	timidus [timidus] *[timidus]*
schicken	mittere [mittere] *[mittere]*
Schicksal	fatum *n* [fātum] *[fahtum]*
Schicksal	fortuna *f* [fortūna] *[fortuhna]*
Schicksal	sors *f* [sors] *[sors]*
Schienbein	crus *n* [crūs] *[kruhs]*
Schiff	navis *f* [nāvis] *[nahvis]*
(mit dem) Schiff fahren	navigare [nāvigāre] *[nahwigahre]*
Schlacht	proelium *n* [proelium] *[pro'elium]*
Schlachtordnung	acies *f* [aciēs] *[azi'ehs]*
Schlaf	somnus *m* [somnus] *[somnus]*
schlafen	dormire [dormīre] *[dormihre]*
schlafen	quiescere [quiēscere] *[kwi'ehskere]*
schlagen (an)	offendere [offendere] *[offendere]*
schlagen	pellere [pellere] *[pellere]*
schlagen	verberare [verberāre] *[werberahre]*
schlecht	improbus [improbus] *[improbus]*
schlecht	malus [malus] *[malus]*
schlechte Eigenschaft	vitium *n* [vitium] *[wizium]*
(der) schlechteste	pessimus [pessimus] *[pessimus]*
schleppen	trahere [trahere] *[trahere]*
schleudern	iactare [iactāre] *[i'aktahre]*
(ab-, ein-)schließen	claudere [claudere] *[klaudere]*
schließlich	denique [dēnique] *[dehnique]*
schließlich	postremo [postrēmō] *[postrehmoh]*
schließlich	tandem [tandem] *[tandem]*
schlimm	malus [malus] *[malus]*
Schlimmes	malum *n* [malum] *[malum]*

(der) Schlimmste	**pessimus** [pessimus] *[pessimus]*
schmälern	**minuere** [minuere] *[minuere]*
schmeichlerisch	**blandus** [blandus] *[blandus]*
Schmerz	**dolor** *m* [dolor] *[dolor]*
schmerzen	**dolere** [dolēre] *[dolehre]*
schmücken	**ornare** [ōrnāre] *[ohrnahre]*
Schnee	**nix** *f* [nix] *[niks]*
schnell	**celer** [celer] *[zeler]*
schnell	**cito** [citō] *[zitoh]*
schnell	**praeceps** [praeceps] *[präzeps]*
schon	**iam** [iam] *[iam]*
schonen (jmdn.)	**parcere** [parcere] *[parzere]*
schön	**bellus** [bellus] *[bellus]*
schön	**pulcher** [pulcher] *[pulcher]*
Schönheit	**forma** *f* [fōrma] *[fohrma]*
Schönheit	**pulchritudo** *f* [pulchritūdō] *[pulchrituhdoh]*
Schrecken	**terror** *m* [terror] *[terror]*
Schreckensnachricht	**terror** *m* [terror] *[terror]*
schrecklich	**atrox** [atrōx] *[atrohks]*
schrecklich	**terribilis** [terribilis] *[terribilis]*
Schrei	**clamor** *m* [clāmor] *[klahmor]*
schreiben	**scribere** [scrībere] *[skrihbere]*
schreien	**clamare** [clāmāre] *[clahmahre]*
schützen	**protegere** [prōtegere] *[prohtegere]*
schützen	**tegere** [tegere] *[tegere]*
Schuld	**culpa** *f* [culpa] *[kulpa]*
schulden	**debere** [dēbēre] *[dehbehre]*
schuldig	**nocens** [nocēns] *[nozehns]*
Schule	**ludus** *m* [lūdus] *[luhdus]*
Schulter	**umerus** *m* [umerus] *[umerus]*
Schutz	**praesidium** *n* [praesidium] *[präsidium]*
Schutzherr	**patronus** *m* [patrōnus] *[patrohnus]*
Schutztruppe	**praesidium** *n* [praesidium] *[präsidium]*
schwächer	**inferior** [īnferior] *[ihnferior]*

schwarz	**ater** [āter] *[ahter]*
Schweigen	**silentium** *n* [silentium] *[silenzium]*
schweigen	**tacere** [tacēre] *[tazehre]*
schwer(wiegend)	**gravis** [gravis] *[grawis]*
Schwert	**gladius** *m* [gladius] *[gladius]*
Schwester	**soror** *f* [soror] *[soror]*
schwierig	**angustus** [angustus] *[angustus]*
schwierig	**difficilis** [difficilis] *[diffizilis]*
schwören	**iurare** [iūrāre] *[juhrahre]*
Schwung	**impetus** *m* [impetus] *[impetus]*
(der) See	**lacus** *m* [lacus] *[lakus]*
Seemann	**nauta** *m* [nauta] *[nauta]*
Seeräuber	**pirata** *m* [pīrāta] *[pihrahta]*
segeln	**navigare** [nāvigāre] *[nahwigahre]*
sehen	**cernere** [cernere] *[zernere]*
sehen	**videre** [vidēre] *[widehre]*
sehr	**admodum** [admodum] *[admodum]*
sehr	**valde** [valdē] *[waldeh]*
sehr bekannt	**praeclarus** [praeclārus] *[präklahrus]*
sehr groß	**maximus** [māximus] *[mahksimus]*
sehr gut	**optimus** [optimus] *[optimus]*
sehr viele	**plerique** [plērīque] *[plehrihkwe]*
sehr viele	**plurimi** [plūrimī] *[pluhrimi]*
seht	**ecce!** [ecce] *[eckze]*
Sei gegrüßt!	**ave** [avē] *[aveh]*
sei/seid gegrüßt	**salve/salvete** [salvē/salvēte] *[salwe/salwete]*
sein	**esse** [esse] *[esse]*
sein	**suus** [suus] *[su'us]*
seit	**a/ab** [ā/ab] *[ah/ab]*
Seite	**pars** *f* [pars] *[pars]*
selbst	**ipse** [ipse] *[ipse]*
selbstverständlich	**scilicet (Adv.)** [scīlicet] *[szihlizet]*
Senat	**senatus** *m* [senātus] *[senahtus]*
Senator	**senator** *m* [senātor] *[senahtor]*

Senatoren	**patres (Plural)** *m* [patrēs] *[patrehs]*
Senatsversammlung	**senatus** *m* [senātus] *[senahtus]*
(hin-)setzen	**collocare** [collocāre] *[kollokahre]*
(sich) setzen	**considere** [cōnsīdere] *[kohnsihdere]*
setzen	**imponere** [impōnere] *[impohnere]*
setzen	**ponere** [pōnere] *[pohnere]*
sich	**se** [sē] *[seh]*
sicher	**certe** [certē] *[zerteh]*
sicher	**certus** [certus] *[zertus]*
sicher	**tutus** [tūtus] *[tuhtus]*
Siedlungsgebiet	**sedes** *f* [sēdēs] *[sehdehs]*
Sieg	**victoria** *f* [victōria] *[wiktohria]*
(be-)siegen	**superare** [superāre] *[superahre]*
(be-)siegen	**vincere** [vincere] *[winzere]*
Sieger	**victor** *m* [victor] *[wiktor]*
sieh da!	**ecce!** [ecce] *[eckze]*
Silber	**argentum** *n* [argentum] *[argentum]*
(be-)singen	**canere** [canere] *[kanere]*
sinken	**cadere** [cadere] *[kadere]*
Sinn	**animus** *m* [animus] *[animus]*
Sitte	**mos** *m* [mōs] *[mohs]*
Sitz	**sedes** *f* [sēdēs] *[sehdehs]*
(da)sitzen	**sedere** [sedēre] *[sedehre]*
Sklave/Sklavin	**servus/serva** *m/f* [servus/serva] *[serwus/serwa]*
Sklave sein	**servire** [servīre] *[serwihre]*
Sklaverei	**servitus** *f* [servitūs] *[serwituhs]*
skrupellos	**audax** [audāx] *[audahks]*
so	**ita** [ita] *[ita]*
so	**sic** [sīc] *[sihk]*
so	**tam** [tam] *[tam]*
so beschaffen	**talis** [tālis] *[tahlis]*
so groß	**tantus** [tantus] *[tantus]*
so sehr	**adeo (Adv.)** [adeō] *[adeoh]*
so tun, als ob	**simulare** [simulāre] *[simulahre]*

so viel	tantus [tantus] *[tantus]*
so viele	tot (indekl.) [tot] *[tot]*
sobald	cum (m. Ind.) [cum] *[kum]*
sobald	ubi (m. Perf.) [ubī] *[ubih]*
sodass	ut (m. Konj.) [ut] *[ut]*
sofort	protinus [prōtinus] *[prohtinus]*
sofort	statim [statim] *[statim]*
sogar	etiam [etiam] *[eziam]*
Sohn	filius *m* [fīlius] *[fihlius]*
solange	dum [dum] *[dum]*
so lange, bis	dum [dum] *[dum]*
(ein) solcher	talis [tālis] *[tahlis]*
Soldat	miles *m* [mīles] *[mihles]*
Sommer	aestas *f* [aestās] *[ästahs]*
sondern	sed [sed] *[sed]*
Sonne	sol *m* [sōl] *[sohl]*
sonst	aliter [aliter] *[aliter]*
Sorge	cura *f* [cūra] *[kuhra]*
sorgen (für)	curare [cūrāre] *[kuhrahre]*
sorgen für (m. Dat.)	consulere [cōnsulere] *[kohnsulere]*
Sorgfalt	cura *f* [cūra] *[kuhra]*
Sorgfalt	diligentia *f* [dīligentia] *[dihligenzia]*
sorgfältig	diligens [dīligēns] *[dihligehns]*
sowohl ... als auch	et ... et [et ... et] *[et ... et]*
spannen	tendere [tendere] *[tendere]*
spärlich	parcus [parcus] *[parkus]*
sparsam	parcus [parcus] *[parkus]*
Spaß machen	placere [placēre] *[plazehre]*
Spaß	voluptas *f* [voluptās] *[woluptahs]*
später	post (Adv.) [post] *[post]*
später	postea [posteā] *[posteah]*
Speise	cibus *m* [cibus] *[zibus]*
Spiel	ludus *m* [lūdus] *[luhdus]*
spielen	ludere [lūdere] *[luhdere]*

Sprache	**lingua** *f* [lingua] *[lingua]*
Sprache	**sermo** *m* [sermō] *[sermoh]*
sprechen über	**disserere** [disserere] *[disserere]*
sprechen	**dicere** [dīcere] *[dihzere]*
sprechen	**loqui** [loquī] *[lokwih]*
Staat	**civitas** *f* [cīvitās] *[zihvitahs]*
Staat	**res publica** *f* [rēs pūblica] *[rehs puhblika]*
staatlich	**publicus** [pūblicus] *[puhblikus]*
Stadt	**urbs** *f* [urbs] *[urbs]*
(befestigte) Stadt	**oppidum** *n* [oppidum] *[oppidum]*
Stadtviertel	**vicus** *m* [vīcus] *[wihkus]*
Stamm	**civitas** *f* [cīvitās] *[zihvitahs]*
stark	**robustus** [rōbustus] *[rohbustus]*
stärken	**confirmare** [cōnfirmāre] *[kohnfirmahre]*
(da)stehen	**stare** [stāre] *[stahre]*
steil	**praeceps** [praeceps] *[präzeps]*
Stein	**saxum** *n* [saxum] *[saksum]*
(auf-, hin-)stellen	**collocare** [collocāre] *[kollokahre]*
stellen	**imponere** [impōnere] *[impohnere]*
stellen	**ponere** [pōnere] *[pohnere]*
sterben	**mori** [morī] *[morih]*
sterblich	**mortalis** [mortālis] *[mortahlis]*
still sein	**tacere** [tacēre] *[tazehre]*
Stille	**silentium** *n* [silentium] *[silenzium]*
Stimme	**vox** *f* [vōx] *[wohks]*
Stirn	**frons** *f* [frōns] *[frohns]*
stolz	**superbus** [superbus] *[superbus]*
(an-)stoßen	**impellere** [impellere] *[impellere]*
stoßen (auf)	**offendere** [offendere] *[offendere]*
stoßen	**pellere** [pellere] *[pellere]*
stoßen	**praecipitare** [praecipitāre] *[präzipitahre]*
Strafe	**poena** *f* [poena] *[po'ena]*
(Todes-)Strafe	**supplicium** *n* [supplicium] *[supplizium]*
Strand	**litus** *n* [lītus] *[lihtus]*

(aus-)strecken	**tendere** [tendere] *[tendere]*
streifen	**stringere** [stringere] *[stringere]*
(Rechts-)Streit	**lis** *f* [līs] *[lihs]*
streiten	**certare** [certāre] *[zertahre]*
Streitfall	**causa** *f* [causa] *[kausa]*
Streitkräfte	**vires** *f* [vīrēs] *[wihres]*
Strenge	**saevitia** *f* [saevitia] *[säwizia]*
strömen	**fluere** [fluere] *[fluere]*
stürzen	**praecipitare** [praecipitāre] *[präzipitahre]*
Stufe	**gradus** *m* [gradus] *[gradus]*
Stunde	**hora** [hōra] *[hohra]*
Sturm	**tempestas** *f* [tempestās] *[tempestahs]*
Sturm	**ventus** *m* [ventus] *[wentus]*
Sturz	**ruina** *f* [ruīna] *[ruihna]*
suchen	**quaerere** [quaerere] *[kwärere]*
süß	**dulcis** [dulcis] *[dulzis]*
Tafel	**mensa** *f* [mēnsa] *[mehnsa]*
Tafel	**tabula** *f* [tabula] *[tabula]*
Tag	**dies** *m* [diēs] *[diehs]*
Tag für Tag	**cottidie** [cottīdiē] *[kottihdi'eh]*
täglich	**cottidie** [cottīdiē] *[kottihdi'eh]*
tapfer	**fortis** [fortis] *[fortis]*
Tapferkeit	**virtus** *f* [virtūs] *[wirtuhs]*
Tat	**facinius** *n* [facinius] *[fazinus]*
Tätigkeit	**opera** *f* [opera] *[opera]*
tatsächlich	**profecto** [profectō] *[profektoh]*
täuschen	**decipere** [dēcipere] *[dehzipere]*
täuschen	**fallere** [fallere] *[fallere]*
Täuschung	**fraus** *f* [fraus] *[fraus]*
tausend	**mille (indekl.)** [mīlle] *[mihlle]*
Teil	**pars** *f* [pars] *[pars]*
teilen	**communicare** [commūnicāre] *[kommuhnikahre]*

teilnehmen (an)	**interesse** [interesse] *[interesse]*
Tempel	**aedis** *f* [aedis] *[ädis]*
Temperament	**ardor** *m* [ārdor] *[ahrdor]*
teuer	**carus** [cārus] *[kahrus]*
Theaterstück	**fabula** *f* [fābula] *[fahbula]*
tief	**altus** [altus] *[altus]*
Tisch	**mensa** *f* [mēnsa] *[mehnsa]*
Toben	**furor** *m* [furor] *[furor]*
toben	**saevire** [saevīre] *[säwihre]*
Tochter	**filia** *f* [fīlia] *[fihlia]*
Tod	**exitus** *m* [exitus] *[eksitus]*
Tod	**mors** *f* [mors] *[mors]*
Tor	**porta** *f* [porta] *[porta]*
tot	**mortuus** [mortuus] *[mortu'us]*
töten	**caedere** [caedere] *[zädere]*
töten	**interficere** [interficere] *[interfizere]*
töten	**necare** [necāre] *[necahre]*
töten	**occidere** [occīdere] *[okzihdere]*
tragen	**ferre** [ferre] *[ferre]*
tragen	**gerere (se)** [gerere (sē)] *[gerere (seh)]*
tragen	**portare** [portāre] *[portahre]*
tragen	**vehere** [vehere] *[wehere]*
Träne	**lacrima** *f* [lacrima] *[lakrima]*
Trauer	**dolor** *m* [dolor] *[dolor]*
traurig	**maestus** [maestus] *[mästus]*
traurig	**tristis** [trīstis] *[trihstis]*
(an-)treiben	**agitare** [agitāre] *[agitahre]*
treu ergeben	**fidus** [fīdus] *[fihdus]*
treu	**fidus** [fīdus] *[fihdus]*
Treue	**fides** *f* [fidēs] *[fidehs]*
trinken	**bibere** [bibere] *[bibere]*
trotzdem	**tamen** [tamen] *[tamen]*
Trümmer	**reliquiae (Pluralwort)** *f* [reliquiae] *[relikwiä]*
Trupp	**acies** *f* [aciēs] *[azi'ehs]*

Truppen	**copia** *f* [cōpia] *[kohpia]*
tüchtig	**bonus** [bonus] *[bonus]*
Tüchtigkeit	**virtus** *f* [virtūs] *[wirtuhs]*
Tür	**porta** *f* [porta] *[porta]*
Tugend	**virtus** *f* [virtūs] *[wirtuhs]*
tun	**agere** [agere] *[agere]*
Turm	**turris** *f* [turris] *[turris]*
Übel	**malum** *n* [malum] *[malum]*
üben (ausüben)	**exercere** [exercēre] *[ekserzehre]*
über	**de** [dē] *[deh]*
über	**super (m. Akk./Abl.)** [super] *[super]*
über (… hinüber)	**trans (m. Akk.)** [trāns] *[trahns]*
über … hin	**per (m. Akk.)** [per] *[per]*
über … hinaus	**extra (m. Akk.)** [extrā] *[ekstrah]*
überall	**ubique** [ubīque] *[ubihkwe]*
überaus	**admodum** [admodum] *[admodum]*
übereinstimmen	**consentiere** [cōnsentīre] *[kohnsentihre]*
überfallen	**aggredi** [aggredī] *[aggredih]*
überfallen	**opprimere** [opprimere] *[opprimere]*
Übergabe	**deditio** *f* [dēditiō] *[dehdizioh]*
übergeben	**dedere** [dēdere] *[dehdere]*
übergeben	**mandare** [mandāre] *[mandahre]*
übergeben	**tradere** [trādere] *[trahdere]*
überhaupt	**omnino** [omnīnō] *[omnihnoh]*
überlassen	**cedere** [cēdere] *[zehdere]*
überleben	**restare** [restāre] *[restahre]*
überlegen	**deliberare** [dēlīberāre] *[dehlihberahre]*
überlegen (Adj.)	**superior** [superior] *[superior]*
überlegen	**volvere** [volvere] *[wolwere]*
überliefern	**tradere** [trādere] *[trahdere]*
übermächtig	**nimius** [nimius] *[nimius]*
überraschen	**deprehendere** [dēprehendere] *[dehprehendere]*
überreden	**persuadere** [persuādēre] *[persuahdehre]*

überschreiten	transgredi [trānsgredi] *[trahnsgredi]*
überschreiten	transire [trānsīre] *[trahnsihre]*
übersetzen	traicere [trāicere] *[trahizere]*
überstürzt	praeceps [praeceps] *[präzeps]*
übertreffen	praestare [praestāre] *[prästahre]*
übertreffen	superare [superāre] *[superahre]*
übertreffen	vincere [vincere] *[winzere]*
überwältigen	opprimere [opprimere] *[opprimere]*
überzeugen (jmdn.)	persuadere [persuādēre] *[persuahdehre]*
übrig	reliquus [reliquus] *[relikwus]*
Übrigen (die)	ceteri [cēterī] *[zehterih]*
übrig bleiben	restare [restāre] *[restahre]*
übrig sein	restare [restāre] *[restahre]*
Ufer	ripa *f* [rīpa] *[rihpa]*
um … herum stehen	circumstare [circumstāre] *[zirkumstahre]*
um … herum	circum (m. Akk.) [circum] *[zirkum]*
um … zu	causa (m. Gen; nachgestellt) *m* [causā] *[kausah]*
um etw. bringen	privare (m. Abl.) [prīvāre] *[prihwahre]*
umarmen	complecti [complectī] *[komplektih]*
umfassen	complecti [complectī] *[komplektih]*
umgänglich	facilis [facilis] *[facilis]*
umgeben	circumdare [circumdare] *[zirkumdare]*
umherirren	errare [errāre] *[errahre]*
umkommen	occidere [occidere] *[okzidere]*
umkommen	perire [perīre] *[perihre]*
umringen	circumvenire [circumvenīre] *[zirkumwenihre]*
umzingeln	circumdare [circumdare] *[zirkumdare]*
umzingeln	circumvenire [circumvenīre] *[zirkumwenihre]*
unabhängig	liber [līber] *[lihber]*
unanständig	improbus [improbus] *[improbus]*
unbesiegbar	invictus [invictus] *[inwiktus]*
unbeständig	mobilis [mōbilis] *[mohbilis]*
und	atque/ac [atque/ak] *[atkwe/ak]*

und	**et** [et] *[et]*
und … nicht	**neque** [neque] *[nekwe]*
und auch	**atque/ac** [atque/ak] *[atkwe/ak]*
unerfreulich	**tristis** [trīstis] *[trihstis]*
unerwartet	**repente** [repente] *[repente]*
ungefähr	**fere** [ferē] *[fereh]*
ungeheuer	**ingens** [ingēns] *[ingehns]*
ungerecht	**iniquus** [inīquus] *[inihkwu'us]*
Ungerechtigkeit	**iniuria** *f* [iniūria] *[iniuhria]*
ungewiss	**incertus** [incertus] *[inzertus]*
unglaublich	**incredibilis** [incrēdibilis] *[inkrehdibilis]*
ungleich	**iniquus** [inīquus] *[inihkwu'us]*
Unglück	**calamitas** *f* [calamitās] *[kalamitahs]*
Unglück	**casus** *m* [cāsus] *[kahsus]*
Unglück	**malum** *n* [malum] *[malum]*
unglücklich	**infelix** [īnfēlīx] *[ihnfehlihks]*
unglücklich	**miser** [miser] *[miser]*
ungünstig	**adversus** [adversa] *[adwersus]*
ungünstig	**iniquus** [inīquus] *[inihkwu'us]*
unmenschlich	**immanis** [immānis] *[immahnis]*
unmenschlich	**inhumanus** [inhūmānus] *[inhuhmahnus]*
Unrecht	**iniuria** *f* [iniūria] *[iniuhria]*
uns	**nos** (bei Akk.) [nōs] *[nohs]*
unschlüssig	**incertus** [incertus] *[inzertus]*
unschuldig	**innocens** [innocēns] *[innozehns]*
unser	**noster** [noster] *[noster]*
unsicher	**incertus** [incertus] *[inzertus]*
Untat	**facinius** *n* [facinius] *[fazinius]*
unter	**inter** [inter] *[inter]*
unter	**sub (m. Abl.)** [sub] *[sub]*
unter (jmdm.) stehen	**inferior** [īnferior] *[ihnferior]*
unter dem Befehl (von)	**iussu** [iussū] *[iussuh]*
unterbinden	**includere** [inclūdere] *[inkluhdere]*
unterbrechen	**interrumpere** [interrumpere] *[interrumpere]*

unterdrücken	**opprimere** [opprimere] *[opprimere]*
unterdrücken	**premere** [premere] *[premere]*
Untergang	**interitus** [interitus] *[interitus]*
untergehen	**interire** [interīre] *[interihre]*
untergehen	**occidere** [occidere] *[okzidere]*
unterlassen	**omittere** [omittere] *[omittere]*
unternehmen	**moliri** [mōlīrī] *[mohlihrih]*
unternehmen	**suscipere** [suscipere] *[suszipere]*
unterrichten	**docere** [docēre] *[dozehre]*
unterrichten	**instituere** [īnstituere] *[ihnstituere]*
(sich) unterscheiden	**differre** [differre] *[differe]*
Unterschenkel	**crus** *n* [crūs] *[kruhs]*
unterstützen	**iuvare** [iuvāre] *[iuwahre]*
unterwerfen	**pacare** [pācāre] *[pahkahre]*
unterwürfig	**humilis** [humilis] *[humilis]*
unverhofft	**insperatus** [īnspērātus] *[ihnspehrahtus]*
unverschämt	**audax** [audāx] *[audahks]*
unversehrt	**incolumis** [incolumis] *[inkolumis]*
Unwetter	**hiems** *f* [hiems] *[hi'ems]*
unwillig	**invitus** [invītus] *[inwihtus]*
Ursprung	**fons** *f* [fōns] *[fohns]*
Urteil	**iudicium** *n* [iūdicium] *[juhdizium]*
(be-)urteilen	**iudicare** [iūdicāre] *[juhdikahre]*
Vater	**pater** *m* [pater] *[pater]*
Vaterland	**patria** *f* [patria] *[patria]*
verachten	**contemnere** [contemnere] *[kontemnere]*
verändern	**mutare** [mūtāre] *[muhtahre]*
veranlassen	**adducere** [addūcere] *[adduhzere]*
veranlassen	**commovere** [commovēre] *[kommowehre]*
veranlassen	**impellere** [impellere] *[impellere]*
veranlassen	**permovere** [permovēre] *[permowehre]*
Veranlasser	**auctor** *m* [auctor] *[auktor]*
veranstalten	**committere** [committere] *[kommittere]*

Veranstaltung	**spectaculum** *n* [spectāculum] *[spektahkulum]*
verbinden	**coniungere** [coniungere] *[koniungere]*
verborgen sein	**latere** [latēre] *[latehre]*
verborgen	**occultus** [occultus] *[okultus]*
verbrauchen	**consumere** [cōnsūmere] *[kohnsuhmere]*
Verbrechen	**crimen** *n* [crīmen] *[krihmen]*
Verbrechen	**nefas (nur Nom./Akk. Sg.)** *n* [nefãs] *[nefahs]*
Verbrechen	**scelus** *n* [scelus] *[skelus]*
verbreiten	**spargere** [spargere] *[spargere]*
verbreiten	**spirare** [spīrāre] *[spihrahre]*
verbrennen	**ardere** [ārdēre] *[ahrdehre]*
Verbündeter	**socius** *m* [socius] *[sozius]*
Verdacht	**suspicio** *f* [suspīciō] *[suspihzioh]*
verdanken	**debere** [dēbēre] *[dehbehre]*
verderben	**corrumpere** [corrumpere] *[korrumpere]*
Verderben	**pernicies** *f* [perniciēs] *[pernizi'ehs]*
verdienen	**merere** [merēre] *[merehre]*
verehren	**colere** [colere] *[kolere]*
verehren	**vereri** [verērī] *[werehrih]*
(Gottes-)Verehrung	**religio** *f* [religiō] *[religioh]*
vereinigen	**coniungere** [coniungere] *[koniungere]*
verfassen	**scribere** [scrībere] *[skrihbere]*
Verfasser	**auctor** *m* [auctor] *[auktor]*
verfolgen	**persequi** [persequī] *[persekwih]*
vergeblich	**frustra** [frūstrā] *[fruhstrah]*
vergehen	**praeterire** [praeterīre] *[präterihre]*
Vergnügen	**voluptas** *f* [voluptās] *[woluptahs]*
vergrößern	**augere** [augēre] *[augehre]*
verherrlichen	**celebrare** [celebrāre] *[zelebrahre]*
verkaufen	**vendere** [vendere] *[wendere]*
Verkehr	**commercium** *n* [commercium] *[kommerzium]*
verkünden	**edere** [ēdere] *[ehdere]*
verlangen	**cupere** [cupere] *[kupere]*
Verlangen	**cupiditas** *f* [cupiditās] *[kupiditahs]*

verlangen	**exigere** [exigere] *[eksigere]*
Verlangen	**libido** *f* [lībīdō] *[lihbihdoh]*
verlangen	**petere** [petere] *[petere]*
verlangen	**poscere** [poscere] *[poszere]*
verlassen	**deficere** [dēficere] *[dehfizere]*
verlassen	**deserere** [dēserere] *[dehserere]*
verlassen	**egredi** [ēgredī] *[ehgredih]*
verlassen	**relinquere** [relinquere] *[relinkwere]*
verleiten	**inducere** [indūcere] *[induhzere]*
verletzen	**laedere** [laedere] *[lädere]*
verliebt sein	**amare** [amāre] *[amahre]*
verlieren	**amittere** [āmittere] *[ahmittere]*
verlieren	**perdere** [perdere] *[perdere]*
Verlust	**calamitas** *f* [calamitās] *[kalamitahs]*
Verlust	**clades** *f* [clādēs] *[klahdehs]*
Verlust	**damnum** *n* [damnum] *[damnum]*
vermehren	**augere** [augēre] *[augehre]*
vermeiden	**effugere** [effugere] *[effugere]*
vermindern	**minuere** [minuere] *[minuere]*
vermitteln	**conciliare** [conciliāre] *[konziliahre]*
Vermögen	**pecunia** *f* [pecūnia] *[pekuhnia]*
vermuten	**opinari** [opīnārī] *[opihnahrih]*
vernachlässigen	**neglegere** [neglegere] *[neglegere]*
vernichten	**delere** [dēlēre] *[dehlehre]*
vernichten	**exstinguere** [exstinguere] *[eks'stingu'ere]*
vernichten	**perdere** [perdere] *[perdere]*
vernichten	**tollere** [tollere] *[tollere]*
Vernichtung	**pernicies** *f* [perniciēs] *[pernizi'ehs]*
vernünftig	**sapiens** [sapiēns] *[sapi'ehns]*
Vernunft	**ratio** *f* [ratiō] *[razioh]*
verringern	**minuere** [minuere] *[minuere]*
Vers	**versus** *m* [versus] *[wersus]*
verschieben	**differre** [differre] *[differe]*
verschieden(-artig)	**varius** [varius] *[warius]*

verschleppen	**abducere** [abdūcere] *[abduhzere]*
Verschulden	**culpa** *f* [culpa] *[kulpa]*
verschwinden	**discedere** [discēdere] *[diszehdere]*
verschwinden	**interire** [interīre] *[interihre]*
Verschwörung	**coniuratio** *f* [coniūrātiō] *[koniuhrazioh]*
versehen (mit etw.)	**afficere** [afficere] *[affizere]*
versichern	**affirmare** [affirmāre] *[affirmahre]*
versperren	**includere** [inclūdere] *[inkluhdere]*
verspotten	**irridere** [irrīdēre] *[irrihdehre]*
versprechen	**polliceri** [pollicērī] *[pollizehrih]*
versprechen	**promittere** [prōmittere] *[prohmittere]*
Verstand	**sapientia** *f* [sapientia] *[sapi'enzia]*
verstehen	**intellegere** [intellegere] *[intellegere]*
verstehen	**novisse** [nōvisse] *[nohwisse]*
verstreichen lassen	**praetermittere** [praetermittere] *[prätermittere]*
versuchen	**conari** [cōnārī] *[kohnahrih]*
versuchen	**experiri** [experīrī] *[eksperihrih]*
versuchen	**temptare** [temptāre] *[temptahre]*
verteidigen	**defendere** [dēfendere] *[dehfendere]*
Verteidiger	**patronus** *m* [patrōnus] *[patrohnus]*
Vertrag	**foedus** *n* [foedus] *[fo'edus]*
vertrauen (an-)	**credere** [crēdere] *[crehdere]*
vertrauen	**confidere** [cōnfīdere] *[kohnfihdere]*
Vertrauen	**fides** *f* [fidēs] *[fidehs]*
vertraut	**familiaris** [familiāris] *[familiahris]*
vertreiben	**avertere** [āvertere] *[ahwertere]*
vertreiben	**pellere** [pellere] *[pellere]*
vertreiben	**repellere** [repellere] *[repellere]*
verurteilen	**damnare** [damnāre] *[damnahre]*
verwalten	**administrare** [administrāre] *[administrahre]*
verwandeln	**mutare** [mūtāre] *[muhtahre]*
verwandeln	**vertere** [vertere] *[wertere]*
(der) Verwandte	**propinquus** [propinquus] *[propinkwus]*
verweigern	**negare** [negāre] *[negahre]*

verweigern	**recusare** [recūsāre] *[rekuhsahre]*
verwenden	**consumere** [cōnsūmere] *[kohnsuhmere]*
(völlig) verwirren	**perturbare** [perturbāre] *[perturbahre]*
verwüsten	**vastare** [vāstāre] *[wahstahre]*
verzeihen	**ignoscere** [īgnōscere] *[ihgnohszere]*
verzeihen	**remittere** [remittere] *[remittere]*
verzögern	**morari** [morārī] *[morahrih]*
Verzögerung	**mora** *f* [mora] *[mora]*
verzweifeln	**desperare** [dēspērāre] *[dehspehrahre]*
viel	**multi** [multī] *[multih]*
viele	**multi** [multī] *[multih]*
vielleicht	**fortasse** [fortāsse] *[fohrtasse]*
vier	**quattuor** [quattuor] *[kwattuor]*
Vogel	**avis** *f* [avis] *[awis]*
(das einfache) Volk	**plebs** *f* [plēbs] *[plehbs]*
Volk	**gens** [gēns] *[gehns]*
Volk	**natio** *f* [nātiō] *[nahzioh]*
Volk	**populus** *m* [populus] *[populus]*
Volk	**vulgus** *n* [vulgus] *[wulgus]*
Volksstamm	**natio** *f* [nātiō] *[nahzioh]*
voll	**plenus** [plēnus] *[plehnus]*
vollenden	**complere** [complēre] *[komplehre]*
vollenden	**exigere** [exigere] *[eksigere]*
vollenden	**perficere** [perficere] *[perfizere]*
vom Glück begünstigt	**felix** [fēlīx] *[fehlihkx]*
von	**de** [dē] *[deh]*
von (… her)	**a/ab** [ā/ab] *[ah/ab]*
von … herab	**de** [dē] *[deh]*
von … weg	**a/ab** [ā/ab] *[ah/ab]*
von da an	**deinte** [deinte] *[de'inte]*
von da an	**inde** [inde] *[inde]*
von dort	**inde** [inde] *[inde]*
von hier	**hinc** [hinc] *[hink]*
von sich aus	**ultro** [ultrō] *[ultroh]*

von überall her	**undique** [undique] *[undikwe]*
von Weitem	**procul** [procul] *[prokul]*
vor	**ante** [ante] *[ante]*
vor	**pro** [prō] *[proh]*
vor Kurzem	**nuper** [nūper] *[nuhper]*
vorankommen	**procedere** [prōcēdere] *[prohzehdere]*
vorbeigehen	**praeterire** [praeterīre] *[präterihre]*
Vorderseite	**frons** *f* [frōns] *[frohns]*
Vorfahren	**maiores** *m* [māiōrēs] *[mahiohrehs]*
vorgehen (gegen jmdn.)	**animadvertere** [animadvertere] *[animadwertere]*
vorhaben	**parare** [parāre] *[parahre]*
vorhanden sein	**inesse** [inesse] *[inesse]*
vorher	**ante** [ante] *[ante]*
vorlesen	**recitare** [recitāre] *[rezitahre]*
vornehm	**nobilis** [nōbilis] *[nohbilis]*
Vorrat	**copia** *f* [cōpia] *[kohpia]*
vorrücken	**procedere** [prōcēdere] *[prohzehdere]*
vorschlagen	**proponere** [prōpōnere] *[prohpohnere]*
vorschreiben	**praecipere** [praecipere] *[präzipere]*
Vorschrift	**praeceptum** *n* [praeceptum] *[präzeptum]*
Vorsicht	**prudentia** *f* [prūdentia] *[pruhdenzia]*
vortäuschen	**simulare** [simulāre] *[simulahre]*
vortragen	**recitare** [recitāre] *[rezitahre]*
Vorurteil	**opinio** *f* [opīniō] *[opihnioh]*
Vorwurf	**crimen** *n* [crīmen] *[krihmen]*
Wache	**custos** *m/f* [custōs] *[kustohs]*
Wachen	**custodia** *f* [custōdia] *[kustohdia]*
wachsen	**crescere** [crēscere] *[krehszere]*
Wächter(in)	**custos** *m/f* [custōs] *[kustohs]*
Waffe	**ferrum** *n* [ferrum] *[ferrum]*
Waffen	**arma** *n* [arma] *[arma]*
wagen	**audere** [audēre] *[audehre]*

Wahnsinn	**furor** *m* [furor] *[furor]*
wahr	**verus** [vērus] *[wehrus]*
während	**dum** [dum] *[dum]*
während	**in (m. Abl.)** [in] *[in]*
während	**inter** [inter] *[inter]*
wälzen	**volvere** [volvere] *[wolwere]*
wankelmütig	**varius** [varius] *[warius]*
wann	**quando** [quandō] *[kwandoh]*
warten (auf)	**exspectare** [exspectāre] *[ekspektahre]*
warum nicht?	**quin** [quīn] *[kwihn]*
warum	**cur** [cūr] *[kuhr]*
was?	**quid** [quid] *[kwid]*
was für ein	**qualis** [quālis] *[kwahlis]*
was für ein	**quantus** [quantus] *[kwantus]*
Wasser	**aqua** *f* [aqua] *[akwa]*
(auf-)wecken	**excitare** [excitāre] *[exzitahre]*
weder ... noch	**neque ... neque** [neque ... neque] *[nekwe ... nekwe]*
Weg	**iter** *n* [iter] *[iter]*
wegbringen	**abducere** [abdūcere] *[abduhzere]*
wegen	**causa (m. Gen; nachgestellt)** *m* [causā] *[kausah]*
wegen	**ob (m. Akk.)** [ob] *[ob]*
wegen	**propter (m. Akk.)** [propter] *[propter]*
wegführen	**abducere** [abdūcere] *[abduhzere]*
wegführen	**deducere** [dēdūcere] *[dehduhzere]*
weggehen	**cedere** [cēdere] *[zehdere]*
weggehen	**discedere** [discēdere] *[diszehdere]*
weggehen	**excedere** [excēdere] *[ekszehdere]*
wegnehmen	**decedere** [dēcēdere] *[dehzehdere]*
wegreißen	**rapere** [rapere] *[rapere]*
wegschicken	**dimittere** [dīmittere] *[dihmittere]*
weich	**mollis** [mollis] *[mollis]*
(sich) weigern	**recusare** [recūsāre] *[rekuhsahre]*

weil	**cum (m. Konj.)** [cum] *[kum]*
weil	**quia** [quia] *[kia]*
weil	**quod** [quod] *[quod]*
Wein	**vinum** *n* [vīnum] *[wihnum]*
weinen	**flere** [flēre] *[flehre]*
Weise	**modus** *m* [modus] *[modus]*
weise	**sapiens** [sapiēns] *[sapi'ehns]*
Weisheit	**sapientia** *f* [sapientia] *[sapi'enzia]*
weit weg	**procul** [procul] *[prokul]*
weit	**latus** [lātus] *[lahtus]*
weit	**longus** [longus] *[longus]*
weiter tun	**pergere** [pergere] *[pergere]*
weitermachen	**pergere** [pergere] *[pergere]*
welcher, welche, welches	**qui, quae, quod** [quī, quae, quod] *[kwih, kwä, kwod]*
Welt	**saeculum** *n* [saeculum] *[säkulum]*
(sich) wenden (an)	**appellare** [appellāre] *[appellahre]*
wenden	**vertere** [vertere] *[wertere]*
(ein) wenig	**paulo** [paulō] *[pauloh]*
(zu) wenig	**parum** [parum] *[parum]*
(nur) wenige	**pauci** [paucī] *[pauzih]*
wenn	**si** [sī] *[sih]*
wenn aber	**sin** [sīn] *[sihn]*
wenn doch (bloß)	**utinam (m. Konj.)** [utinam] *[utinam]*
wenn nicht	**nisi** [nisī] *[nisih]*
wer? (von zwei Personen)	**uter** [uter] *[uter]*
wer?	**quis** [quis] *[kwis]*
wer auch immer	**quicumque** [quīcumque] *[kwihkumkwe]*
werden	**fieri** [fierī] *[fi'erih]*
werfen	**mittere** [mittere] *[mittere]*
(nieder-, vor-)werfen	**proicere** [prōicere] *[prohizere]*
Werk	**opus** *n* [opus] *[opus]*
Wesen	**natura** *f* [nātūra] *[nahtuhra]*
weshalb	**quare** [quārē] *[kwahreh]*

weswegen	**quamobrem** [quamobrem] *[kwamobrem]*
wetteifern	**certare** [certāre] *[zertahre]*
Wetter	**tempestas** *f* [tempestās] *[tempestahs]*
Wichtigkeit	**momentum** *n* [mōmentum] *[mohmentum]*
Widerstand leisten	**resistere** [resistere] *[resistere]*
widrig	**adversus** [adversus] *[adwersus]*
wie	**quam** [quam] *[kwam]*
wie	**quemadmodum** [quemadmodum] *[kwemadmodum]*
wie	**qui** [quī] *[kwih]*
wie	**tamquam** [tamquam] *[tamkwam]*
wie	**ut** [ut] *[ut]*
wie	**velut** [velut] *[welut]*
(so) wie	**sicut** [sīcut] *[sihkut]*
wie (beschaffen)	**qualis** [quālis] *[kwahlis]*
wie groß	**quantus** [quantus] *[kwantus]*
wie sehr	**quam** [quam] *[kwam]*
wie sehr	**quantopere** [quantopere] *[kwandopere]*
wie wenn	**tamquam** [tamquam] *[tamkwam]*
wie zum Beispiel	**velut** [velut] *[welut]*
wieder	**iterum** [iterum] *[iterum]*
wieder	**rursus** [rūrsus] *[ruhrsus]*
wiederfinden	**reperire** [reperīre] *[reperihre]*
wiedergutmachen	**explere** [explēre] *[eksplehre]*
wiederherstellen	**recreare** [recreāre] *[rekreahre]*
wiederherstellen	**restituere** [restituere] *[restituere]*
wiederholen	**repetere** [repetere] *[repetere]*
wild	**barbarus** [bārbarus] *[bahrbarus]*
Wille	**voluntas** *f* [voluntās] *[woluntahs]*
willkommen	**gratus** [grātus] *[grahtus]*
Willkür	**libido** *f* [lībīdō] *[lihbihdoh]*
Wind	**ventus** *m* [ventus] *[wentus]*
Winter	**hiems** *f* [hiems] *[hi'ems]*
wir	**nos (bei Nom.)** [nōs] *[nohs]*

wirklich	**vero** [vērō] *[wehroh]*
Wissenschaft	**disciplina** *f* [disciplīna] *[disziplihna]*
Wissenschaften	**litterae** *f* [litterae] *[litterä]*
wo?	**ubi** [ubi] *[ubi]*
wo … doch	**quoniam** [quoniam] *[kwoniam]*
wodurch	**quare** [quārē] *[kwahreh]*
woher?	**unde** [unde] *[unde]*
wohin	**quo** [quō] *[kwoh]*
Wohl	**salus** [salūs] *[saluhs]*
wohlbehalten	**salvus** [salvus] *[salwus]*
Wohltat	**beneficium** *n* [beneficium] *[benefizium]*
Wohlwollen	**benevolentia** *f* [benevolentia] *[benewolenzia]*
Wohnblock	**insula** *f* [īnsula] *[ihnsula]*
(be-)wohnen	**habitare** [habitāre] *[habitahre]*
wollen	**studere** [studēre] *[studehre]*
wollen	**velle** [velle] *[welle]*
Wort	**verbum** *n* [verbum] *[werbum]*
wünschen	**cupere** [cupere] *[kupere]*
wünschen	**optare** [optāre] *[optahre]*
Würde	**dignitas** *f* [dīgnitās] *[dihgnitahs]*
würdig	**dignus** [dīgnus] *[dihgnus]*
wüten	**saevire** [saevīre] *[säwihre]*
wütend	**atrox** [atrōx] *[atrohks]*
wütend	**iratus** [īrātus] *[ihrahtus]*
Wunde	**vulnus** *n* [vulnus] *[wulnus]*
wunderbar	**mirus** [mīrus] *[mihrus]*
Wunsch	**cupiditas** *f* [cupiditās] *[kupiditahs]*
Wunsch	**votum** *n* [vōtum] *[wohtum]*
Wut	**ira** *f* [īra] *[ihra]*
Zahl	**numerus** *m* [numerus] *[numerus]*
zahlreich	**frequens** [frequēns] *[frekwehns]*
zahlreich	**multi** [multī] *[multih]*
zart	**tener** [tener] *[tener]*

zärtlich	**tener** [tener] *[tener]*
zehn	**decem** [decem] *[dezem]*
(der) zehnte	**decimus** [decimus] *[dezimus]*
Zeichen	**signum** *n* [sīgnum] *[sihgnum]*
zeigen	**demonstrare** [dēmōnstrāre] *[dehmohnstrahre]*
zeigen	**ostendere** [ostendere] *[ostendere]*
(sich) zeigen	**apparere** [appārēre] *[appahrehre]*
(sich) zeigen	**se praebere** [sē praebēre] *[seh präbehre]*
Zeit	**tempus** *n* [tempus] *[tempus]*
(sich) Zeit lassen	**cessare** [cessāre] *[zessahre]*
Zeitalter	**aetas** *f* [aetās] *[ätahs]*
Zeitpunkt	**tempus** *n* [tempus] *[tempus]*
zerstören	**delere** [dēlēre] *[dehlehre]*
Zeuge	**testis** [testis] *[testis]*
(er-)zeugen	**gignere** [gignere] *[gignere]*
ziehen	**ducere** [dūcere] *[duhzere]*
ziehen	**stringere** [stringere] *[stringere]*
ziehen	**trahere** [trahere] *[trahere]*
ziehen	**vehere** [vehere] *[wehere]*
ziemlich viele	**complures** [complūrēs] *[kompluhrehs]*
zögern	**cessare** [cessāre] *[zessahre]*
zögern	**cunctari** [cūnctārī] *[kuhnktahrih]*
zögern	**dubitare** [dubitāre] *[dubitahre]*
Zorn	ira *f* [īra] *[ihra]*
(in) Zorn geraten	**irasci** [īrāscī] *[ihrahszih]*
zornig sein (auf jmdn.)	**irasci** [īrāscī] *[ihrahszih]*
zornig	**iratus** [īrātus] *[ihrahtus]*
zu	**ad** [ad] *[ad]*
zu	**nimis** [nimis] *[nimis]*
zu … hin	**ad** [ad] *[ad]*
zu diesem Zeitpunkt	**tunc** [tunc] *[tunk]*
zu groß	**nimius** [nimius] *[nimius]*
zu Hause	**domi** [domī] *[domih]*
zu Lebzeiten	**vivus** [vīvus] *[wihwus]*

zu sehr	**nimis** [nimis] *[nimis]*
zubringen	**consumere** [cōnsūmere] *[kohnsuhmere]*
zuerst	**primo** [prīmō] *[pihmoh]*
zuerst	**primum (Adv.)** [prīmum] *[prihmum]*
zuerst	**prius** [prius] *[prius]*
Zufall	**casus** *m* [cāsus] *[kahsus]*
zufällig	**forte** [forte] *[forte]*
Zuflucht suchen	**profugere** [profugere] *[profugere]*
zufrieden	**contentus** [contentus] *[kontentus]*
zufügen	**inferre** [īnferre] *[ihnferre]*
Zugang	**aditus** *m* [aditus] *[aditus]*
zugestehen	**concedere** [concēdere] *[konzehdere]*
zugleich	**pariter** [pariter] *[pariter]*
zugleich	**simul** [simul] *[simul]*
zugrunde gehen	**interire** [interīre] *[interihre]*
zugrunde gehen	**perire** [perīre] *[perihre]*
zulassen	**pati** [patī] *[patih]*
zuletzt	**denique** [dēnique] *[dehnique]*
zuletzt	**postremo** [postrēmō] *[postrehmoh]*
zum ersten Mal	**primum (Adv.)** [prīmum] *[prihmum]*
zum zweiten Mal	**iterum** [iterum] *[iterum]*
zunächst	**primo** [prīmō] *[pihmoh]*
zunehmen	**crescere** [crēscere] *[krehszere]*
Zunge	**lingua** *f* [lingua] *[lingua]*
zureden	**suadere** [suādēre] *[suahdehre]*
zurückbringen	**reducere** [redūcere] *[reduhzere]*
zurückführen	**reducere** [redūcere] *[reduhzere]*
zurückgeben	**reddere** [reddere] *[reddere]*
zurückgehen	**redire** [redīre] *[redihre]*
zurückhalten	**retinere** [retinēre] *[retinehre]*
zurückhalten	**tenere** [tenēre] *[tenehre]*
zurückkehren	**redire** [redīre] *[redihre]*
zurückkehren	**reverti** [revertī] *[rewertih]*
zurücklassen	**relinquere** [relinquere] *[relinkwere]*

zurücknehmen	**recipere** [recipere] *[rezipere]*
zurückschicken	**remittere** [remittere] *[remittere]*
zurückstoßen	**repellere** [repellere] *[repellere]*
zurückverlangen	**repetere** [repetere] *[repetere]*
(sich) zurückziehen	**recipere** [recipere] *[rezipere]*
zusammen (mit)	**una (cum)** [ūnā (cum)] *[uhnah kum]*
zusammenbringen	**conferre (se)** [cōnferre (sē)] *[kohnferre (seh)]*
zusammenfassen	**conferre (se)** [cōnferre (sē)] *[kohnferre (seh)]*
zusammenkommen	**convenire** [convenīre] *[konwenihre]*
zusammenlaufen	**concurrere** [concurrere] *[konkurrere]*
zusammenpassen	**convenire** [convenīre] *[konwenihre]*
zusammenrufen	**convocare** [convocāre] *[konwokahre]*
zusammenstellen	**componere** [compōnere] *[komponehre]*
zusammenstoßen	**concurrere** [concurrere] [konkurrere]
zusammentragen	**conferre (se)** [cōnferre (sē)] *[kohnferre (seh)]*
zusammentreffen	**concurrere** [concurrere] *[konkurrere]*
zustande bringen	**committere** [committere] *[kommittere]*
zustoßen	**accidere** [accidere] *[akzidere]*
zustürmen	**ruere** [ruere] *[ru'ere]*
zuteilen	**tribuere** [tribuere] *[tribu'ere]*
Zutritt	**aditus** *m* [aditus] *[aditus]*
zuverlässig	**certus** [certus] *[zertus]*
zwar	**quidem** [quidem] *[kwidem]*
Zweck	**finis** *m* [fīnis] *[fihnis]*
zwei	**duo** [duo] *[duo]*
zweifeln	**dubitare** [dubitāre] *[dubitahre]*
(der) Zweite	**secundus** [secundus] *[sekundus]*
zwingen	**cogere** [cōgere] *[kohgere]*
zwischen	**inter** [inter] *[inter]*

Lerntipps

Collagen

Wörter, die im Deutschen gleich oder ähnlich wie das lateinische Wort heißen, können zu einer Collage zusammengefasst werden. Diese Collage beinhaltet dann nur Wörter dieser Art.

Lesen Sie den folgenden Text aufmerksam durch und versuchen Sie, sich dazu konkrete Bilder vorzustellen. Die Wörter, die im Deutschen ähnlich oder gleich sind, sind fett markiert:

»Eine **Familie** (familia) benutzte gemeinsam einen **Lokus** (locus), der inmitten der **Natur** (natura) stand. Gleich danach ging der **Lokus** in **Flammen** (flamma) auf und es blieb nur noch ein Häufchen **Humus** übrig. Das war für die kleinen Familienmitglieder eine riesige **Gaudi** (gaudium), für die großen war es ein **Terror**anschlag. Im ganzen **Imperium** gab es nämlich so gut wie keine **Religion** (religio) mehr und in dieser **Provinz** (provincia) glaubte niemand mehr an irgendetwas ...«

So, schon wieder 10 Vokabeln gelernt. Zugegeben, das war einfach. Aber woher soll man wissen, welche Wörter im Lateinischen genauso oder ähnlich heißen wie im Deutschen?

Jedes Mal, wenn Sie ein neues Wort als Bild in die Collage einbauen, wiederholen Sie notgedrungen das Gesamtbild, da Sie sich überlegen müssen, an welcher Stelle Sie den neuen Begriff als Bild ablegen oder einbauen. Sie kommen gar nicht darum herum, die schon abgelegten Bilder zu wiederholen. Somit sind Wiederholungen nicht nur langweiliges Wiederkäuen, sondern ein wirklich kreativer Akt, der auch noch Spaß machen kann.

Beispiel: Sie möchten **numerus** = **Nummer** abspeichern. Sie merken: Das ist ein lateinisches Wort, das dem deutschen Wort sehr ähnlich ist. Sie betrachten Ihr Gesamtbild und überlegen sich, wohin Sie nun die **Nummer** platzieren möchten. Vielleicht kann man den **Lokus** mit einer **Nummer** versehen oder jedes **Familie**nmitglied hat eine Nummer auf den Rücken? Sie dürfen natürlich die Collage auch umstellen, wie Sie wollen.

Are-ieren-Geschichte

»Are-ieren« sind Verben, die im Lateinischen auf -are enden. Ersetzt man das -are am Ende durch -ieren, dann sind uns die Verben bekannt:

tolerare	= tolerieren
appellare	= appellieren
celebrare	= zelebrieren
conservare	= konservieren
demonstrare	= demonstrieren
negare	= negieren
ignorare	= ignorieren
mutare	= mutieren

1. Geben Sie nun den Verben ein Bild oder eine Szene:

tolerare = mit dem Kopf nicken

appellare = Spendenaufruf (Klingelbeutel)

celebrare = Feier

conservare = Konservendose

demonstrare = Demonstration mit Transparenten

negare = löschen mit Tintenkiller

ignorare = wegsehen

mutare = Verwandlung in Werwolf

2. Setzen Sie dann die Bilder zu einer Geschichte zusammen und verbildern Sie diese wieder. Es reicht vollkommen aus, wenn Sie die Geschichte stichpunktartig abspeichern können:

Der arme Werwolf

Ein Mensch **mutiert** zu einem Werwolf

und **demonstriert** mit Transparenten.

Er **negiert** den Text auf dem Transparent mit dem Tintenkiller.

Das Transparent wird in einer Dose **konserviert**.

Er flüchtet in eine Kirche. Dort wird eine Feier **zelebriert**.

Einige Kirchenbesucher **ignorieren** ihn und sehen weg.

Andere **tolerieren** den Werwolf und nicken zustimmend mit dem Kopf.

Der Geistliche **appelliert** an die Gemeinde, für den Werwolf zu spenden.

Ere-ieren-Geschichte

Das Gleiche können Sie auch mit Ere-ieren machen.

Das sind lateinische Verben, die auf -ere enden. Ersetzt man diese Endung durch -ieren, kommt uns das Verb bekannt vor.

consumere   = konsumieren

componere   = komponieren

agere   = agieren

docere   = dozieren

reducere   = reduzieren

deponere   = deponieren

1. Geben Sie den Verben wieder ein Bild oder eine Szene.

2. Setzen Sie die Bilder zu einer Geschichte zusammen und verbildern Sie diese wieder.

Viel Spaß beim Geschichtenkreieren!

Die ideale Ergänzung zum Buch

Oliver Geisselhart,
Deutschlands führender Mentaltrainer, laut ZDF,

ist einer der erfolgreichsten Mental- und Gedächtnistrainer in Europa. Er war bereits mit 16 Jahren, Europas jüngster Gedächtnistrainer. Der Autor von 14 Büchern ist Top 100 Speaker und Universitäts-Lehrbeauftragter und -Gastdozent.

Oliver Geisselhart ist bekannt durch über 3.000 Zeitungs-, Radio- und Fernsehberichte. In nahezu comedyhafter Vortragsweise fasziniert der »Fahrlehrer für's Gehirn« (Wirtschaftswoche) jährlich zigtausende begeisterte Teilnehmer.

Diese erhalten in seinen Vorträgen und Seminaren funktionierende Mental-Techniken für sofortige Erfolge. Manager, Verkäufer, Politiker und Promis wurden und werden durch seine Techniken noch erfolgreicher, überzeugender und souveräner. Dies und seine

hervorragenden Speaker-Leistungen brachte Oliver Geisselhart bereits zahlreiche Awards wie z.B. dreimal in Folge den »Conga-Award« ein.

Bekannt durch ARD, ZDF, RTL, VOX, HR3, SWR1, Bild, Capital, FAZ, Freundin, Die Welt usw., wird Oliver Geisselhart weltweit von Firmen wie Bosch, IBM, DekaBank, BASF, Microsoft, Lufthansa, BMW u.v.a.m. für Mitarbeiter- und Kun-

denveranstaltungen gebucht. Dabei fasziniert er die Teilnehmer in nahezu comedyhafter Vortragsweise.

Stimmen zu Oliver Geisselhart

»Ihr Vortrag war der beste, den ich je erlebte.« Stefan Janoske, INPERSO GmbH.

»Ich habe gelacht und gelernt. Und das mit über 2000 anderen, Kompliment.« Massimo Gallo, Zeppelin University.

»... waren unsere 200 Verkäufer von Ihnen, dem Vortragsinhalt und Ihrer motivierend-entertainigen Art begeistert.« Detlef Schmidt-Wilkens, Tecis-Finanzdienstleistungen AG

»... die Teilnehmeranzahl von 1100 Personen hat alle vorherigen Veranstaltungen um 30 Prozent übertroffen. Diese beeindruckende Steigerung hat sicher mit Ihrer Person und dem attraktiven Thema zu tun.« Michael Kaiser, Volksbank Backnang eG

Vortragsanfragen bitte an:
TEAMGEISSELHART GmbH
Tel.: +49 (0) 231952567-92 • E-Mail: info@kopferfolg.de • www.kopferfolg.de

Audio-DVD-Selbstlehrgang: »Dein Weg zum Erfolg«

Wie Dir Dein Gehirn hilft, Deine Ziele zu erreichen und das Leben Deiner Träume zu leben!

Mit dem »Dein Weg zum Erfolg!«-DVD-Paket lernen Sie: Neurowissenschaftliche Mentalstrategien für Ihren Erfolg kennen, Strategien für Ihr Persönlichkeitswachstum und 3 Dinge, die Sie bisher vom Erfolg abhielten.

Außerdem lernen Sie die beste Technik um wichtige Personen und deren Namen schnell und sicher abzuspeichern. Namen-Merken ist eine der wichtigsten Eigenschaften von erfolgreichen Menschen.

- Auswirkungen ›geistiger Schallplatten‹
- Zugang zu Ihren unbewussten Fähigkeiten und Mindsets
- Wie Sie Ihre richtigen Ziele finden, formulieren UND: erreichen!
- Namen und Gesichter behalten leicht gemacht

Buch: »Souverän freie Reden halten«

Endlich: Ohne Spickzettel Reden halten

Mit der Power der Memo-Rhetorik ergeben sich für Sie folgende Vorteile:

- Präsentationen, Vorträge, absolut frei, souverän und sicher vortragen
- sämtliche Argumente und Stichpunkte zu speichern
- schwierige Fachbegriffe, Fremdwörter, Vokabeln oder Namen
- auf Zwischenrufe, Einwände und sonstige Unterbrechungen können Sie sofort, entspannt und sicher reagieren, ohne den roten Faden zu verlieren
- Ihre Vorbereitungszeit für eine Rede oder ein Gespräch ist nach diesem Buch wesentlich geringer

Das Buch, das Sie in die Lage versetzt »Souverän freie Reden zu halten«. Mit der »Power der Memo-Rhetorik« ist dies möglich.

Inklusive Übungs-CD-ROM

Buch: »Kopf oder Zettel?«

Ihr Gedächtnis kann wesentlich mehr, als Sie denken!

Sie lernen schnell, einfach und spielerisch:

sich Namen und Gesichter sofort zu merken; Fachliteratur und Infos zu speichern; Reden bzw. Vorträge frei zu halten; Vokabeln und Fachbegriffe sicher abzuspeichern; Argumente und Einwandbehandlung immer parat zu haben; Ihren Terminkalender im Kopf zu haben; sich die besten Witze zu merken; Ihre Konzentration zu verbessern; Ihre Kreativität zu steigern.

Mit der beiliegenden CD-ROM trainieren Sie in drei lernfreundlichen 15-Minuten-Einheiten interaktiv am PC und erleben Oliver Geisselhart in einem Kurzvortrag live. Zusätzlich erhalten Sie auf der CD zahlreiche Praxis-Features zum Ausdrucken.

SEMINAR-TIPP
Erlebe Oliver Geisselhart zwei Tage live!

- Wenn Du Dein **geistiges Potenzial** ausbauen willst,

- wenn Du Dir in Zukunft **alles merken können** möchtest,

- wenn Du Deine **Ziele mit Hilfe Deines Gehirns schneller und leichter** erreichen willst dann:

Komm zum BRAINDAY!

An den Braindays kommst Du direkt zu Deiner Umsetzung! Du erarbeitest direkt im Seminar die für Dich richtigen Ziele und **Deinen Zielerreichungs-Plan!**

Nie war es einfacher und günstiger die **effektivsten Erfolgs- und Mentaltechniken direkt praktisch** kennenzulernen. Mit diesen **genialen Mentaltechniken** kannst Du Deine Zukunft aktiv und erfolgreich so gestalten, wie Du sie Dir wünschst.

Mache den ersten Schritt in die Praxis am BRAINDAY!
Infos und Anmeldung: www.brainday-seminar.de

VORZUGSPREIS
nur **50,- €**
(statt 115 €)

Helmut Lange

Diplom-Pädagoge und Diplom-Sozialpädagoge Helmut Lange ist Seminarleiter und Trainer in den Bereichen Teamcoaching, Selbstmanagement und Gedächtnistraining in Deutschland und Österreich. Er hat einen Lehrauftrag an der Universität Nürnberg. Als Veranstalter von Gedächtnismeisterschaften und als Gedächtnistrainer zeigt er jedes Mal auf beeindruckende Weise, wie mit nur wenigen Stunden Training die Gedächtnisleistung sprunghaft ansteigt.

Nach einem Besuch seiner Infotainment-Seminare sind 200 bis 400 Prozent Steigerung der Gedächtnisleistung an der Tagesordnung. Dabei vermittelt er Lernmethoden, die schon seit Hunderten von Jahren existieren und erst jetzt wieder zu neuem Leben erweckt werden.

Top-Seminare zum Thema:

Lernen wie die Gedächtnisweltmeister

Seminar für Lehrer: Wie trainiere ich meine Schüler?

Effektiver Umgang mit der Informationsflut

Seminar für Firmen: Informationen schneller und dauerhafter abspeichern

Kontakt:

Helmut Lange
Bamberger Str. 17a
96049 Bamberg
0171 4588027
info@langewissen.de
www.langewissen.de

240 Seiten
Preis: 12,99 € [D] | 13,40 € [A]
ISBN 978-3-86882-468-1

Oliver Geisselhart

WASCH DIE KUH

Mit Wortbildern hundert und
mehr Französischvokabeln
pro Stunde lernen

Wer eine neue Sprache lernt, kommt ums monotone Vokabelpauken nicht herum. Normalerweise. Anders bei der innovativen »LaGeiss-Methode« von Helmut Lange und Oliver Geisselhart. Diese ist so einfach wie genial: Alle Französischvokabeln sind gehirn-gerecht als Bild bzw. kleines Filmchen mit ihrer Übersetzung verknüpft. Die Begriffe werden durch einfaches Lesen und die gedankliche Visualisierung dieser meist sehr lustigen Szenen mühelos erlernt.

256 Seiten
Preis: 12,99 € [D] | 13,40 € [A]
ISBN 978-3-86882-432-2

Oliver Geisselhart
LUTSCHE DAS LICHT
Mit Wortbildern hundert und
mehr Italienischvokabeln pro
Stunde lernen

Wer eine neue Sprache lernt, kommt ums
monotone Vokabelpauken nicht herum.
Normalerweise. Anders bei der innovativen
LaGeiss-Methode von Helmut Lange und
Oliver Geisselhart. Diese ist so einfach wie
genial: Alle Italienischvokabeln sind gehirn-
gerecht als Bild bzw. kleines Filmchen mit ihrer
Übersetzung verknüpft . Die Begriffe werden
durch einfaches Lesen und die gedankliche
Visualisierung dieser meist sehr lustigen Sze-
nen mühelos erlernt.

200 Seiten
Preis: 12,99 € [D] | 13,40 € [A]
ISBN 978-3-86882-282-3

Oliver Geisselhart
Helmut Lange

LIEBE AM O(H)R

Mit Wortbildern hundert und
mehr Spanischvokabeln pro
Stunde lernen

Wer eine neue Sprache wie z. B. Spanisch lernt, kommt ums Vokabelnpauken nicht herum. Normalerweise. Anders bei der innovativen Keyword-Methode von Helmut Lange und Oliver Geisselhart. Die Methode ist so einfach wie genial: Jede Spanischvokabel ist gehirngerecht als Bild bzw. kleines Filmchen mit ihrer Übersetzung verknüpft. Durch einfaches Lesen und Sich-Vorstellen dieser meist sehr lustigen Szenen vor dem inneren Auge werden die Vokabeln erlernt. So lassen sich spielerisch und völlig mühelos 100 bis 200 Vokabeln in nur einer Stunde erlernen und behalten.

208 Seiten
Preis: 12,99 € [D] | 13,40 € [A]
ISBN 978-3-86882-258-8

Oliver Geisselhart
Helmut Lange

SCHIEB DAS SCHAF

Mit Wortbildern hundert und
mehr Englischvokabeln pro
Stunde lernen

1500 Vokabeln einfach, sicher, schnell, dauer-
haft und mit Spaß einspeichern – das ist mög-
lich mit der Keyword-Methode von Helmut
Lange und Oliver Geisselhart. Die Methode ist
so einfach wie genial: Jede Englischvokabel ist
gehirngerecht als Bild bzw. kleines Filmchen
mit ihrer Übersetzung verknüpft. Durch ein-
faches Lesen und Sich-Vorstellen dieser meist
sehr lustigen Szenen vor dem geistigen Auge
werden die Vokabeln gelernt. So lassen sich
spielerisch und völlig mühelos 100 bis 200
Vokabeln in nur einer Stunde lernen.

160 Seiten
12,99 € (D) | 13,40 € (A)
ISBN 978-3-86882-912-9

Oliver Geisselhart
Helmut Lange
Mannis Geld
Mit Wortbildern hundert
und mehr Businessenglisch-
Vokabeln pro Stunde lernen

Wer eine neue Sprache lernt, kommt ums monotone Vokabelpauken nicht herum. Normalerweise. Anders bei der innovativen »LaGeiss-Methode« von Helmut Lange und Oliver Geisselhart.

Alle englischen Begriffe werden gehirn-gerecht als Bilder mit ihrer Übersetzung verknüpft und können durch die gedankliche Visualisierung dieser meist sehr lustigen Szenen mühelos erlernt werden.

Um etwa die deutsche Bedeutung »Vorstand« des englischen Wortes »board« (gesprochen »Bord«) leichter zu lernen, stellt man sich ein Vorstandsmeeting vor, das an Bord eines Schiffes stattfindet. Ein kurioses Bild, das von nun an unauslöschlich an die Bedeutung geknüpft ist.

Das erfolgreiche Autorenduo zeigt eindrucksvoll, wie unterhaltsam Vokabellernen sein kann!